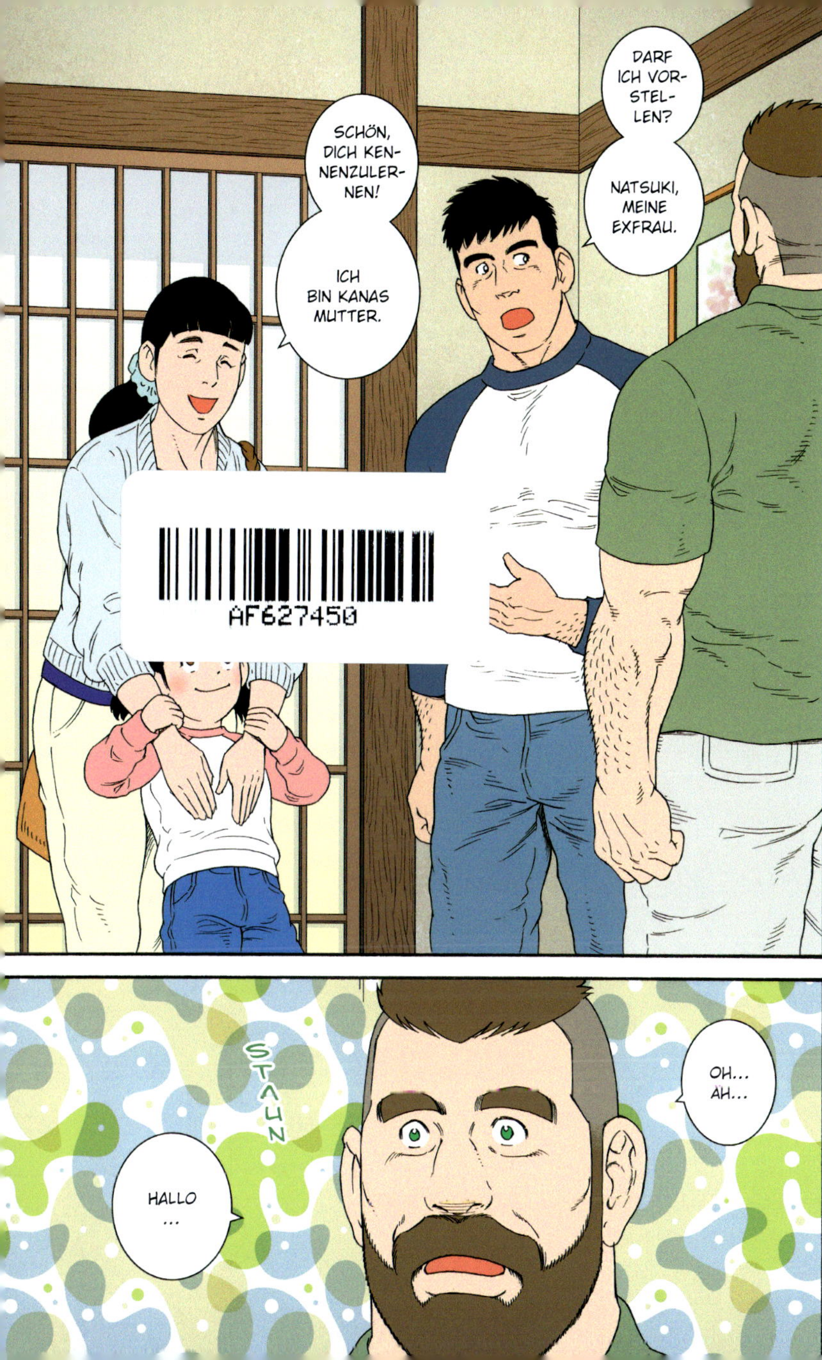
DARF ICH VORSTELLEN?
NATSUKI, MEINE EXFRAU.
SCHÖN, DICH KENNENZULERNEN!
ICH BIN KANAS MUTTER.
OH… AH…
STAUN
HALLO …

Kapitel 8

Ein gedeckter Tisch

Der **Mann** meines **Bruders**

2

Gengoroh Tagame

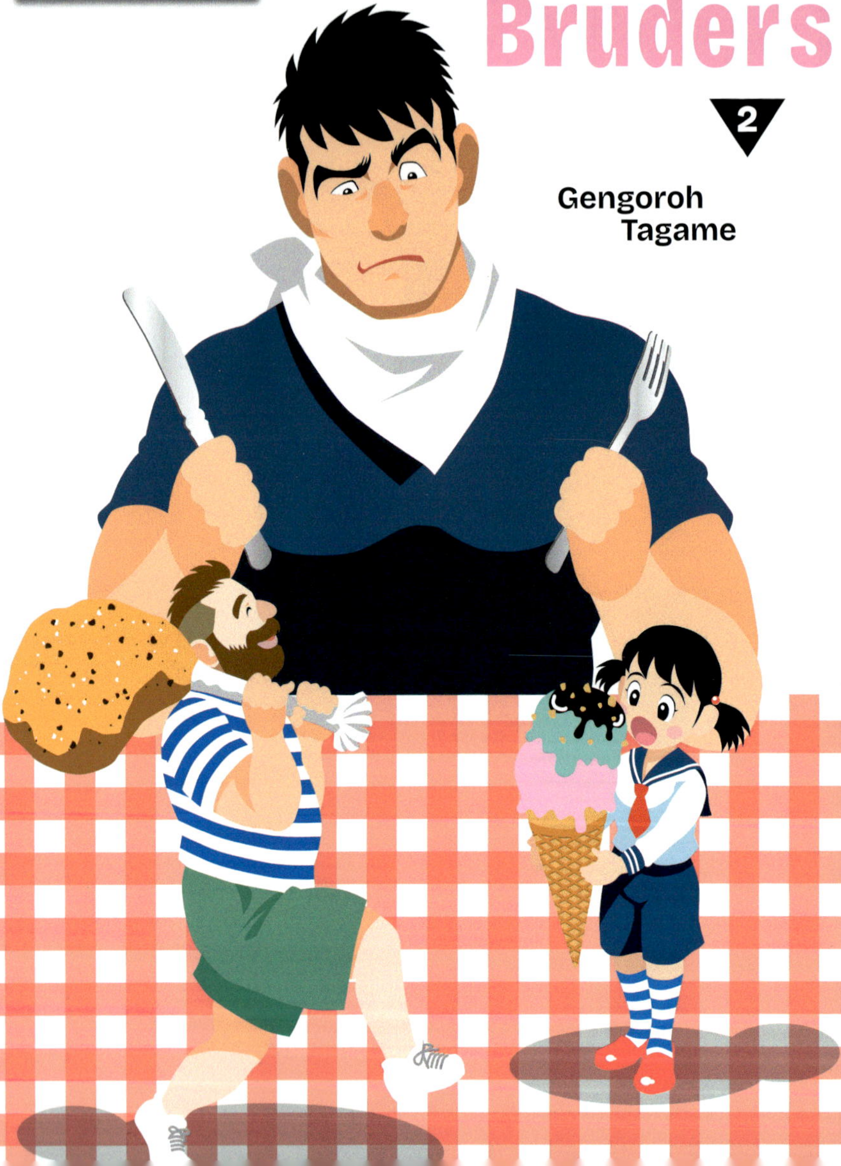

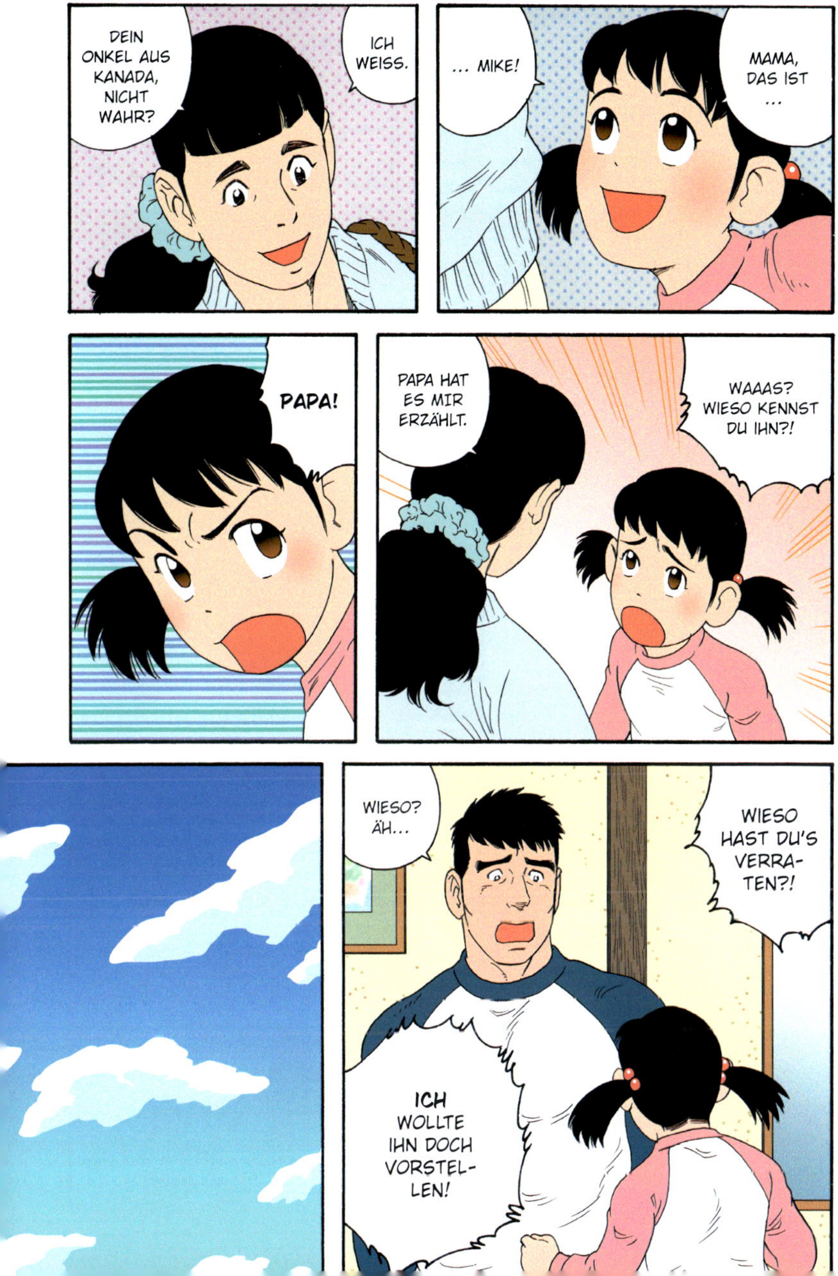
MAMA, DAS IST …
… MIKE!
ICH WEISS.
DEIN ONKEL AUS KANADA, NICHT WAHR?
WAAAS? WIESO KENNST DU IHN?!
PAPA HAT ES MIR ERZÄHLT.
PAPA!
WIESO HAST DU'S VERRA-TEN?!
WIESO? ÄH…
ICH WOLLTE IHN DOCH VORSTEL-LEN!

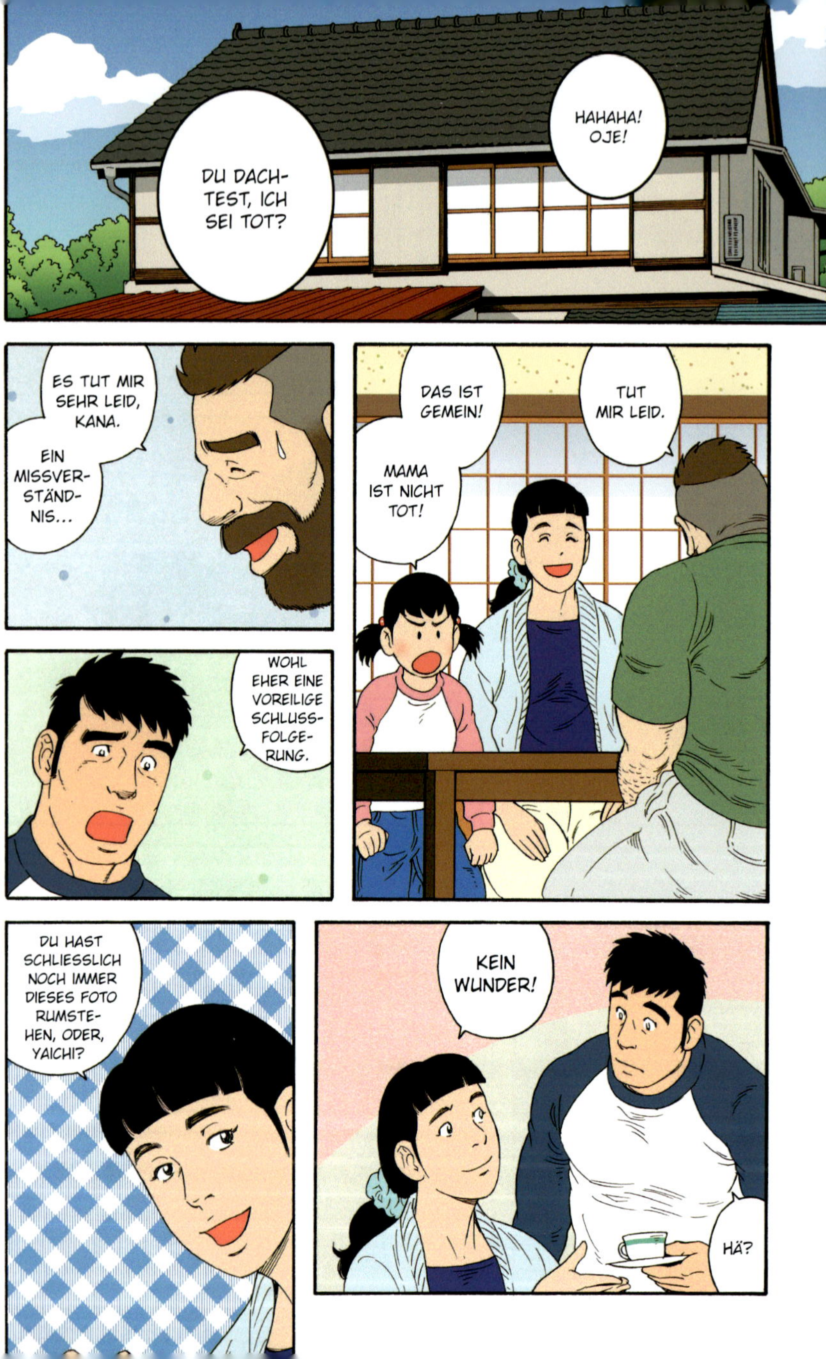
HAHAHA! OJE!
DU DACH-TEST, ICH SEI TOT?
TUT MIR LEID.
DAS IST GEMEIN!
MAMA IST NICHT TOT!
ES TUT MIR SEHR LEID, KANA.
EIN MISSVER-STÄND-NIS...
WOHL EHER EINE VOREILIGE SCHLUSS-FOLGE-RUNG.
KEIN WUNDER!
HÄ?
DU HAST SCHLIESSLICH NOCH IMMER DIESES FOTO RUMSTE-HEN, ODER, YAICHI?

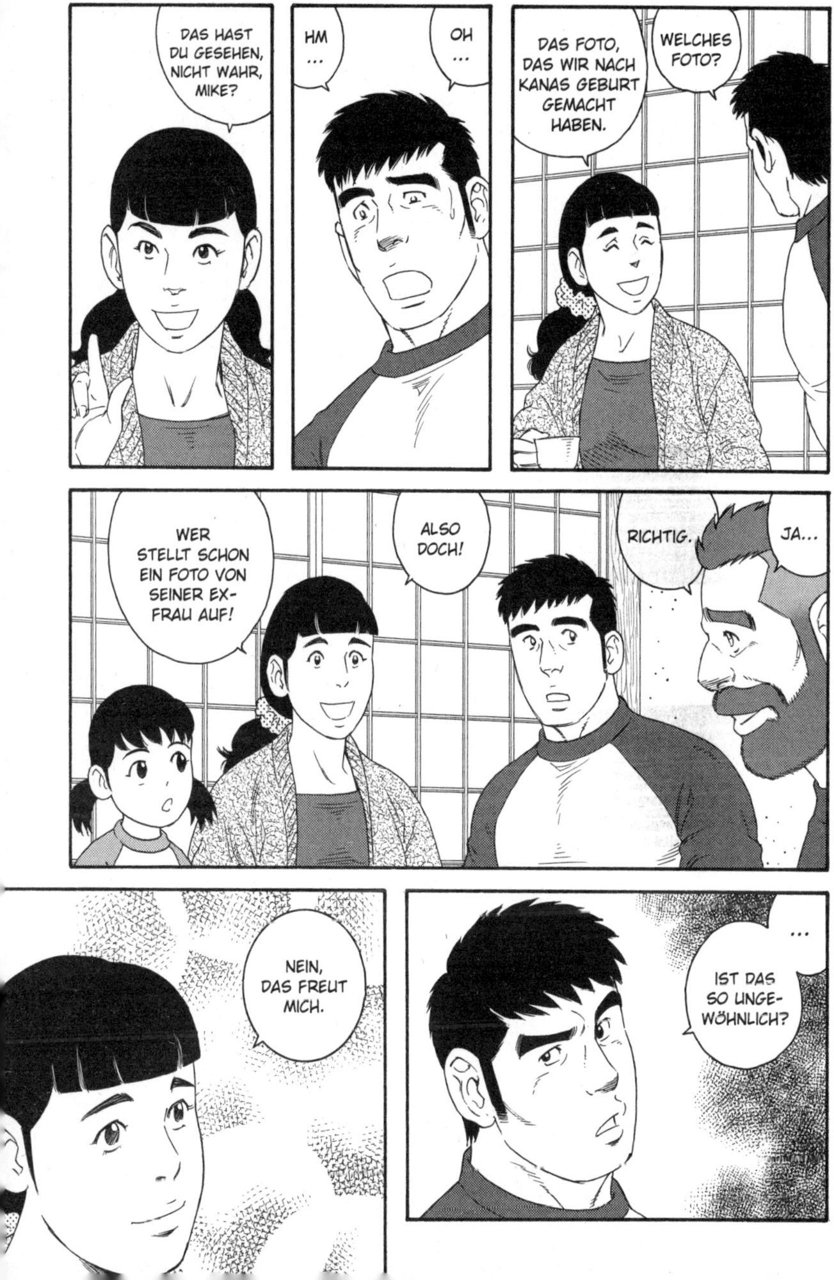
WELCHES FOTO?
DAS FOTO, DAS WIR NACH KANAS GEBURT GEMACHT HABEN.
OH ...
HM ...
DAS HAST DU GESEHEN, NICHT WAHR, MIKE?
JA...
RICHTIG.
ALSO DOCH!
WER STELLT SCHON EIN FOTO VON SEINER EX-FRAU AUF!
...
IST DAS SO UNGE-WÖHNLICH?
NEIN, DAS FREUT MICH.

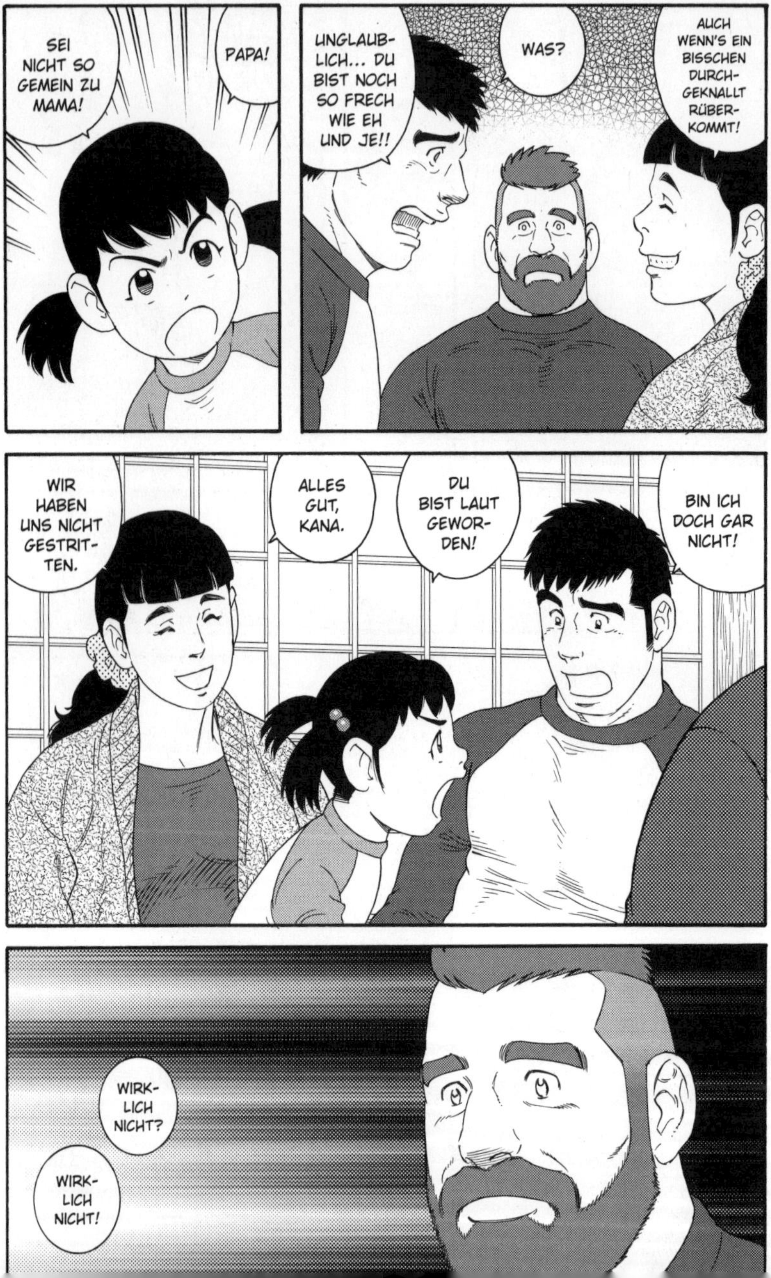
AUCH WENN'S EIN BISSCHEN DURCH-GEKNALLT RÜBER-KOMMT!
WAS?
UNGLAUB-LICH… DU BIST NOCH SO FRECH WIE EH UND JE!!
PAPA!
SEI NICHT SO GEMEIN ZU MAMA!
BIN ICH DOCH GAR NICHT!
DU BIST LAUT GEWOR-DEN!
ALLES GUT, KANA.
WIR HABEN UNS NICHT GESTRIT-TEN.
WIRK-LICH NICHT?
WIRK-LICH NICHT!

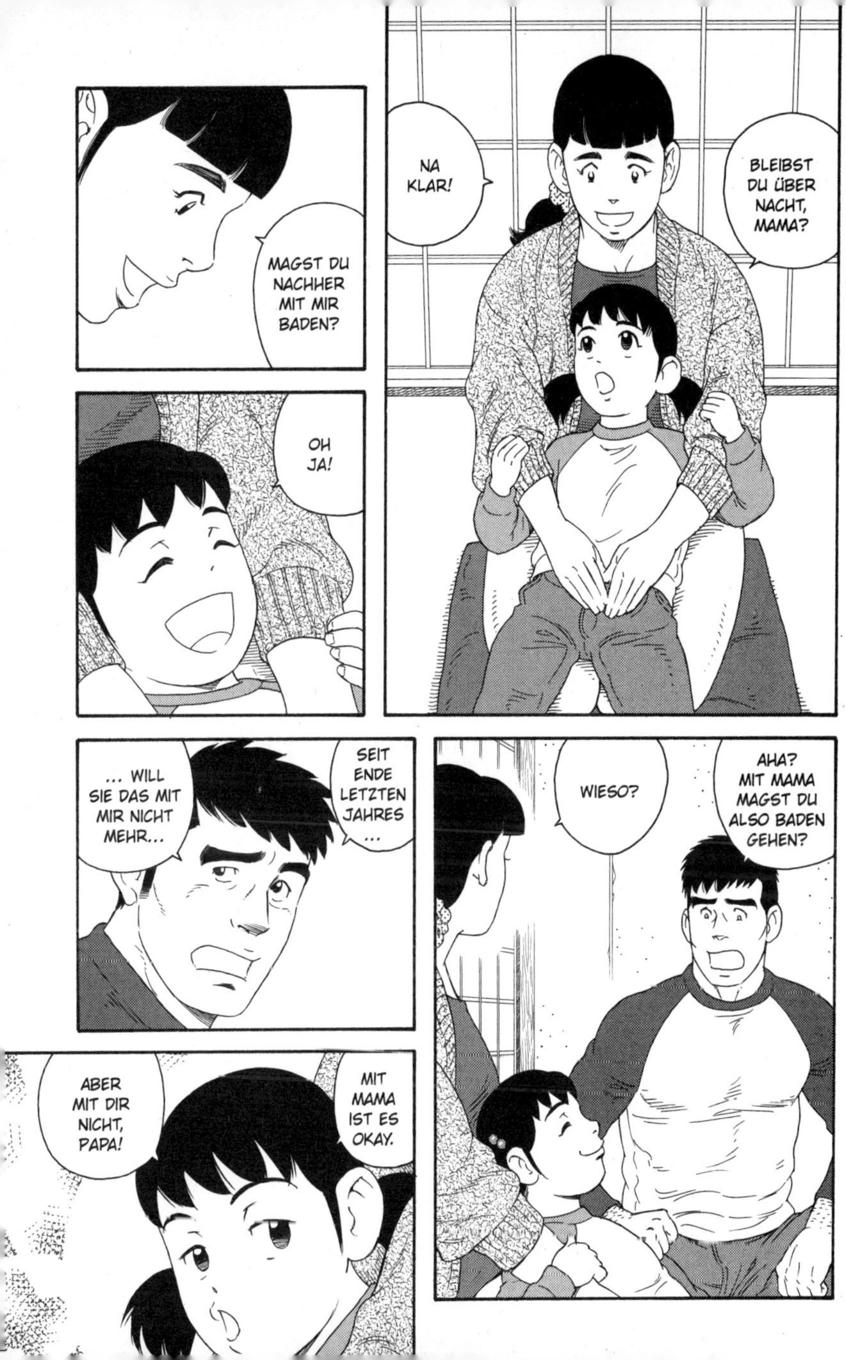
BLEIBST DU ÜBER NACHT, MAMA?
NA KLAR!
MAGST DU NACHHER MIT MIR BADEN?
OH JA!
AHA? MIT MAMA MAGST DU ALSO BADEN GEHEN?
WIESO?
SEIT ENDE LETZTEN JAHRES …
… WILL SIE DAS MIT MIR NICHT MEHR…
MIT MAMA IST ES OKAY.
ABER MIT DIR NICHT, PAPA!

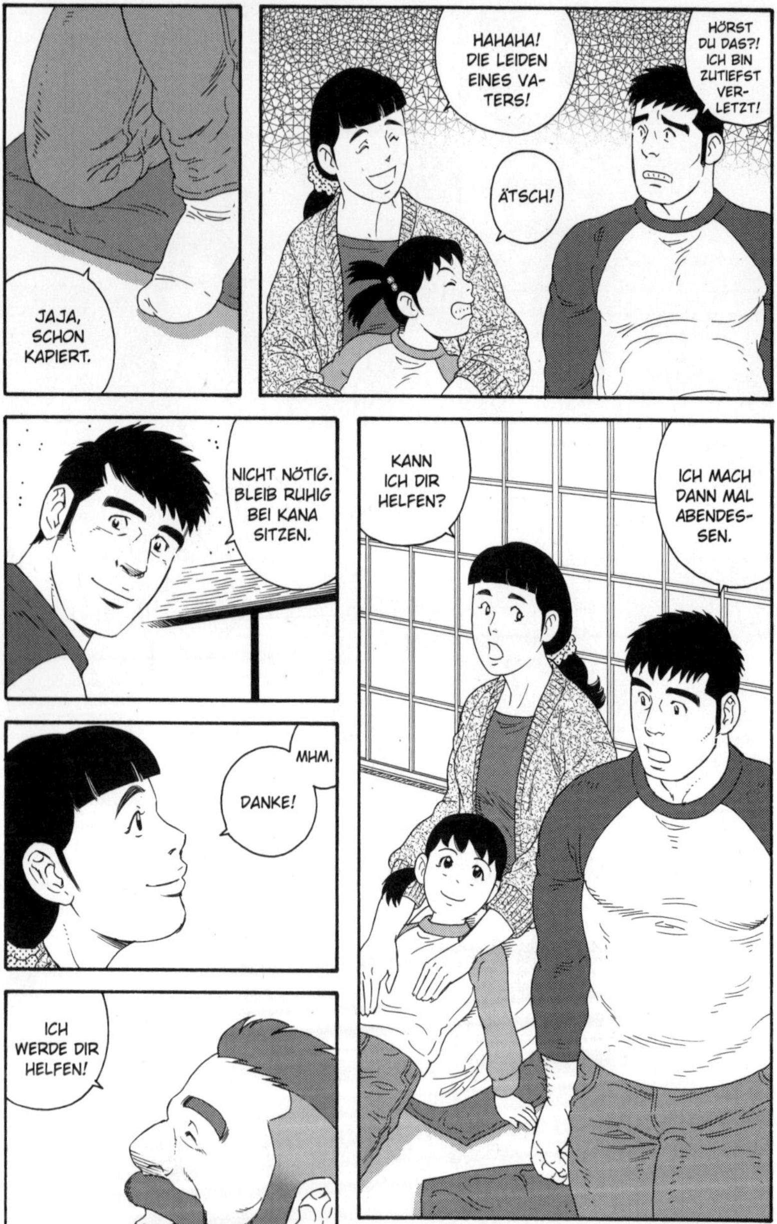

HÖRST DU DAS?! ICH BIN ZUTIEFST VERLETZT!
HAHAHA! DIE LEIDEN EINES VATERS!
ÄTSCH!
JAJA, SCHON KAPIERT.
ICH MACH DANN MAL ABENDESSEN.
KANN ICH DIR HELFEN?
NICHT NÖTIG. BLEIB RUHIG BEI KANA SITZEN.
MHM.
DANKE!
ICH WERDE DIR HELFEN!

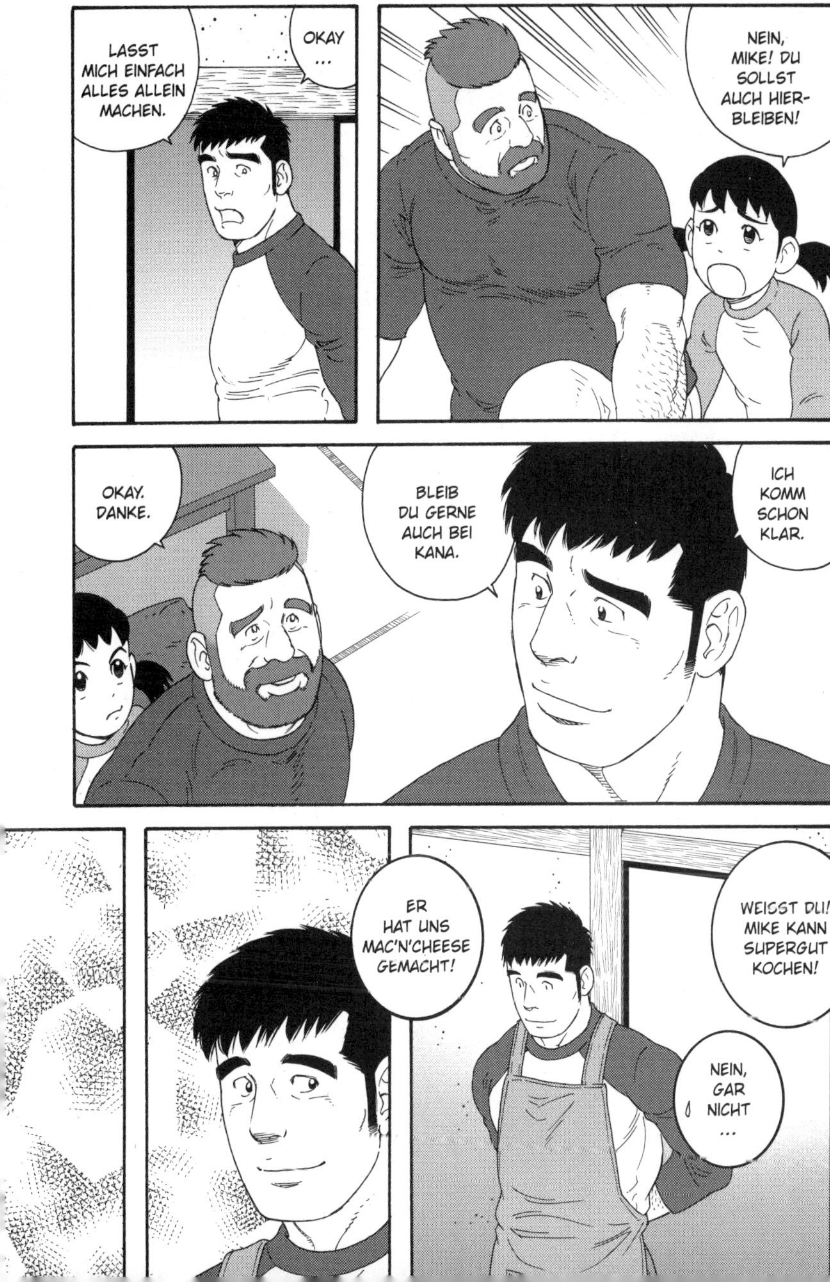
NEIN, MIKE! DU SOLLST AUCH HIERBLEIBEN!
OKAY ...
LASST MICH EINFACH ALLES ALLEIN MACHEN.
ICH KOMM SCHON KLAR.
BLEIB DU GERNE AUCH BEI KANA.
OKAY. DANKE.
WEISST DU! MIKE KANN SUPERGUT KOCHEN!
NEIN, GAR NICHT ...
ER HAT UNS MAC'N'CHEESE GEMACHT!

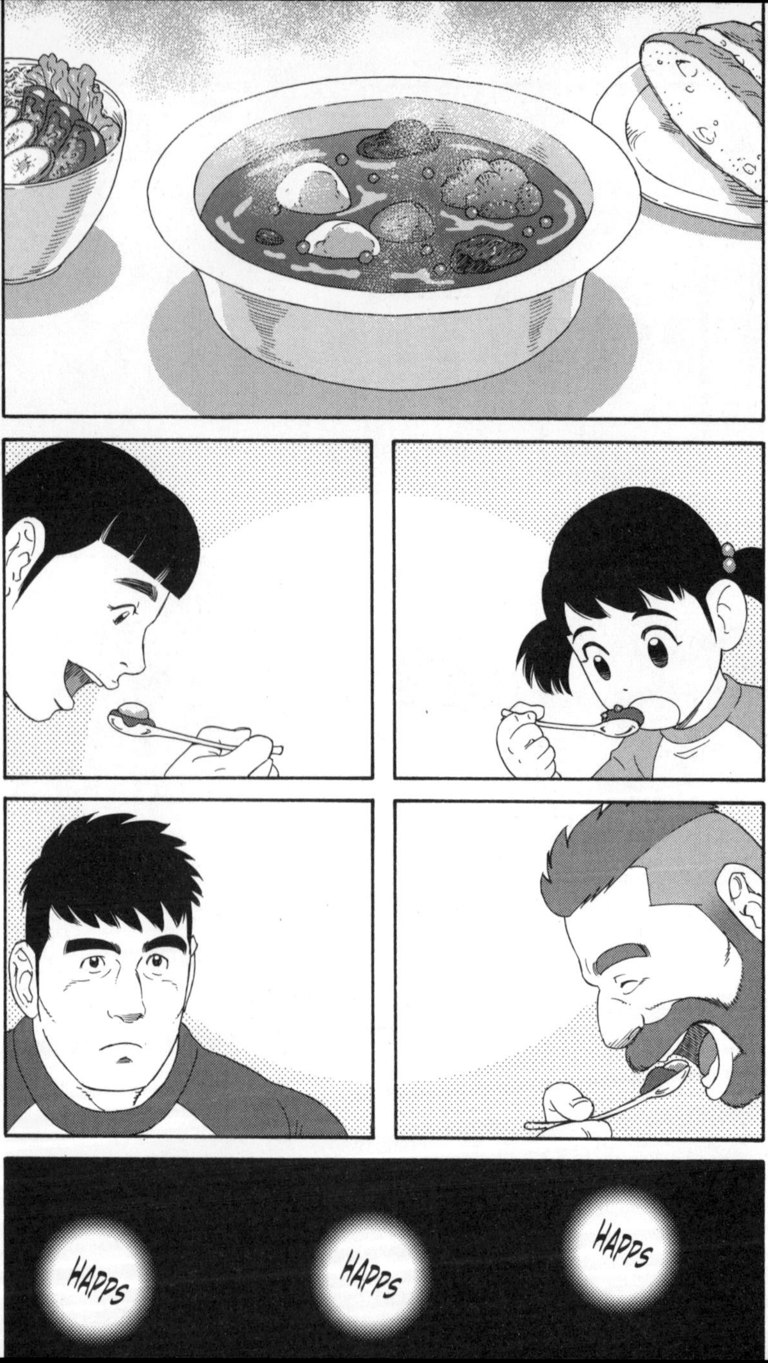
HAPPS
HAPPS
HAPPS

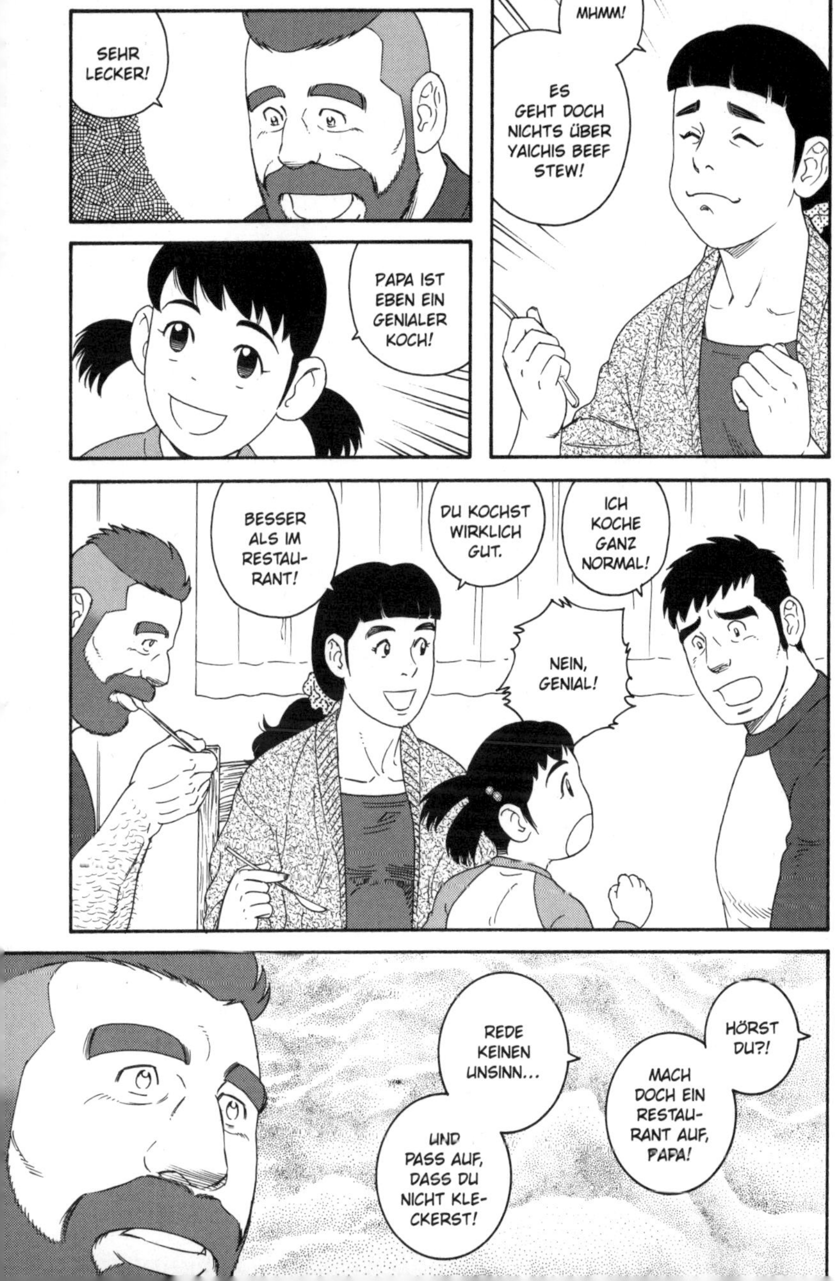
MHMM!
ES GEHT DOCH NICHTS ÜBER YAICHIS BEEF STEW!
SEHR LECKER!
PAPA IST EBEN EIN GENIALER KOCH!
ICH KOCHE GANZ NORMAL!
DU KOCHST WIRKLICH GUT.
BESSER ALS IM RESTAU-RANT!
NEIN, GENIAL!
HÖRST DU?!
MACH DOCH EIN RESTAU-RANT AUF, PAPA!
REDE KEINEN UNSINN...
UND PASS AUF, DASS DU NICHT KLE-CKERST!

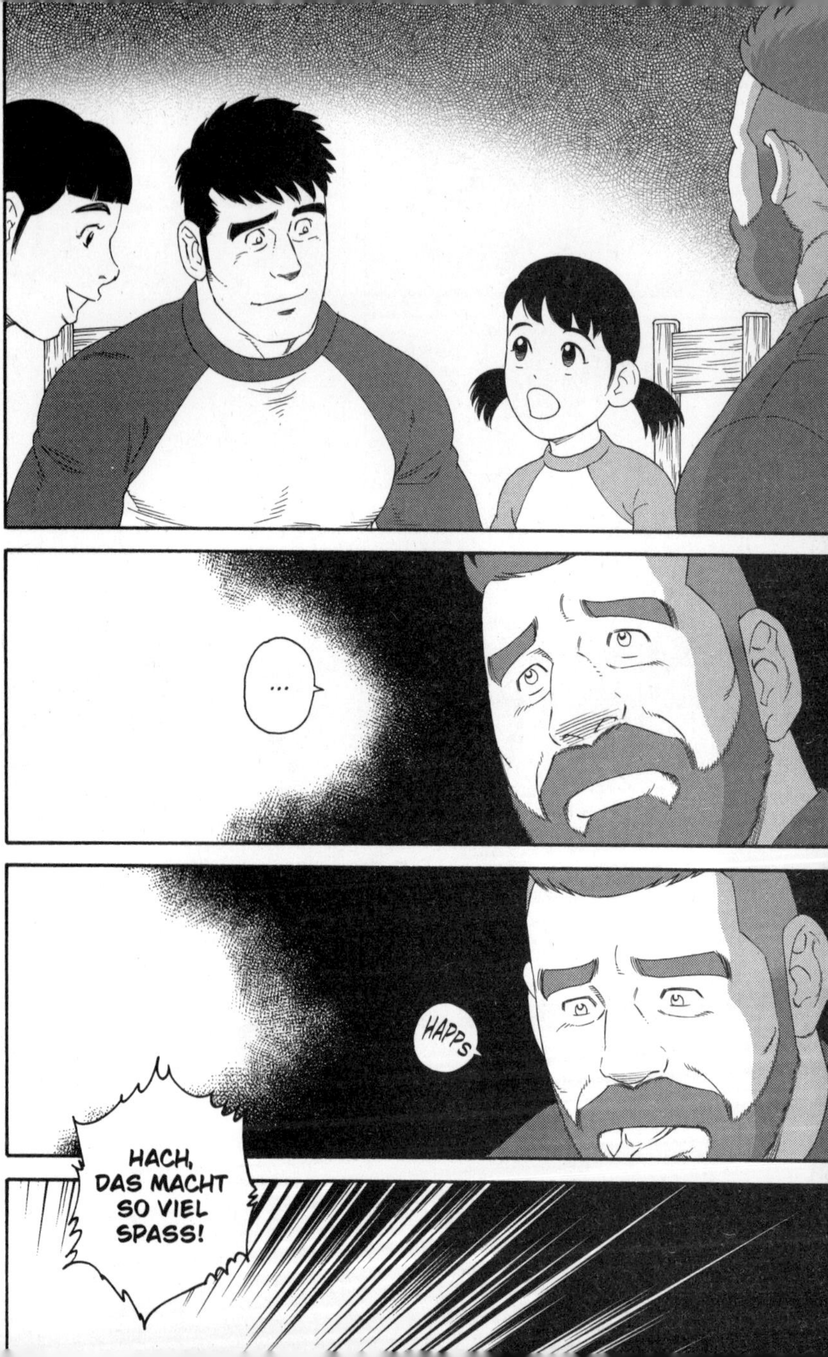
...
HAPPS
HACH, DAS MACHT SO VIEL SPASS!

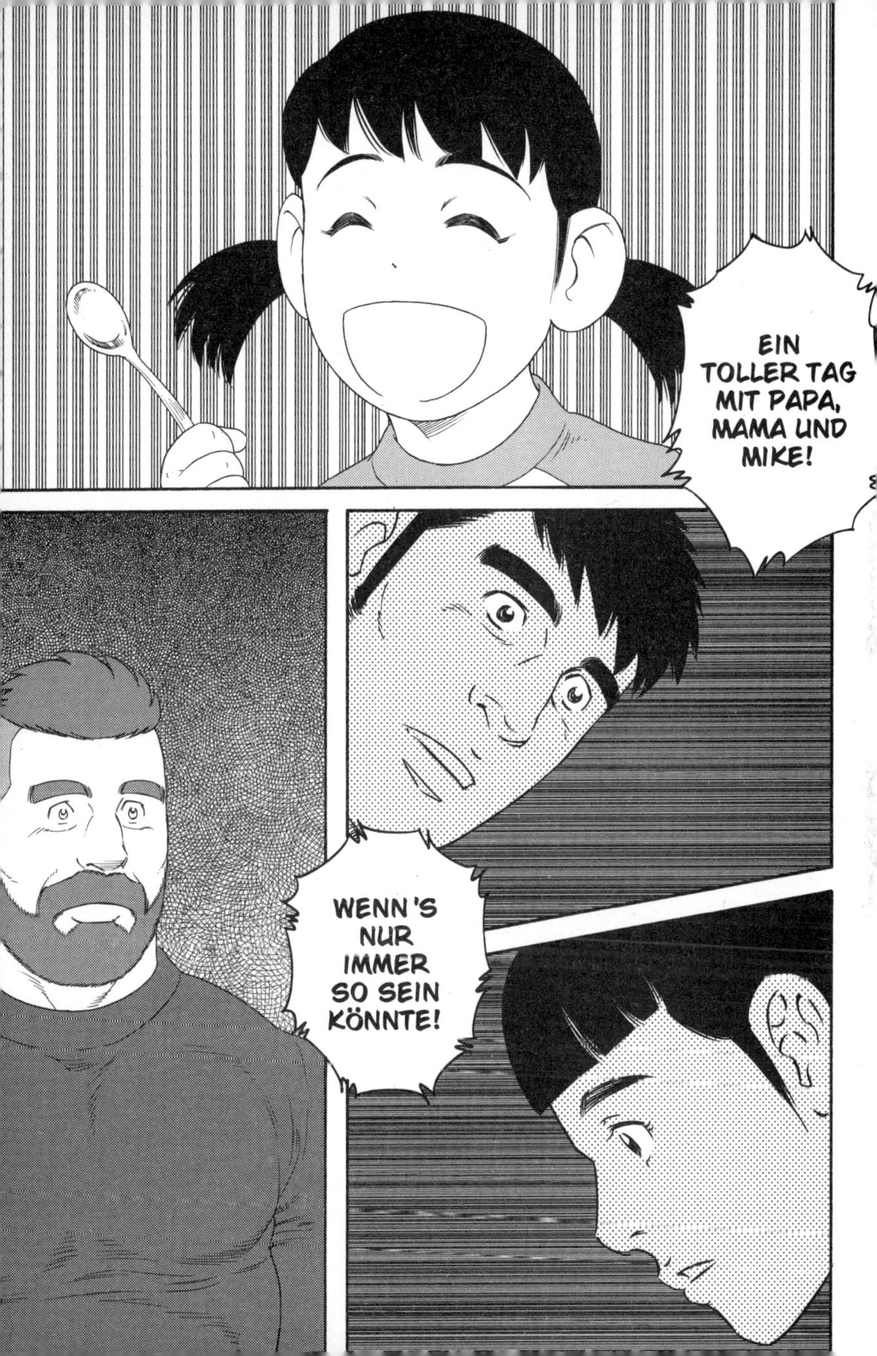
EIN TOLLER TAG MIT PAPA, MAMA UND MIKE!
WENN'S NUR IMMER SO SEIN KÖNNTE!

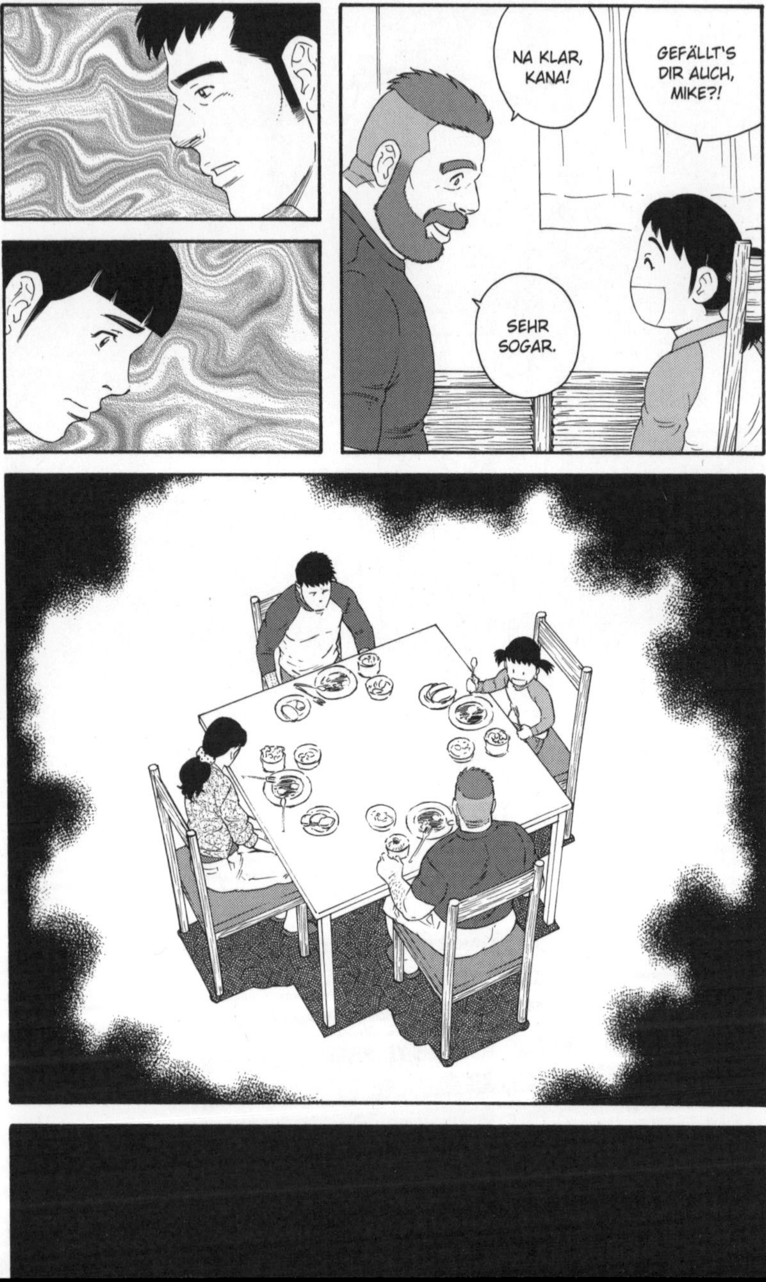
GEFÄLLT'S DIR AUCH, MIKE?!
NA KLAR, KANA!
SEHR SOGAR.

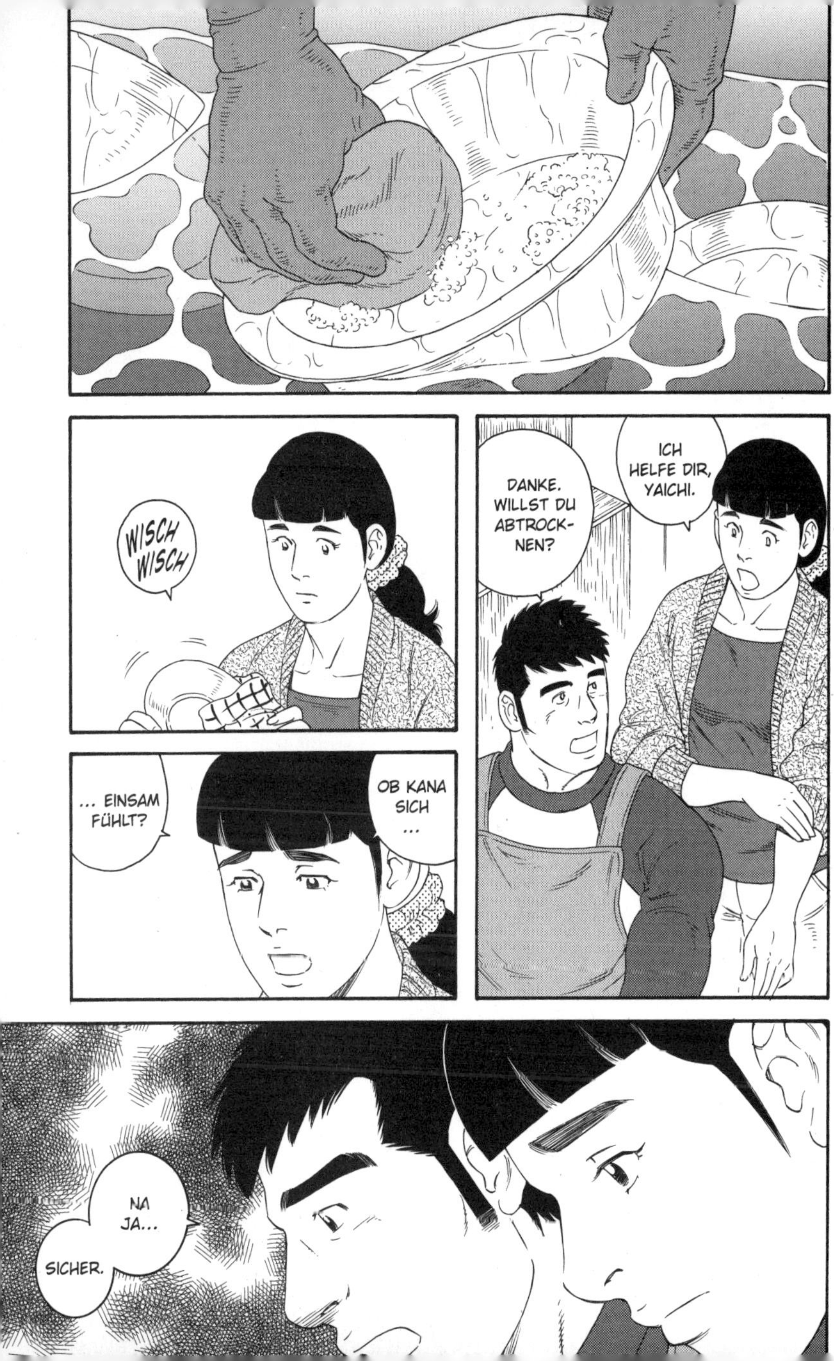
WISCH WISCH
ICH HELFE DIR, YAICHI.
DANKE. WILLST DU ABTROCK-NEN?
... EINSAM FÜHLT?
OB KANA SICH ...
NA JA...
SICHER.

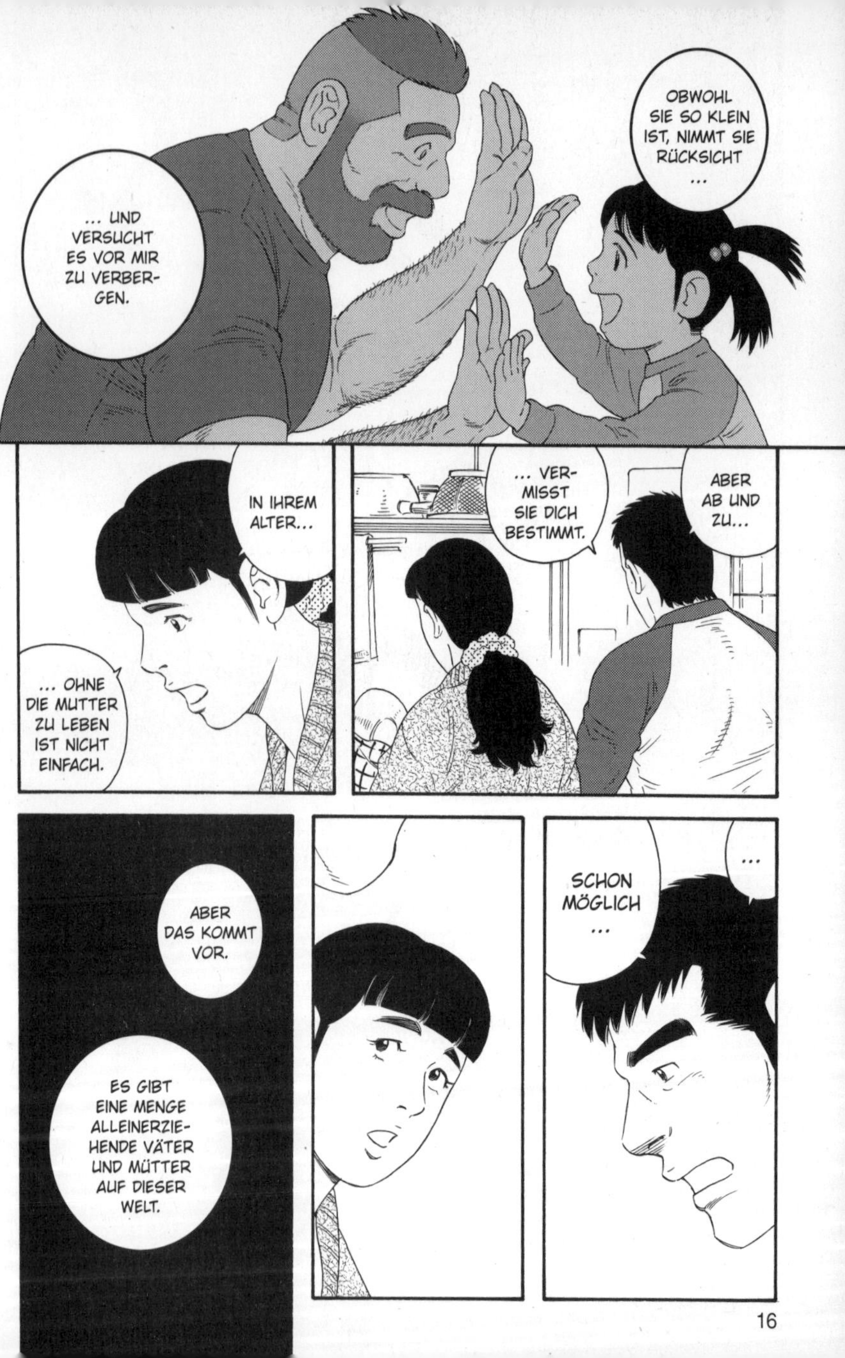
OBWOHL SIE SO KLEIN IST, NIMMT SIE RÜCKSICHT ...
... UND VERSUCHT ES VOR MIR ZU VERBER-GEN.
ABER AB UND ZU...
... VER-MISST SIE DICH BESTIMMT.
IN IHREM ALTER...
... OHNE DIE MUTTER ZU LEBEN IST NICHT EINFACH.
...
SCHON MÖGLICH ...
ABER DAS KOMMT VOR.
ES GIBT EINE MENGE ALLEINERZIE-HENDE VÄTER UND MÜTTER AUF DIESER WELT.

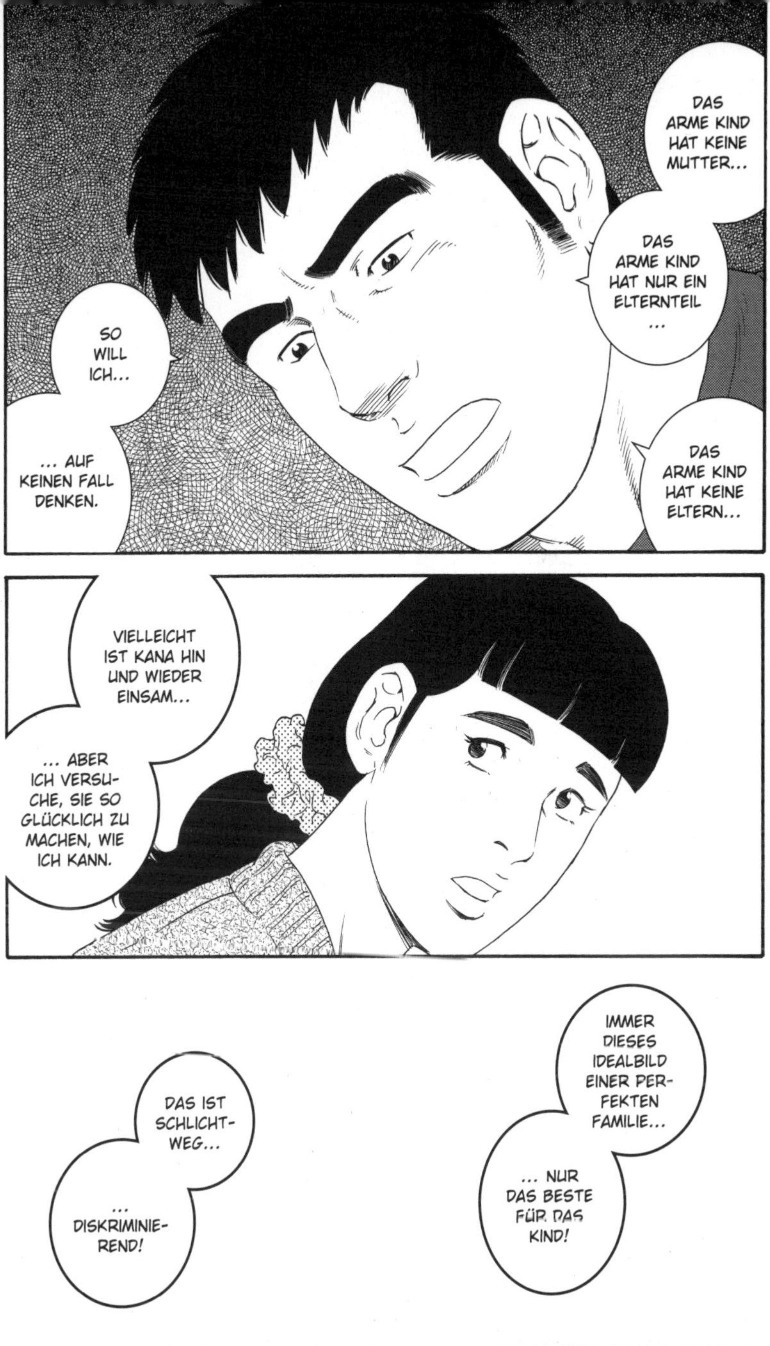
DAS ARME KIND HAT KEINE MUTTER...
DAS ARME KIND HAT NUR EIN ELTERNTEIL ...
DAS ARME KIND HAT KEINE ELTERN...
SO WILL ICH...
... AUF KEINEN FALL DENKEN.
VIELLEICHT IST KANA HIN UND WIEDER EINSAM...
... ABER ICH VERSUCHE, SIE SO GLÜCKLICH ZU MACHEN, WIE ICH KANN.
IMMER DIESES IDEALBILD EINER PERFEKTEN FAMILIE...
... NUR DAS BESTE FÜR DAS KIND!
DAS IST SCHLICHTWEG...
... DISKRIMINIEREND!

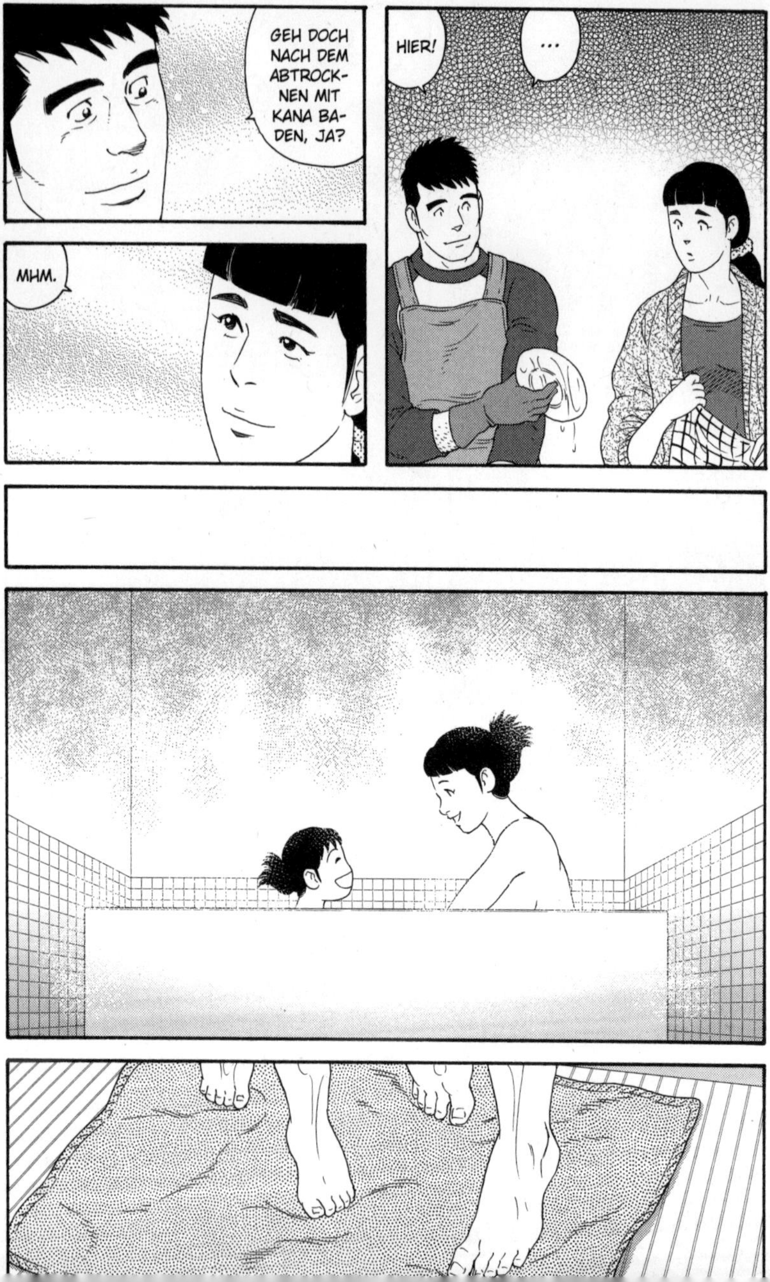
HIER!
...
GEH DOCH NACH DEM ABTROCK- NEN MIT KANA BA- DEN, JA?
MHM.

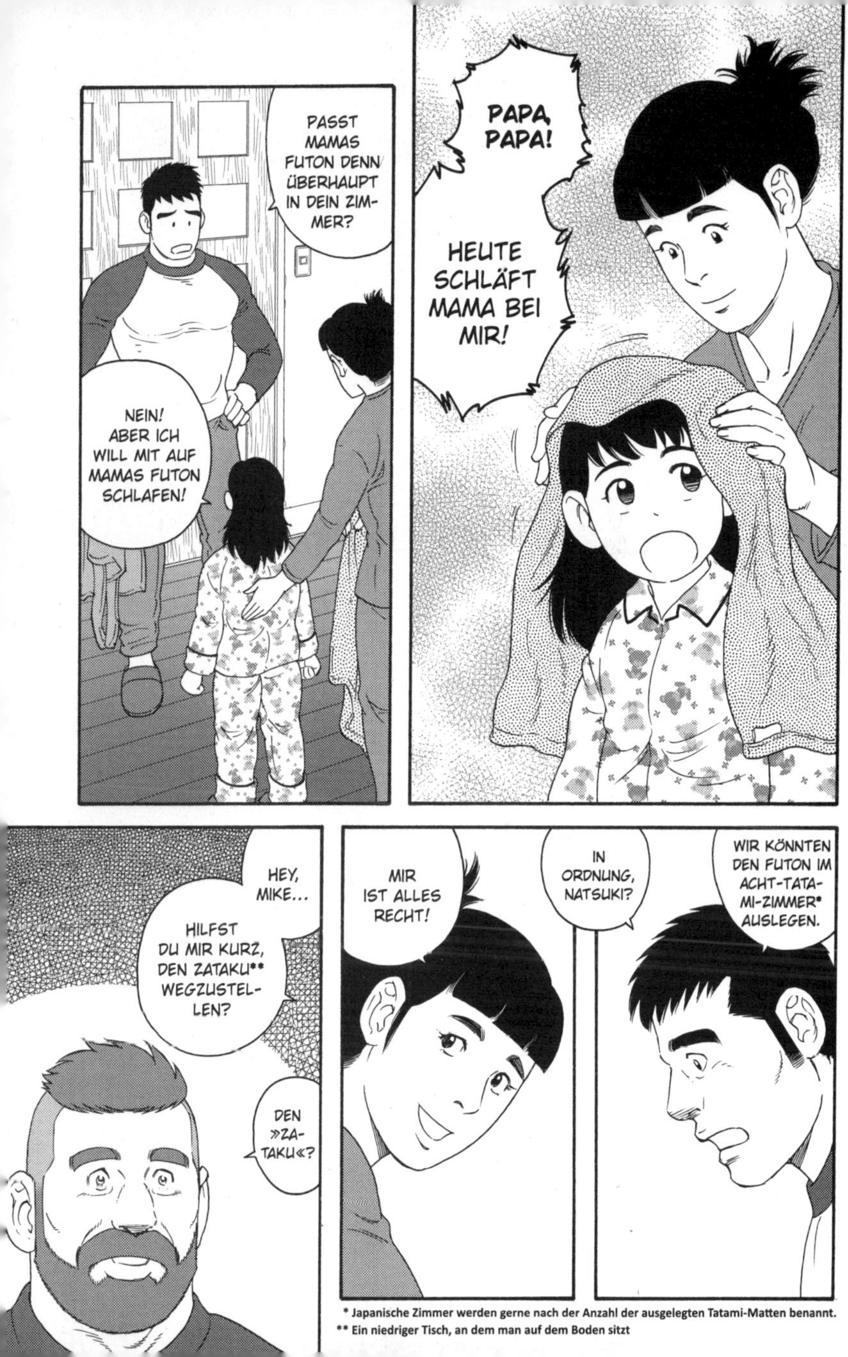

* Japanische Zimmer werden gerne nach der Anzahl der ausgelegten Tatami-Matten benannt.

** Ein niedriger Tisch, an dem man auf dem Boden sitzt

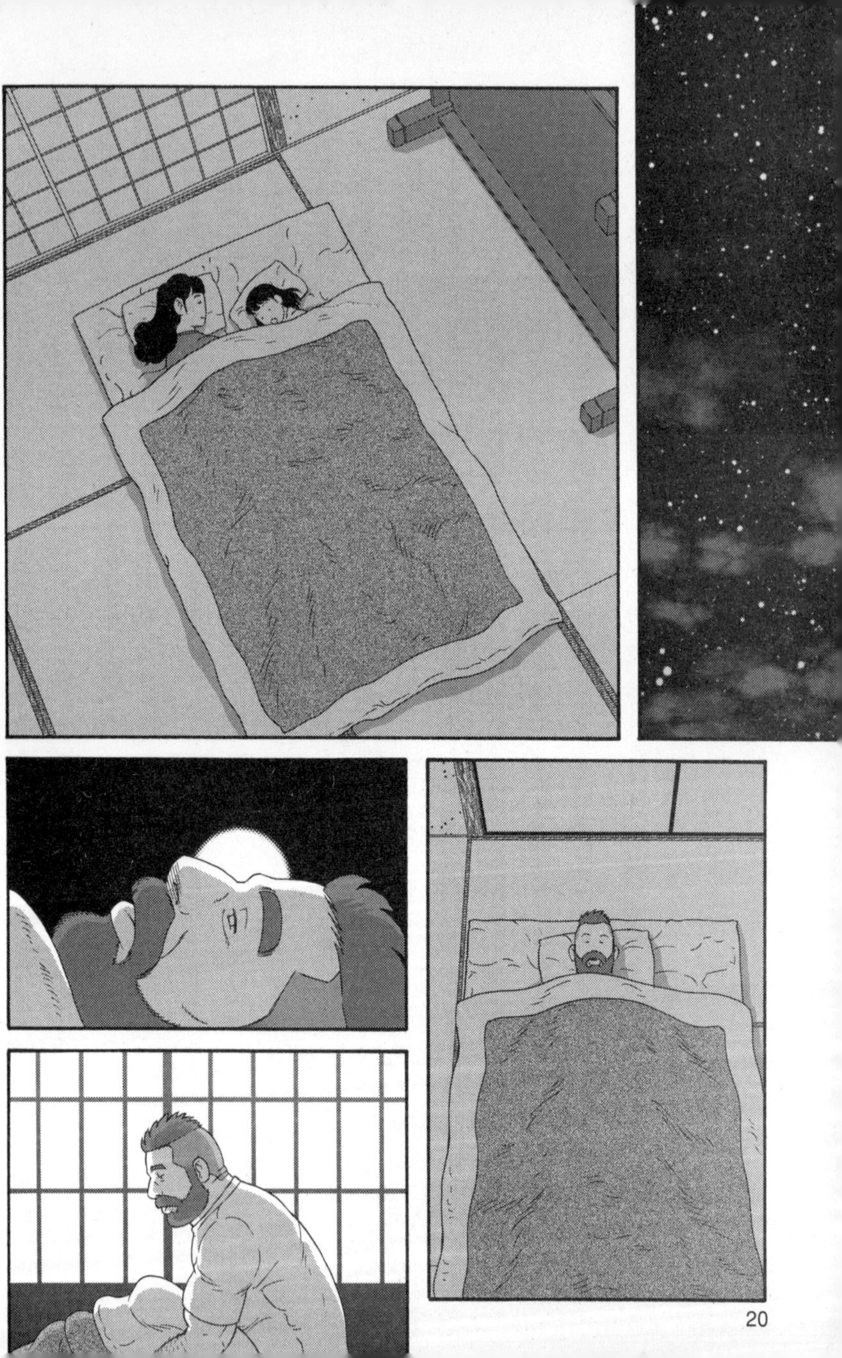

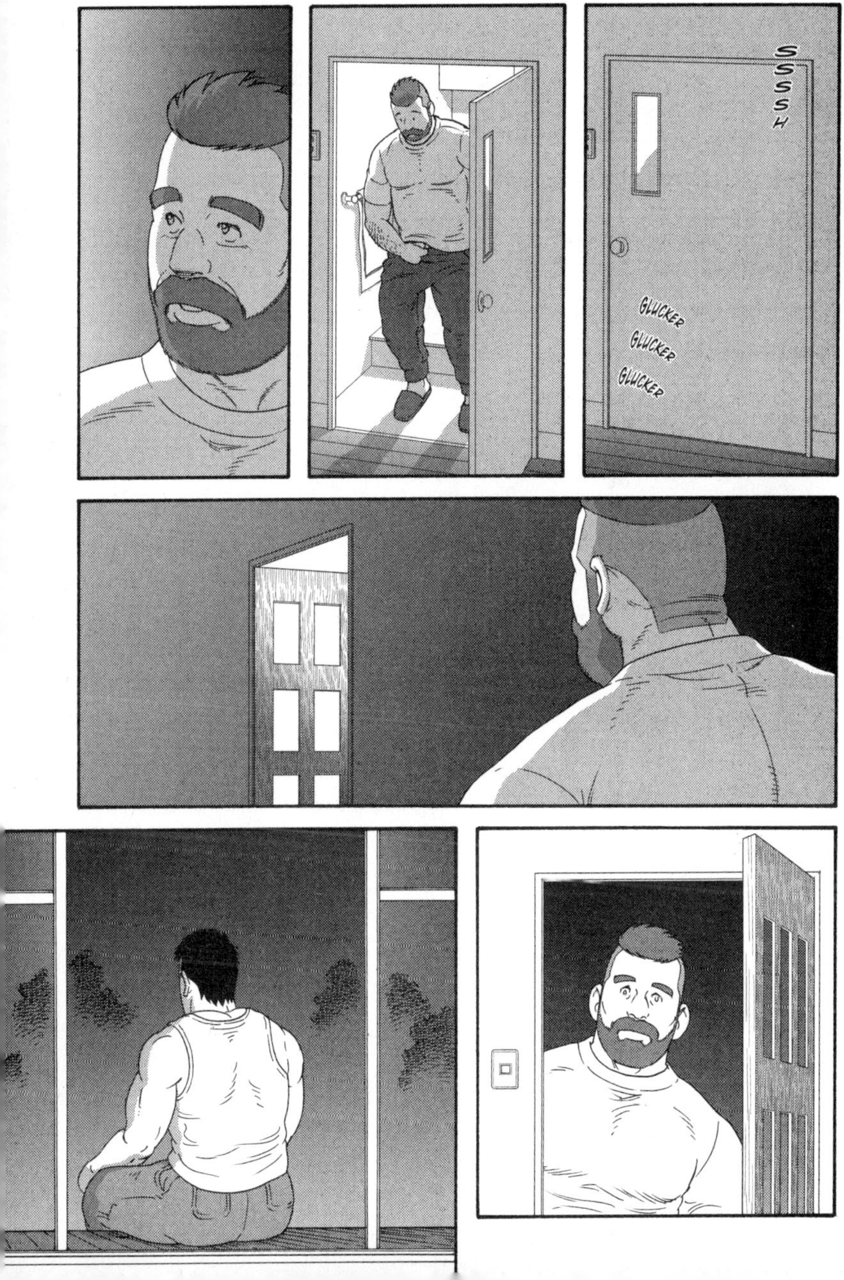
SSSSH
GLUCKER
GLUCKER
GLUCKER

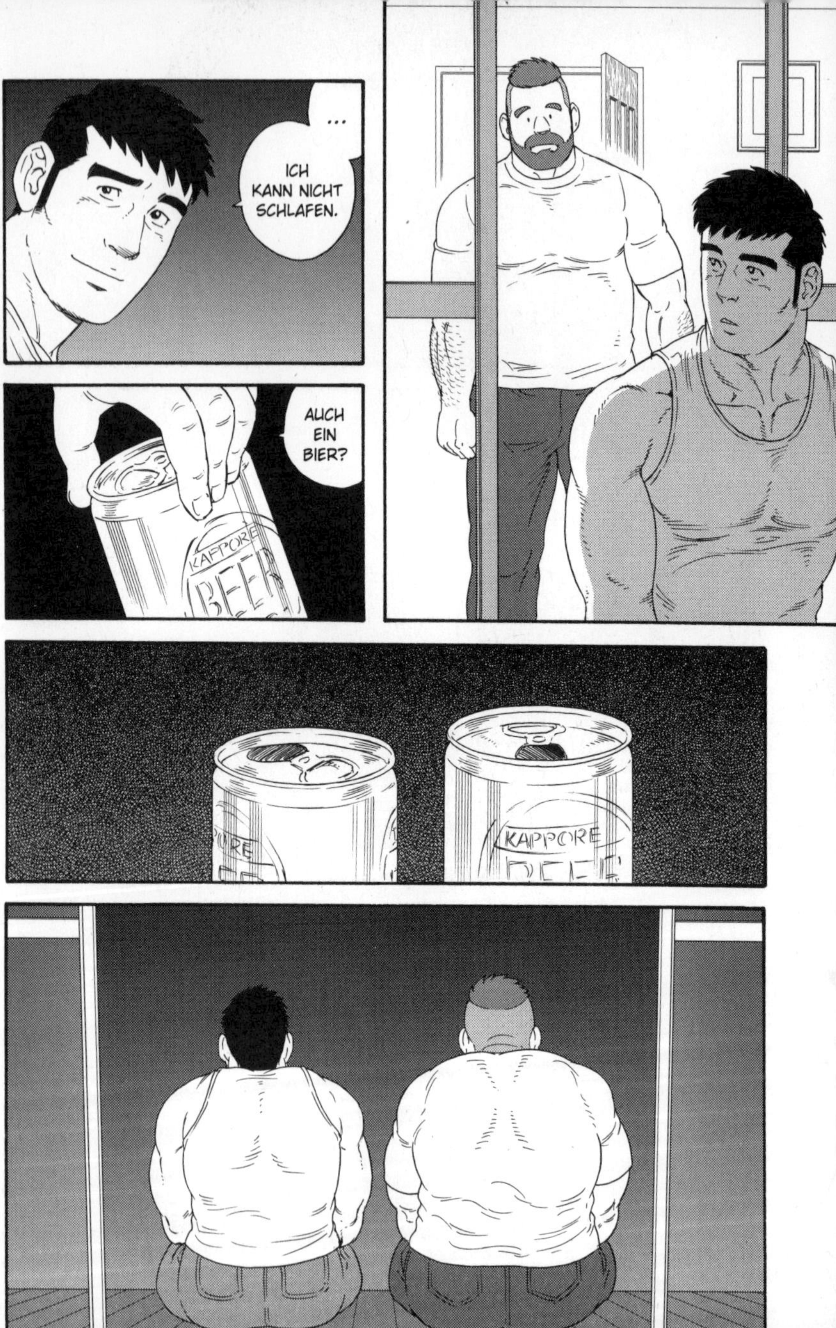

…
ICH KANN NICHT SCHLAFEN.
AUCH EIN BIER?
KAPPORE BEER
KAPPORE

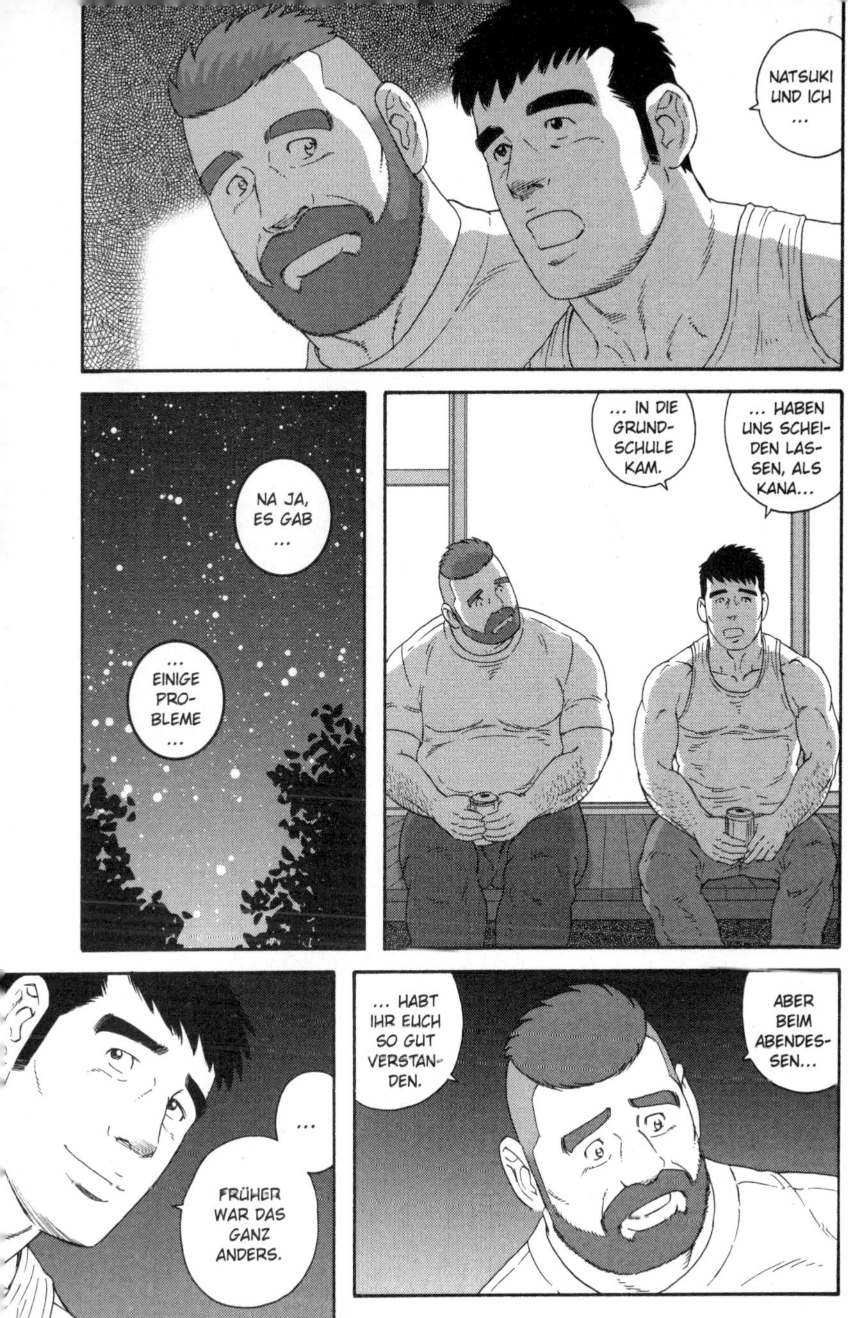
NATSUKI UND ICH ...
... HABEN UNS SCHEI-DEN LAS-SEN, ALS KANA...
... IN DIE GRUND-SCHULE KAM.
NA JA, ES GAB ...
... EINIGE PRO-BLEME ...
ABER BEIM ABENDES-SEN...
... HABT IHR EUCH SO GUT VERSTAN-DEN.
...
FRÜHER WAR DAS GANZ ANDERS.

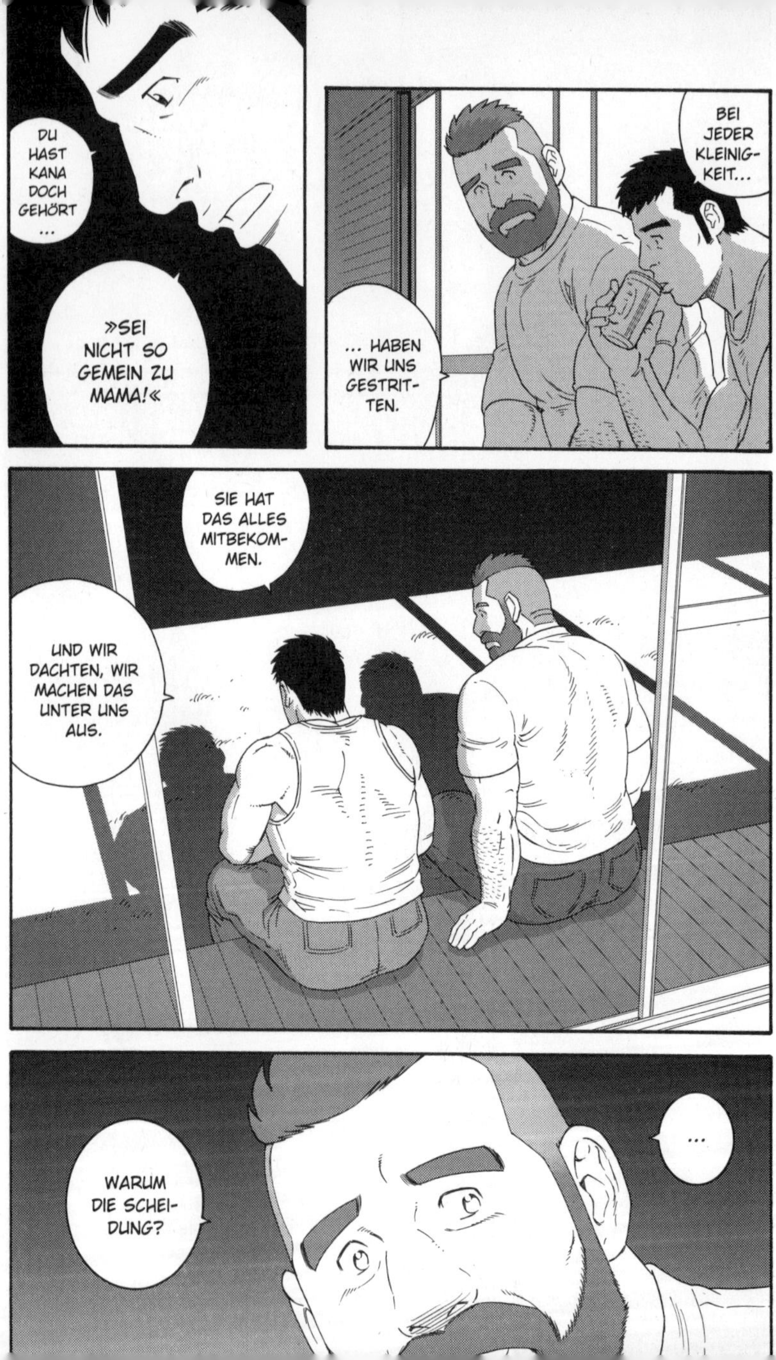
DU HAST KANA DOCH GEHÖRT …
»SEI NICHT SO GEMEIN ZU MAMA!«
BEI JEDER KLEINIG-KEIT…
… HABEN WIR UNS GESTRIT-TEN.
SIE HAT DAS ALLES MITBEKOM-MEN.
UND WIR DACHTEN, WIR MACHEN DAS UNTER UNS AUS.
…
WARUM DIE SCHEI-DUNG?

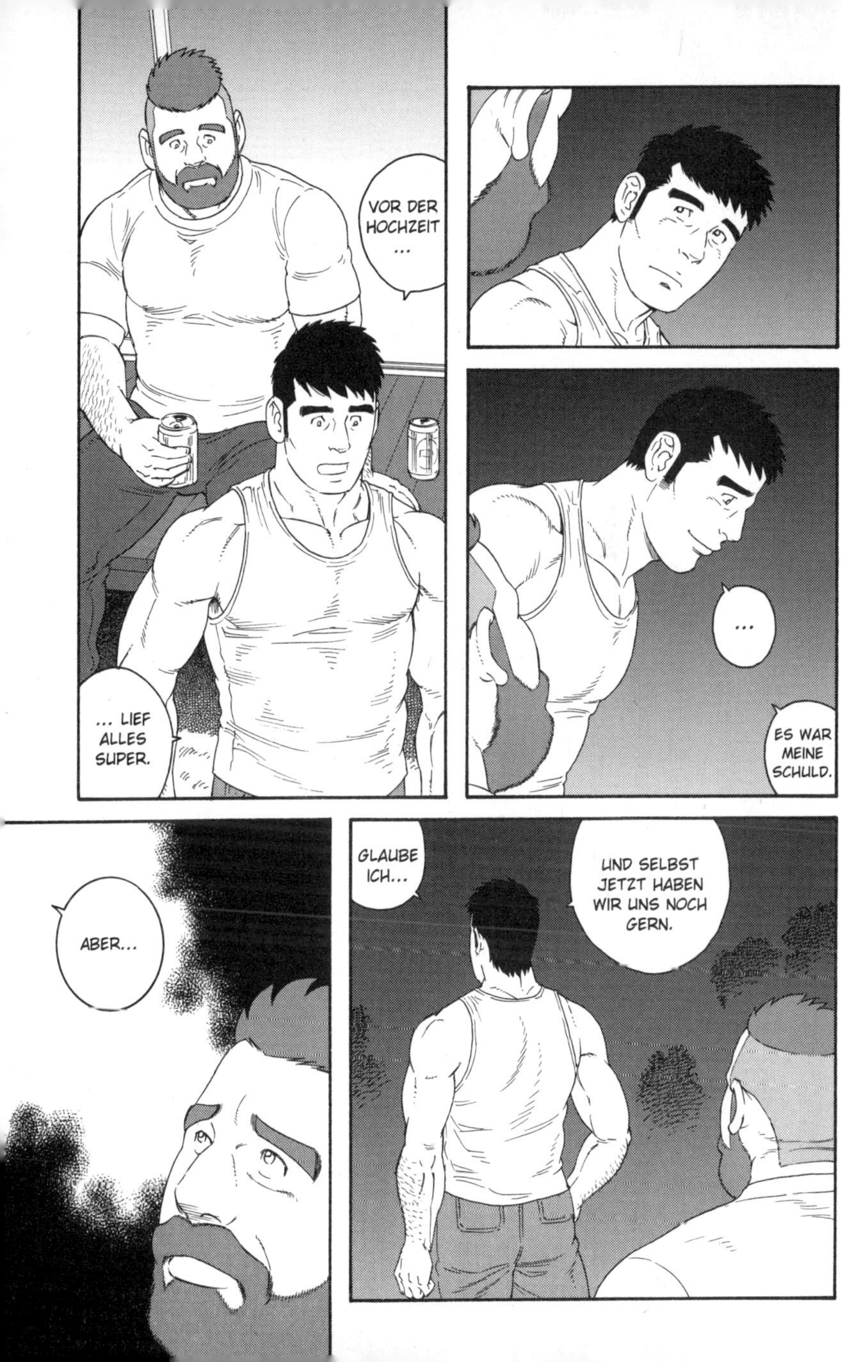
VOR DER HOCHZEIT ...
... LIEF ALLES SUPER.
...
ES WAR MEINE SCHULD.
UND SELBST JETZT HABEN WIR UNS NOCH GERN.
GLAUBE ICH...
ABER...

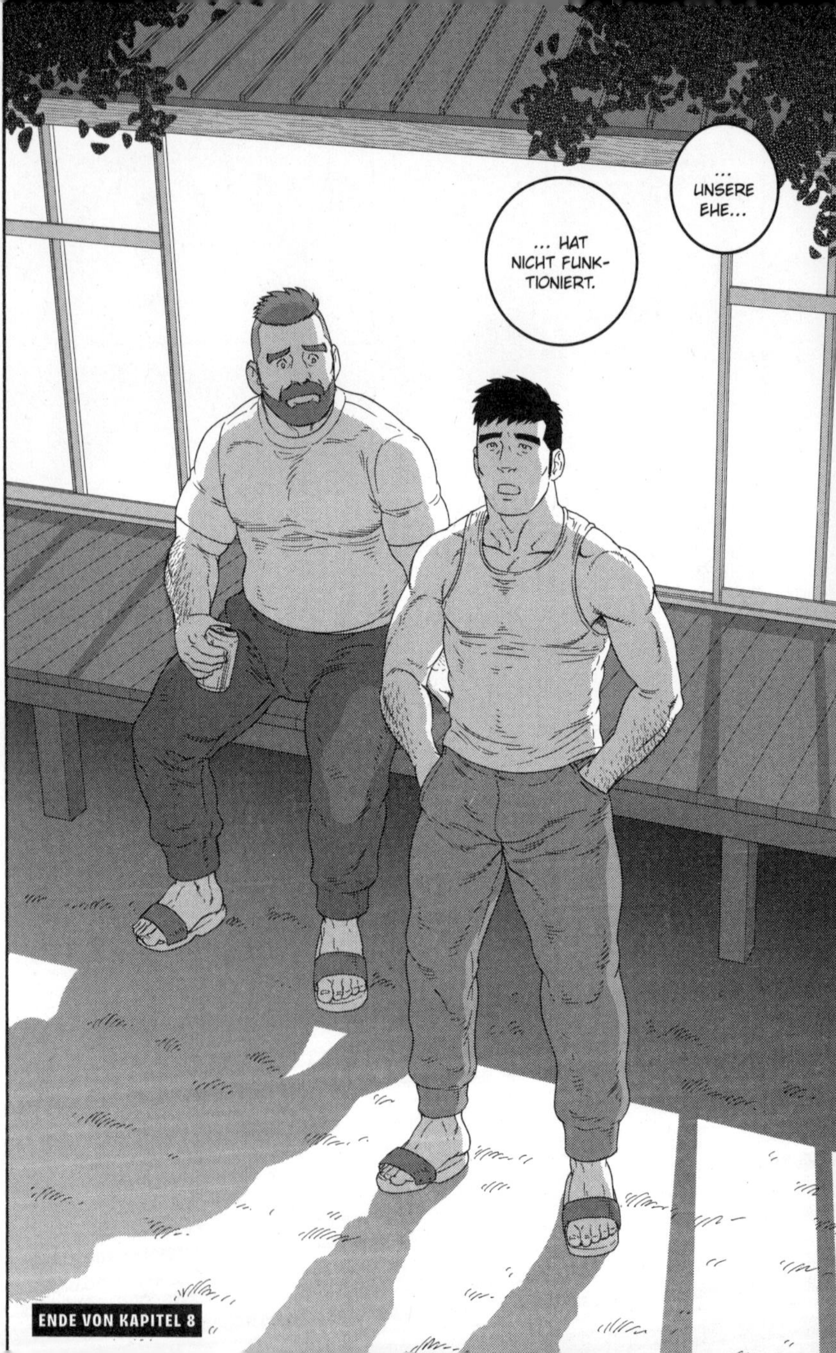
... UNSERE EHE...
... HAT NICHT FUNK-TIONIERT.
ENDE VON KAPITEL 8

Kapitel 9 Rückkehr

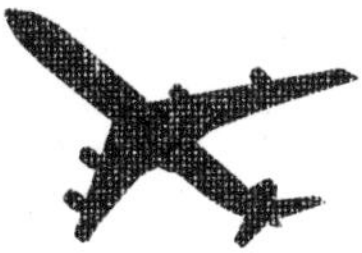

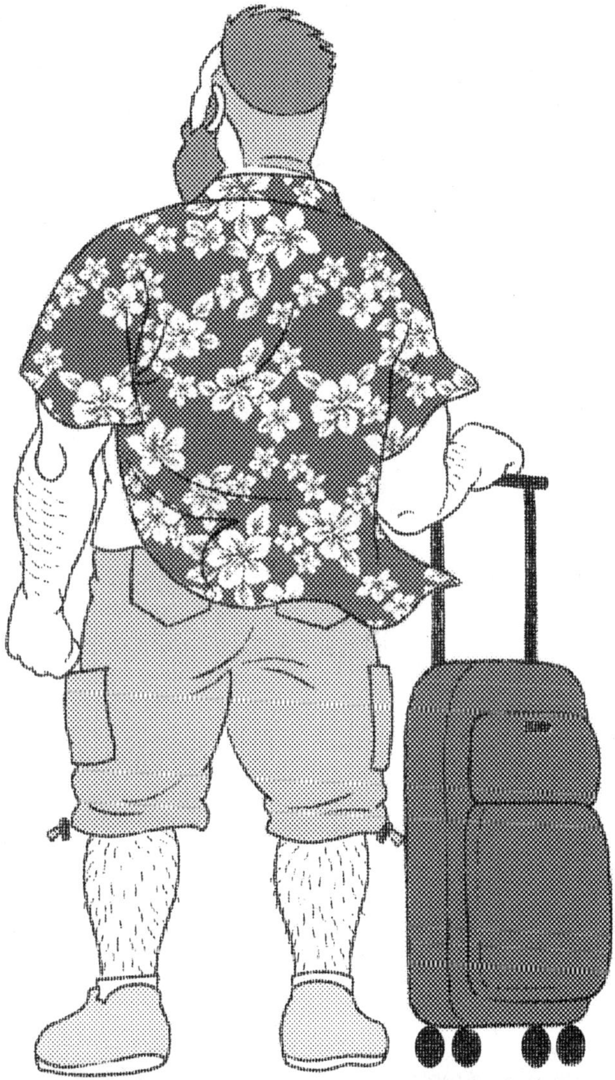

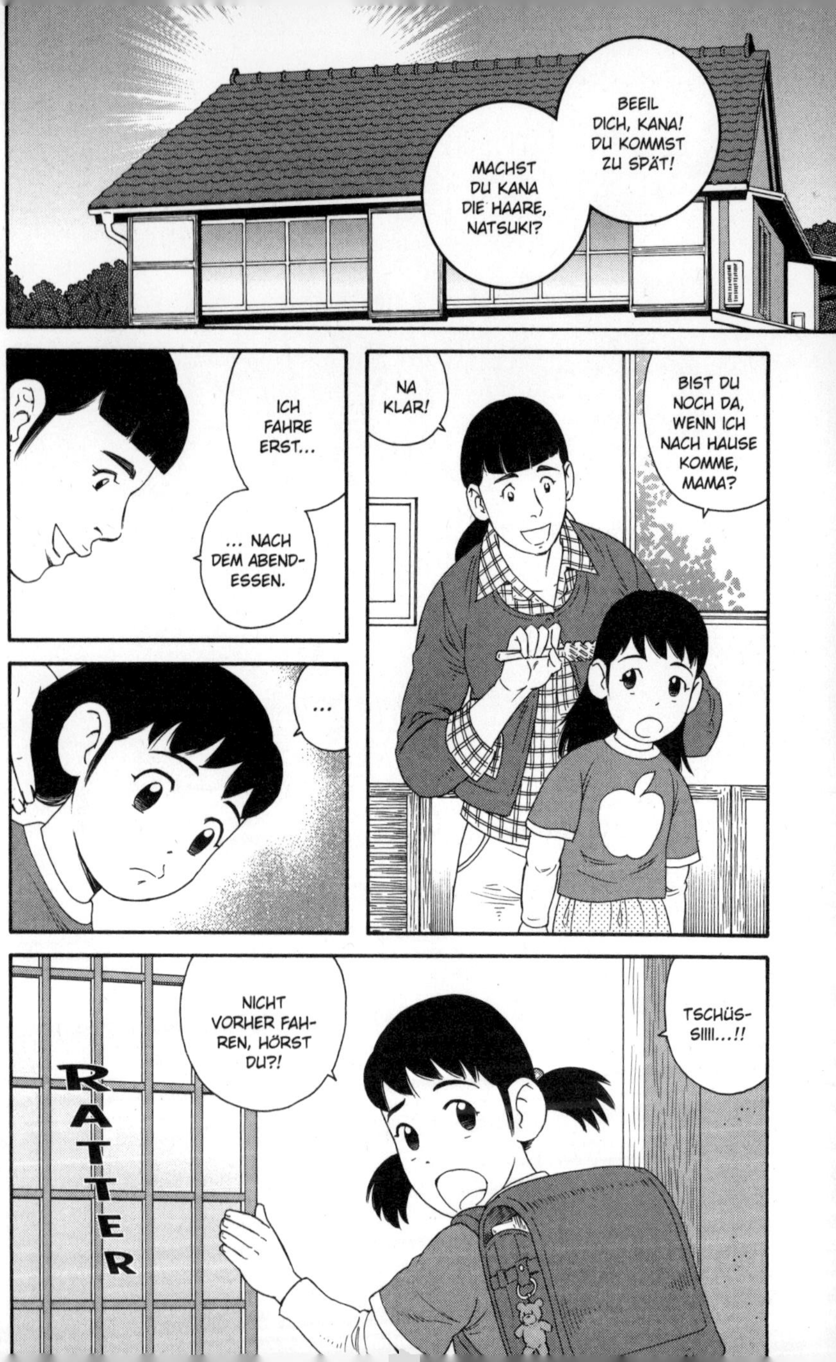
BEEIL DICH, KANA! DU KOMMST ZU SPÄT!
MACHST DU KANA DIE HAARE, NATSUKI?
BIST DU NOCH DA, WENN ICH NACH HAUSE KOMME, MAMA?
NA KLAR!
ICH FAHRE ERST...
... NACH DEM ABENDESSEN.
...
TSCHÜS-SIIII...!!
NICHT VORHER FAH-REN, HÖRST DU?!
RATTER

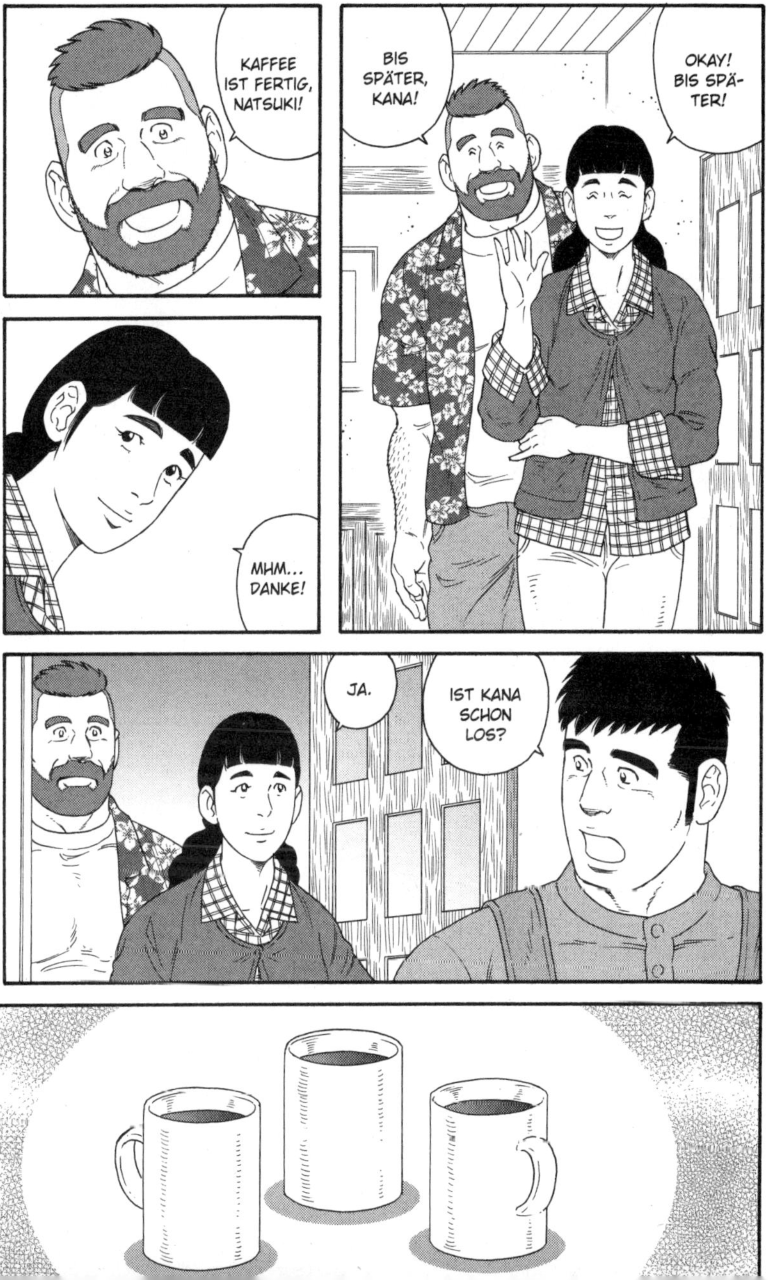
OKAY! BIS SPÄ-TER!
BIS SPÄTER, KANA!
KAFFEE IST FERTIG, NATSUKI!
MHM... DANKE!
IST KANA SCHON LOS?
JA.

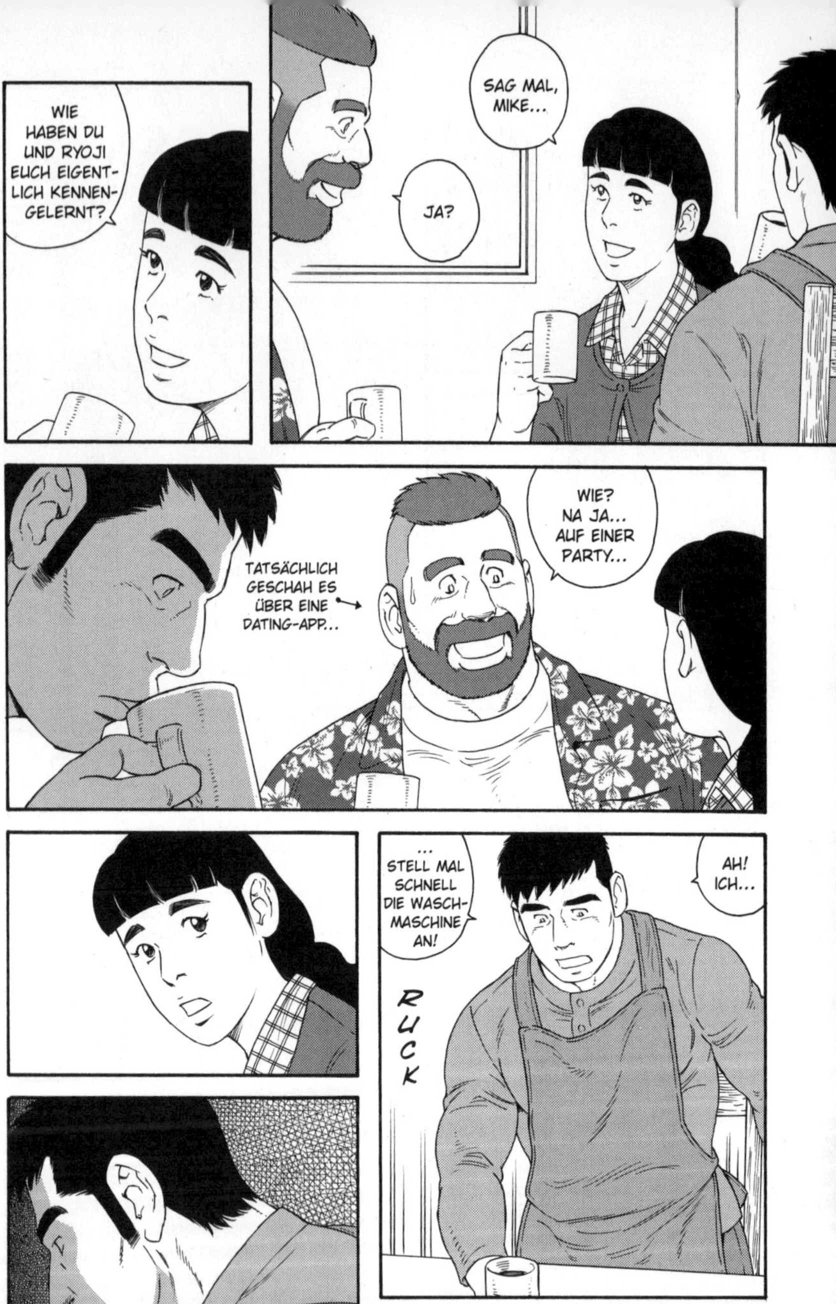
SAG MAL, MIKE...
JA?
WIE HABEN DU UND RYOJI EUCH EIGENTLICH KENNENGELERNT?
WIE? NA JA... AUF EINER PARTY...
TATSÄCHLICH GESCHAH ES ÜBER EINE DATING-APP...
AH! ICH...
... STELL MAL SCHNELL DIE WASCHMASCHINE AN!
RUCK

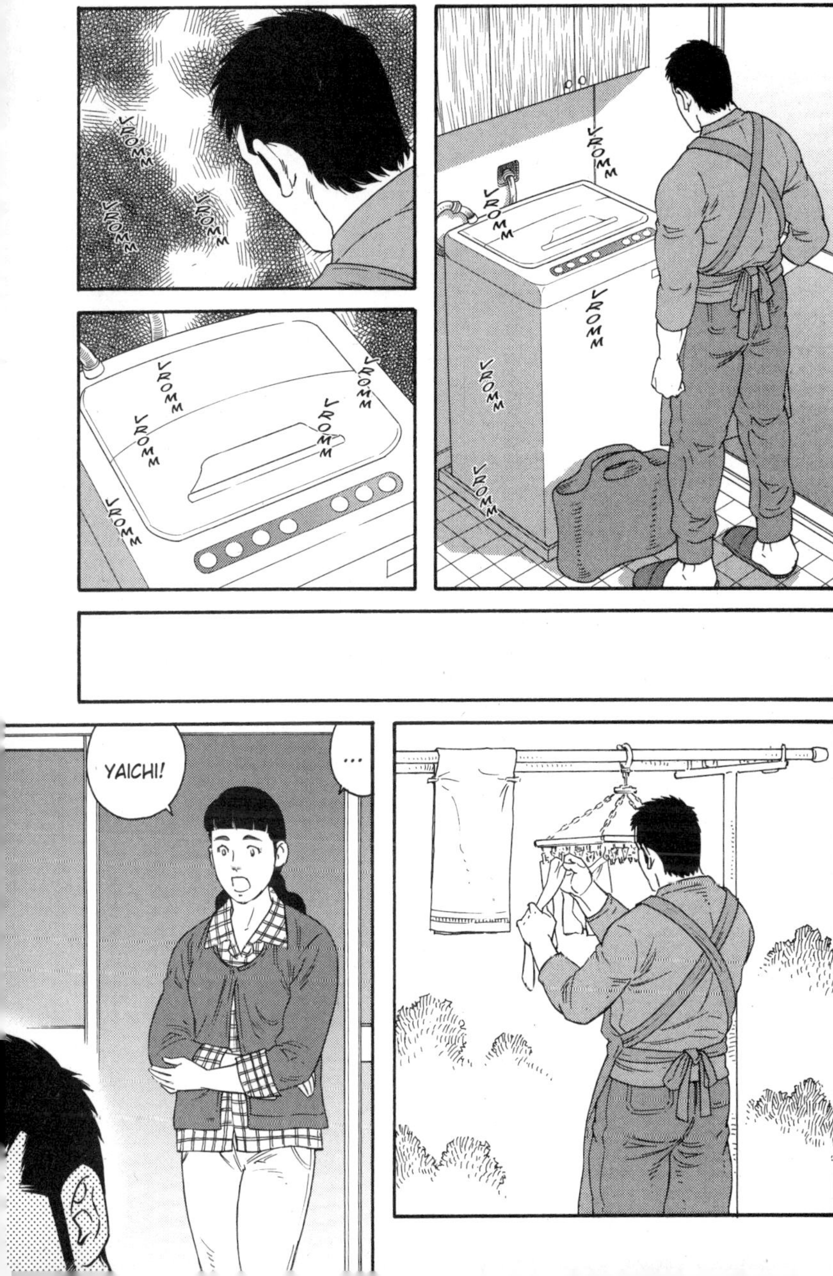
VROMM
VROMM
VROMM
VROMM
VROMM
VROMM
VROMM
VROMM
VROMM
VROMM
VROMM
VROMM
VROMM
VROMM
YAICHI!
...

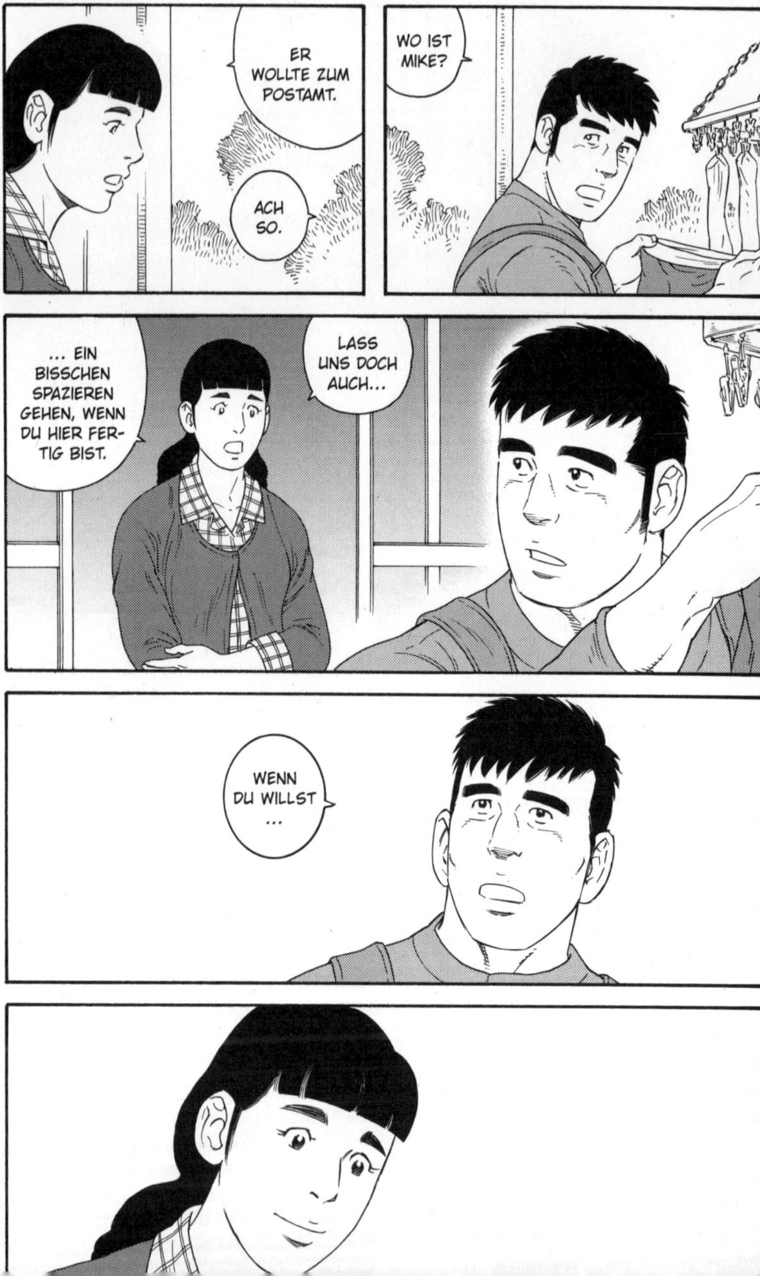
WO IST MIKE?
ER WOLLTE ZUM POSTAMT.
ACH SO.
LASS UNS DOCH AUCH...
... EIN BISSCHEN SPAZIEREN GEHEN, WENN DU HIER FERTIG BIST.
WENN DU WILLST ...

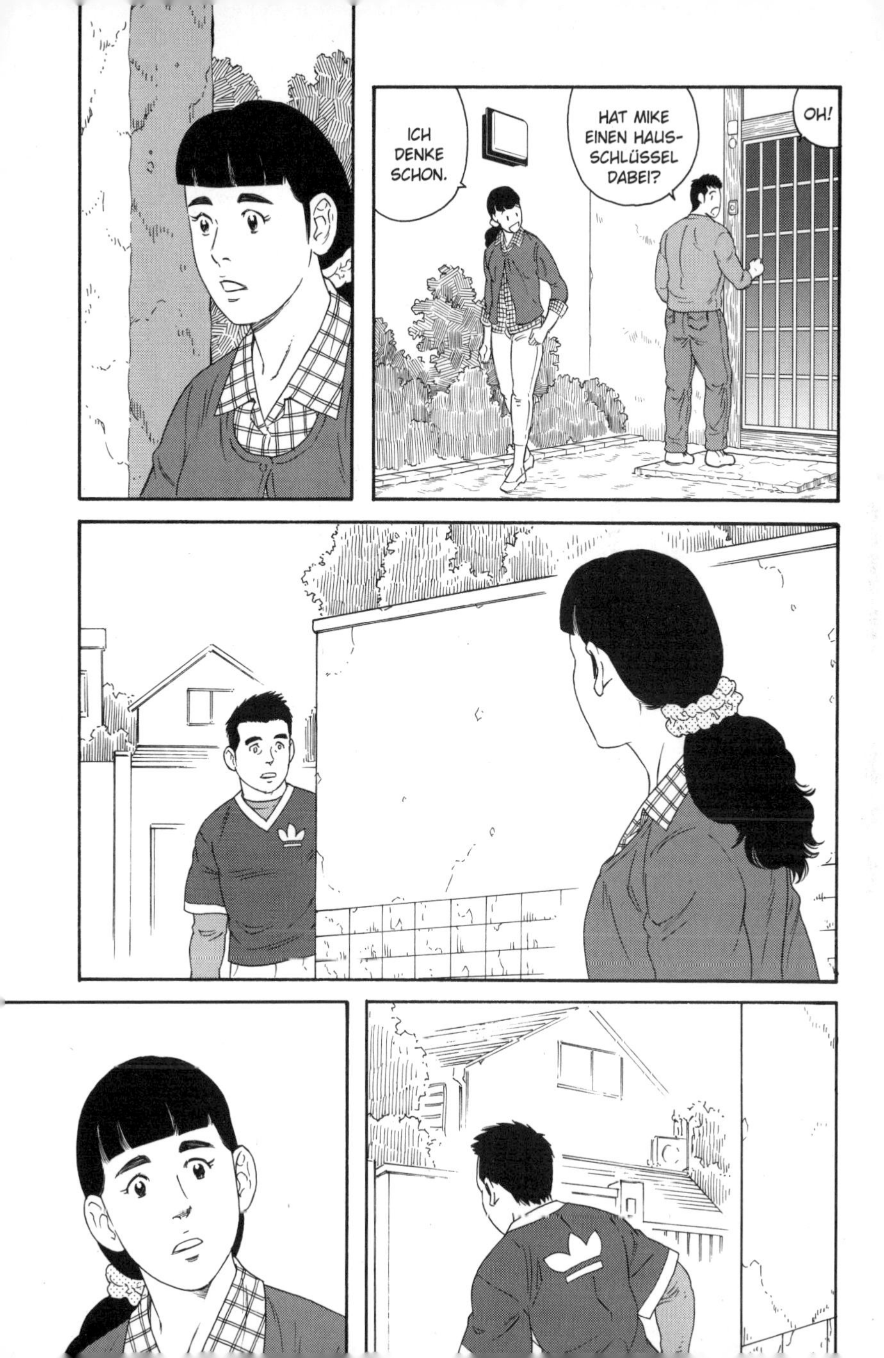
OH!
HAT MIKE EINEN HAUS-SCHLÜSSEL DABEI?
ICH DENKE SCHON.

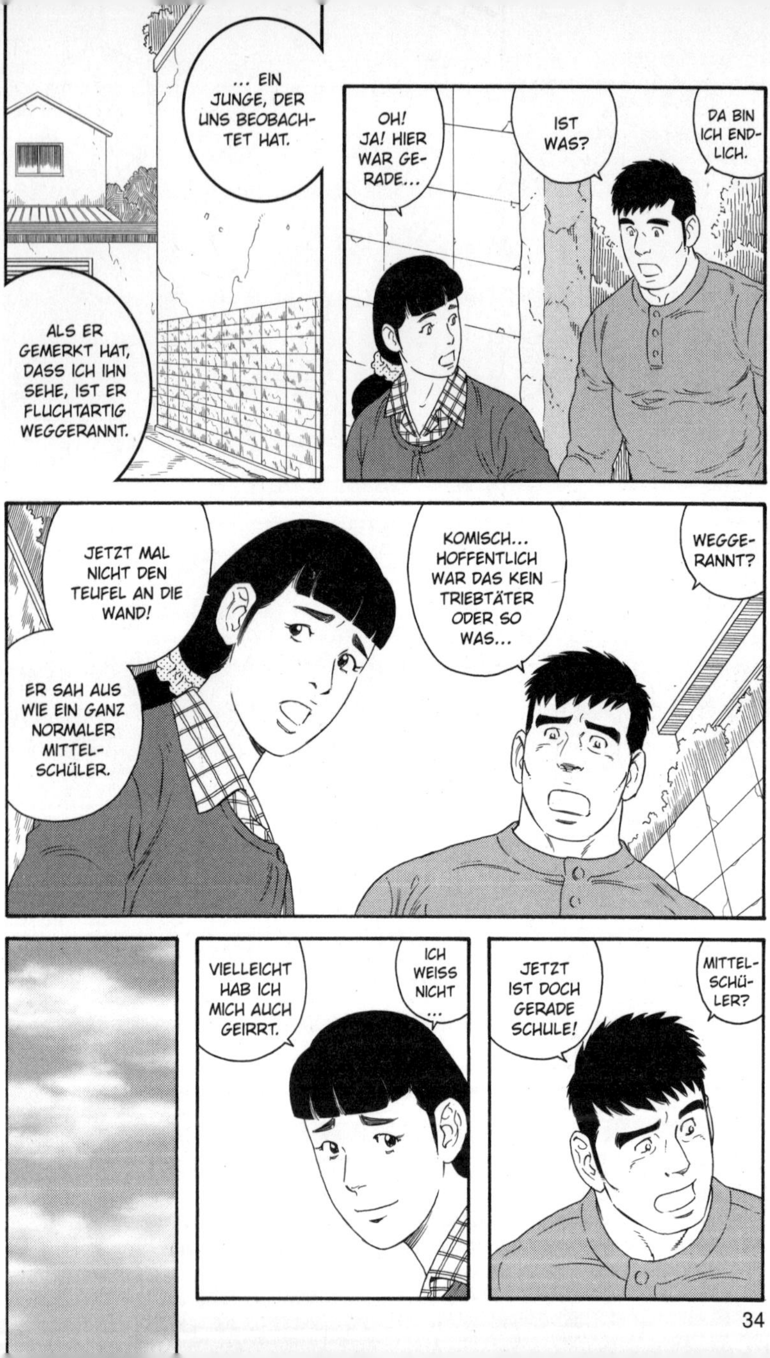
DA BIN ICH ENDLICH.
IST WAS?
OH! JA! HIER WAR GERADE...
... EIN JUNGE, DER UNS BEOBACHTET HAT.
ALS ER GEMERKT HAT, DASS ICH IHN SEHE, IST ER FLUCHTARTIG WEGGERANNT.
WEGGERANNT?
KOMISCH... HOFFENTLICH WAR DAS KEIN TRIEBTÄTER ODER SO WAS...
JETZT MAL NICHT DEN TEUFEL AN DIE WAND!
ER SAH AUS WIE EIN GANZ NORMALER MITTELSCHÜLER.
MITTELSCHÜLER?
JETZT IST DOCH GERADE SCHULE!
ICH WEISS NICHT ...
VIELLEICHT HAB ICH MICH AUCH GEIRRT.

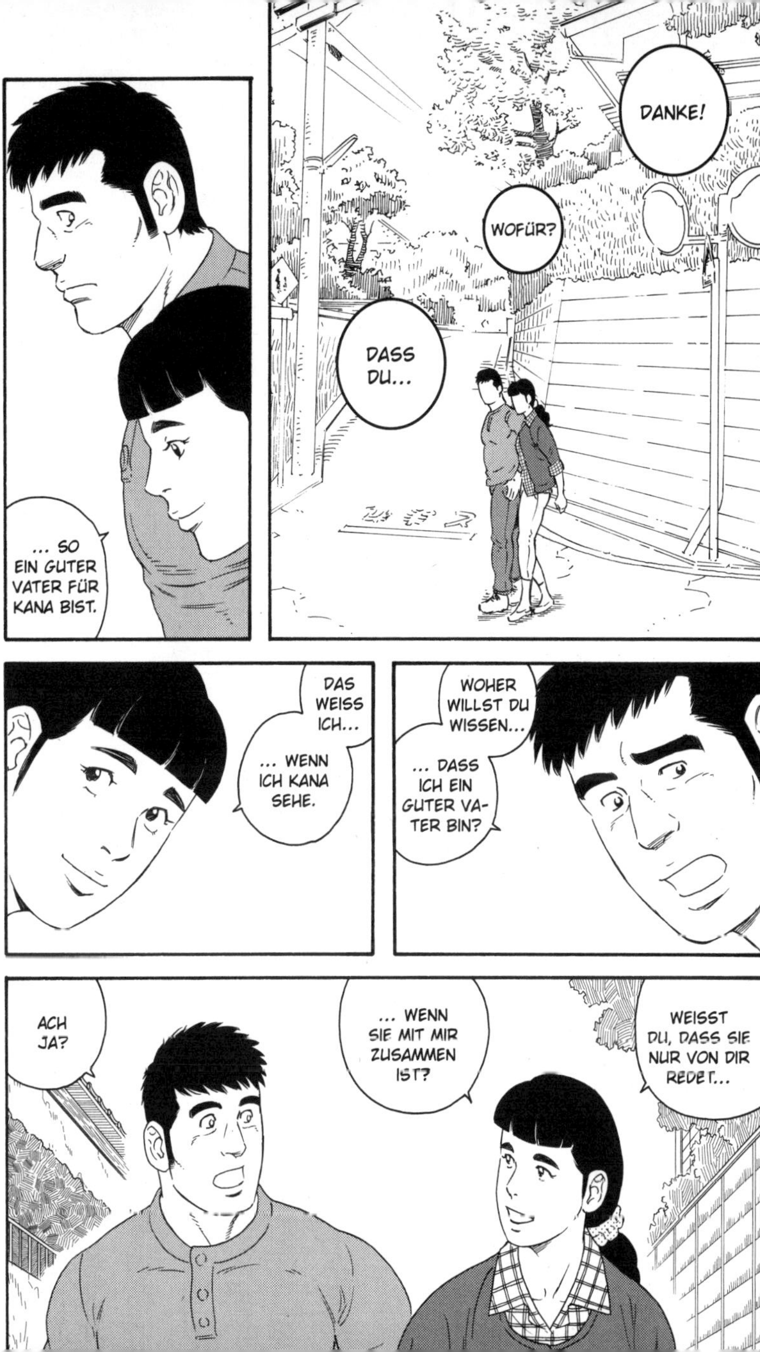
DANKE!
WOFÜR?
DASS DU...
... SO EIN GUTER VATER FÜR KANA BIST.
WOHER WILLST DU WISSEN...
... DASS ICH EIN GUTER VA-TER BIN?
DAS WEISS ICH...
... WENN ICH KANA SEHE.
WEISST DU, DASS SIE NUR VON DIR REDET...
... WENN SIE MIT MIR ZUSAMMEN IST?
ACH JA?

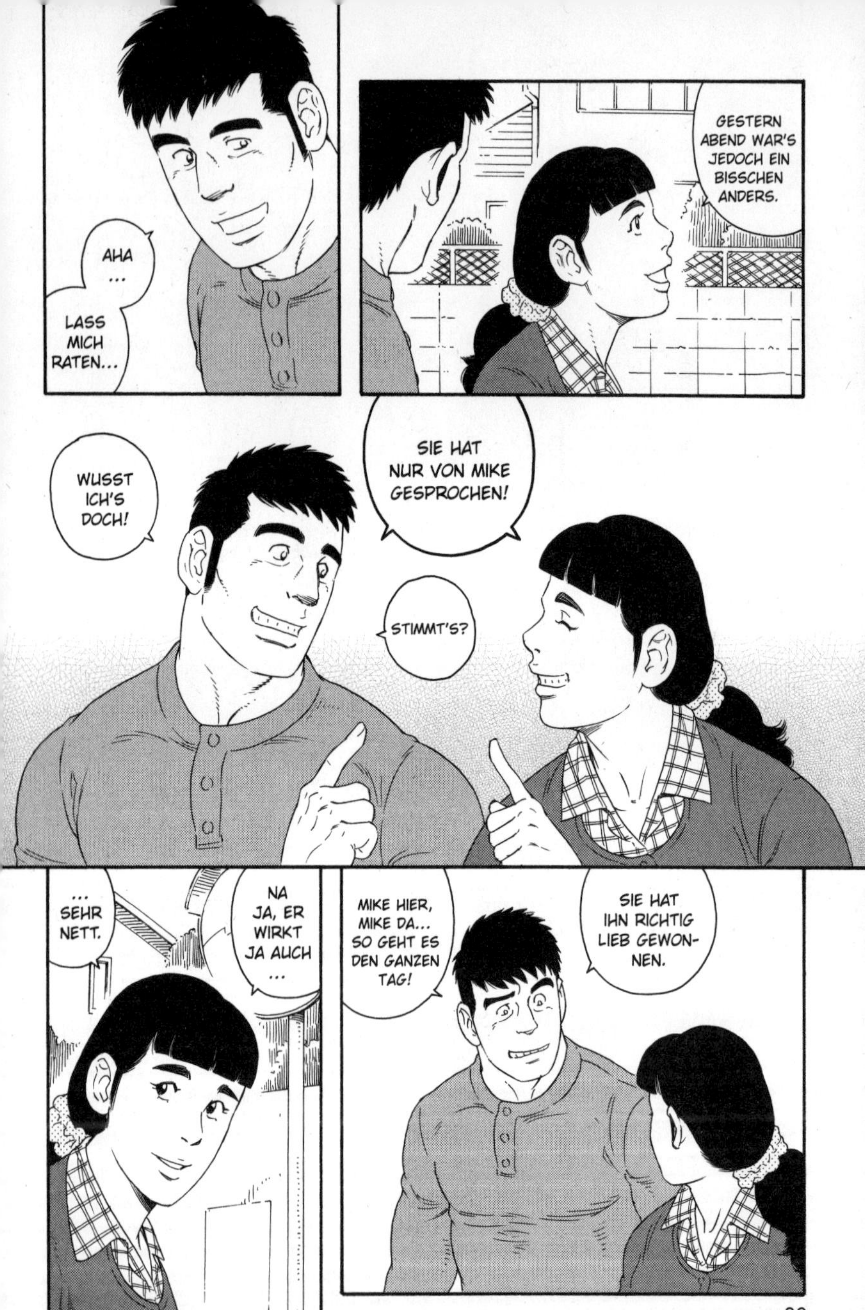
GESTERN ABEND WAR'S JEDOCH EIN BISSCHEN ANDERS.
AHA ...
LASS MICH RATEN...
SIE HAT NUR VON MIKE GESPROCHEN!
WUSST ICH'S DOCH!
STIMMT'S?
SIE HAT IHN RICHTIG LIEB GEWON-NEN.
MIKE HIER, MIKE DA... SO GEHT ES DEN GANZEN TAG!
NA JA, ER WIRKT JA AUCH ...
... SEHR NETT.

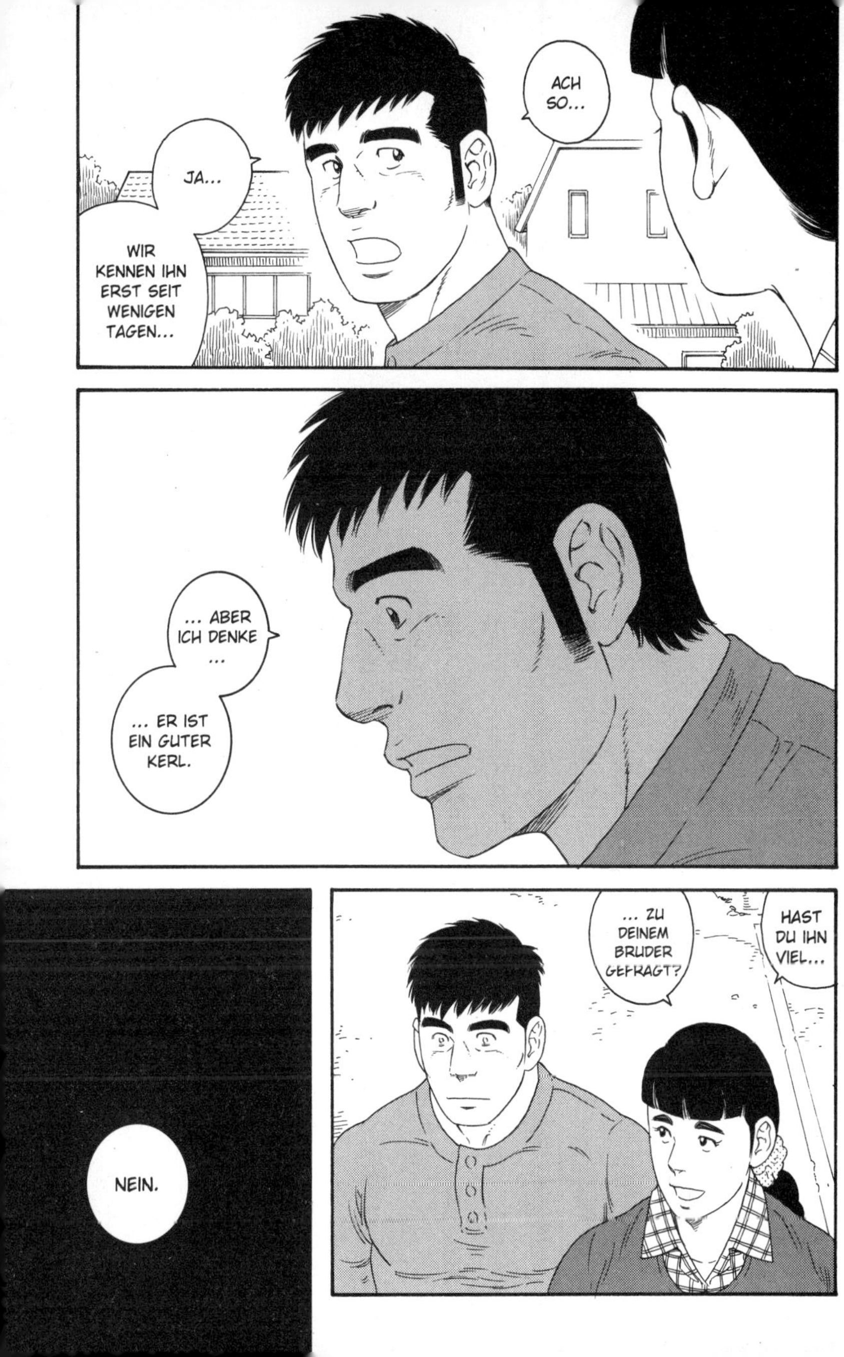
ACH SO...
JA...
WIR KENNEN IHN ERST SEIT WENIGEN TAGEN...
... ABER ICH DENKE ...
... ER IST EIN GUTER KERL.
HAST DU IHN VIEL...
... ZU DEINEM BRUDER GEFRAGT?
NEIN.

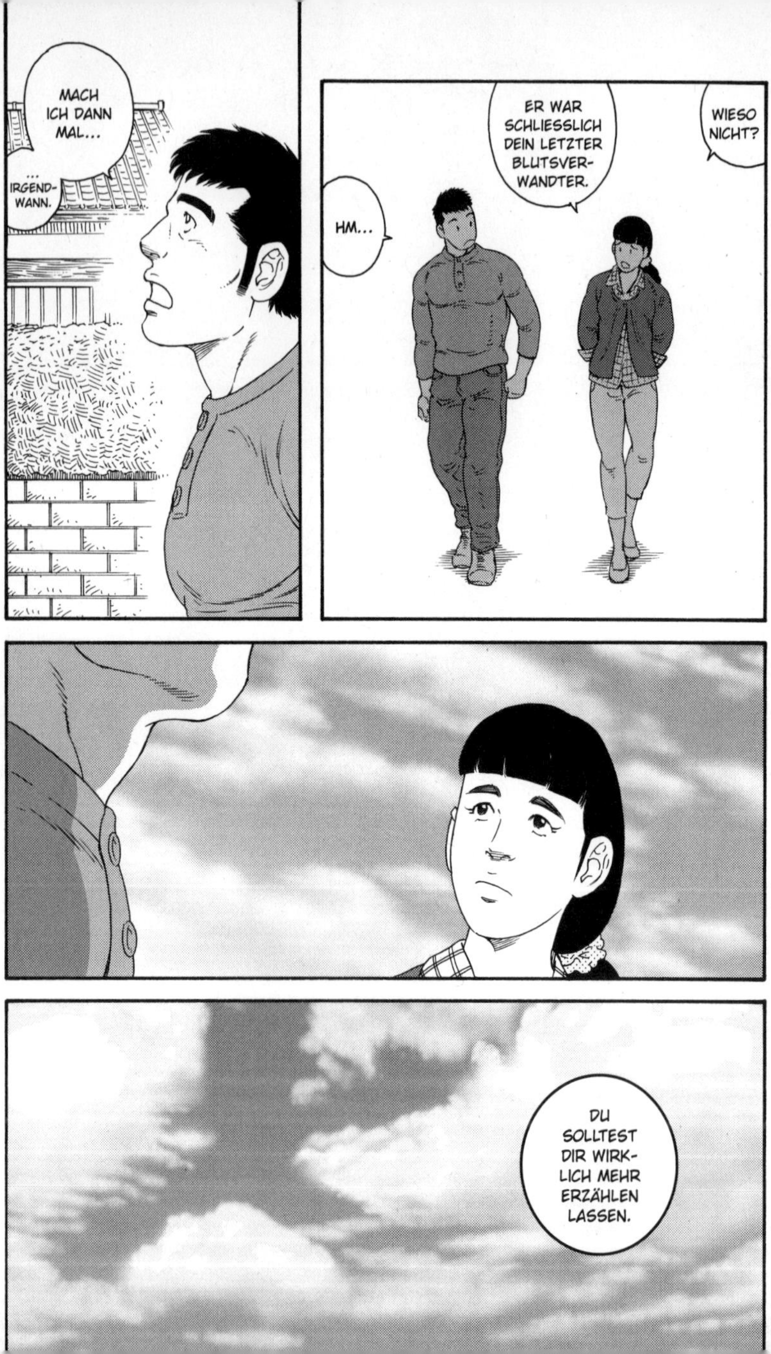
WIESO NICHT?
ER WAR SCHLIESSLICH DEIN LETZTER BLUTSVER-WANDTER.
HM...
MACH ICH DANN MAL...
... IRGEND-WANN.
DU SOLLTEST DIR WIRK-LICH MEHR ERZÄHLEN LASSEN.

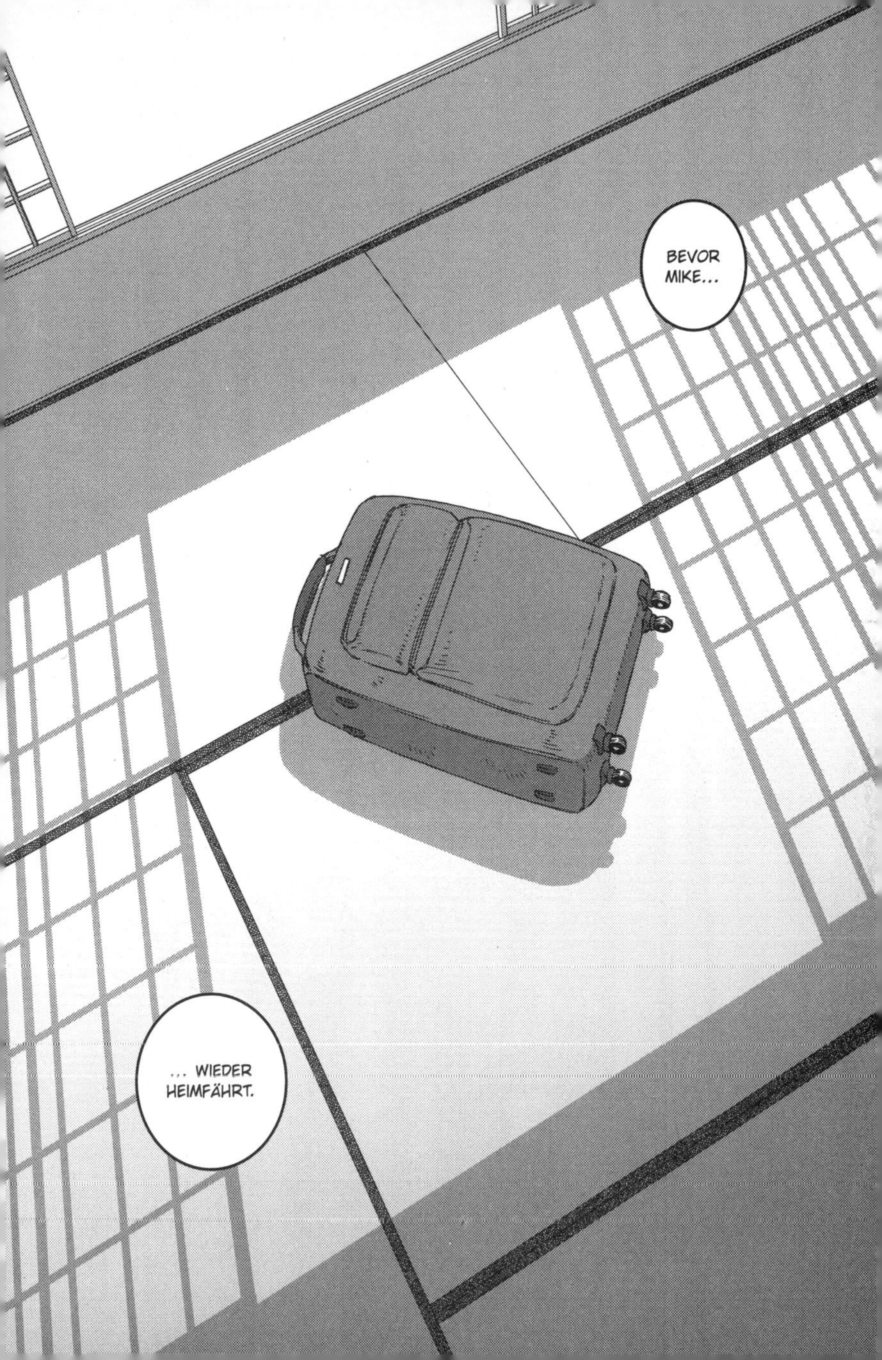
BEVOR MIKE...
... WIEDER HEIMFÄHRT.

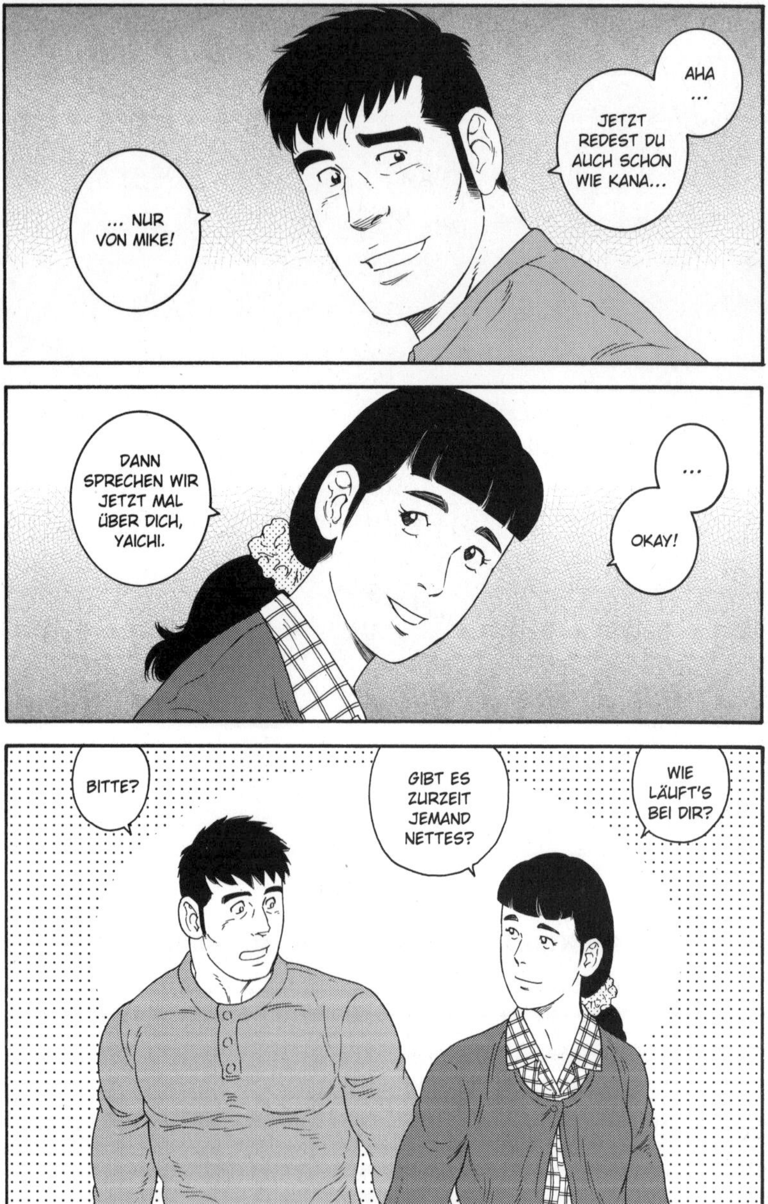
AHA ...
JETZT REDEST DU AUCH SCHON WIE KANA...
... NUR VON MIKE!
...
OKAY!
DANN SPRECHEN WIR JETZT MAL ÜBER DICH, YAICHI.
WIE LÄUFT'S BEI DIR?
GIBT ES ZURZEIT JEMAND NETTES?
BITTE?

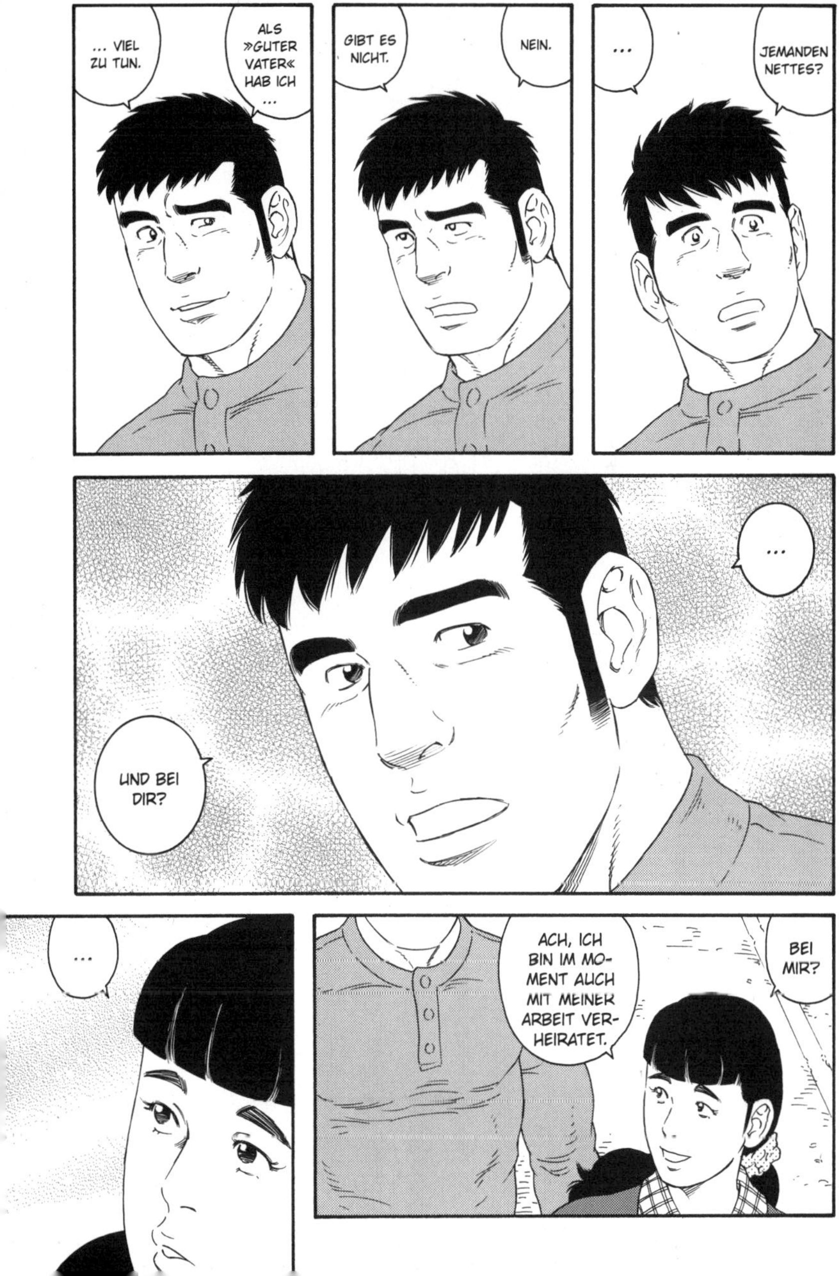
JEMANDEN NETTES?
...
NEIN.
GIBT ES NICHT.
ALS »GUTER VATER« HAB ICH ...
... VIEL ZU TUN.
...
UND BEI DIR?
BEI MIR?
ACH, ICH BIN IM MOMENT AUCH MIT MEINER ARBEIT VERHEIRATET.
...

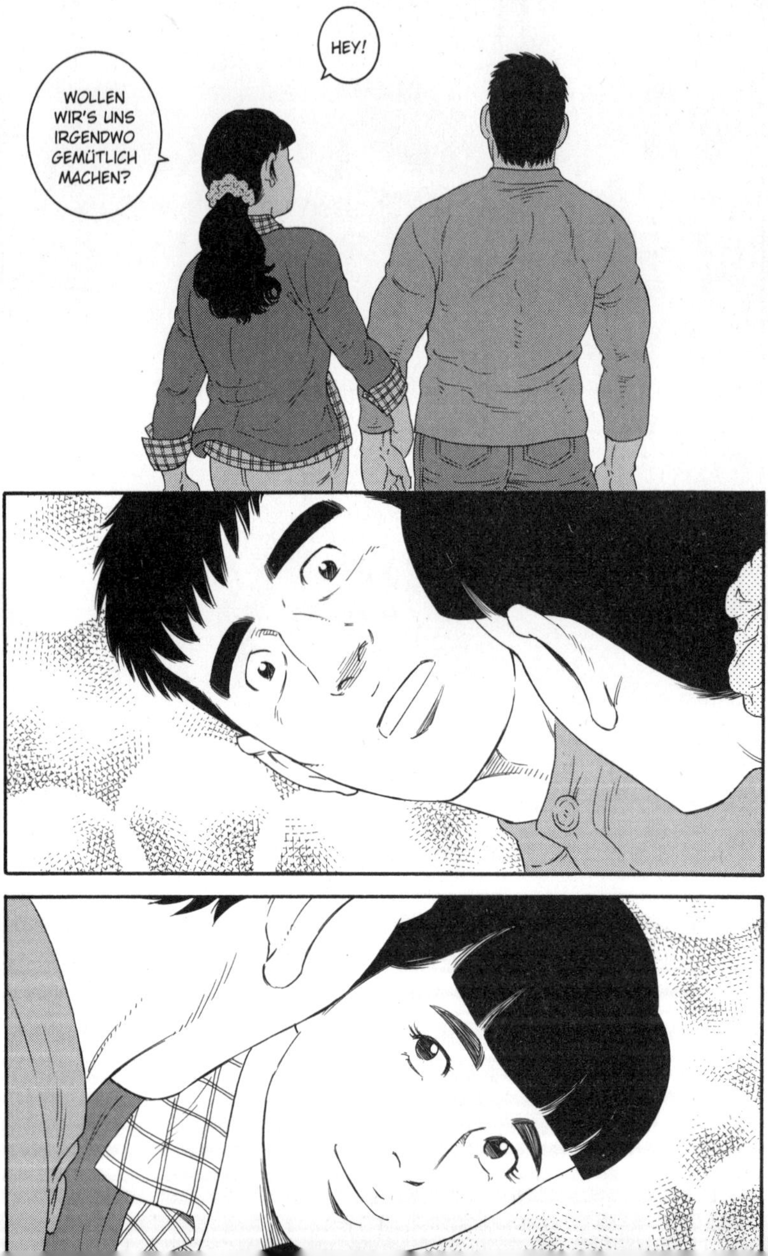
HEY!
WOLLEN WIR'S UNS IRGENDWO GEMÜTLICH MACHEN?

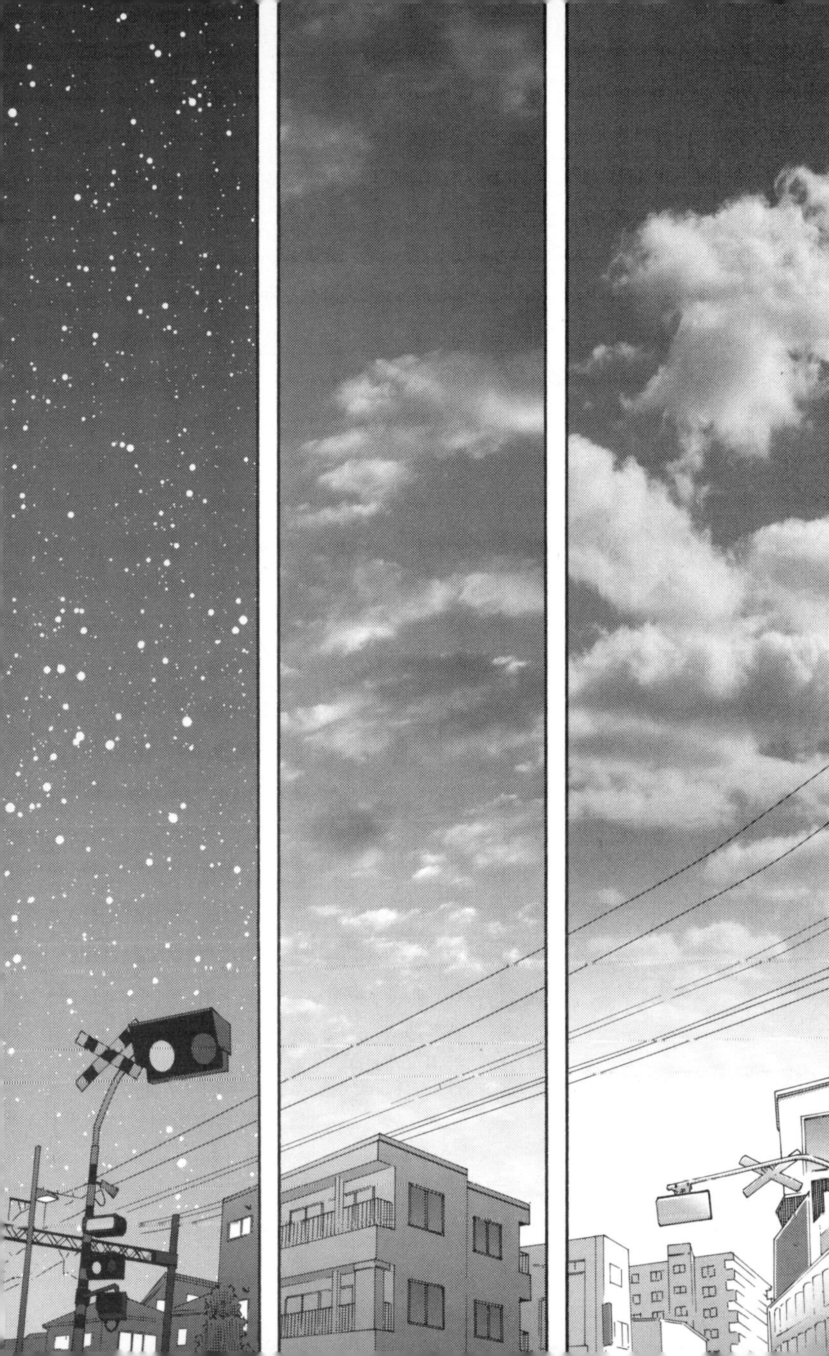

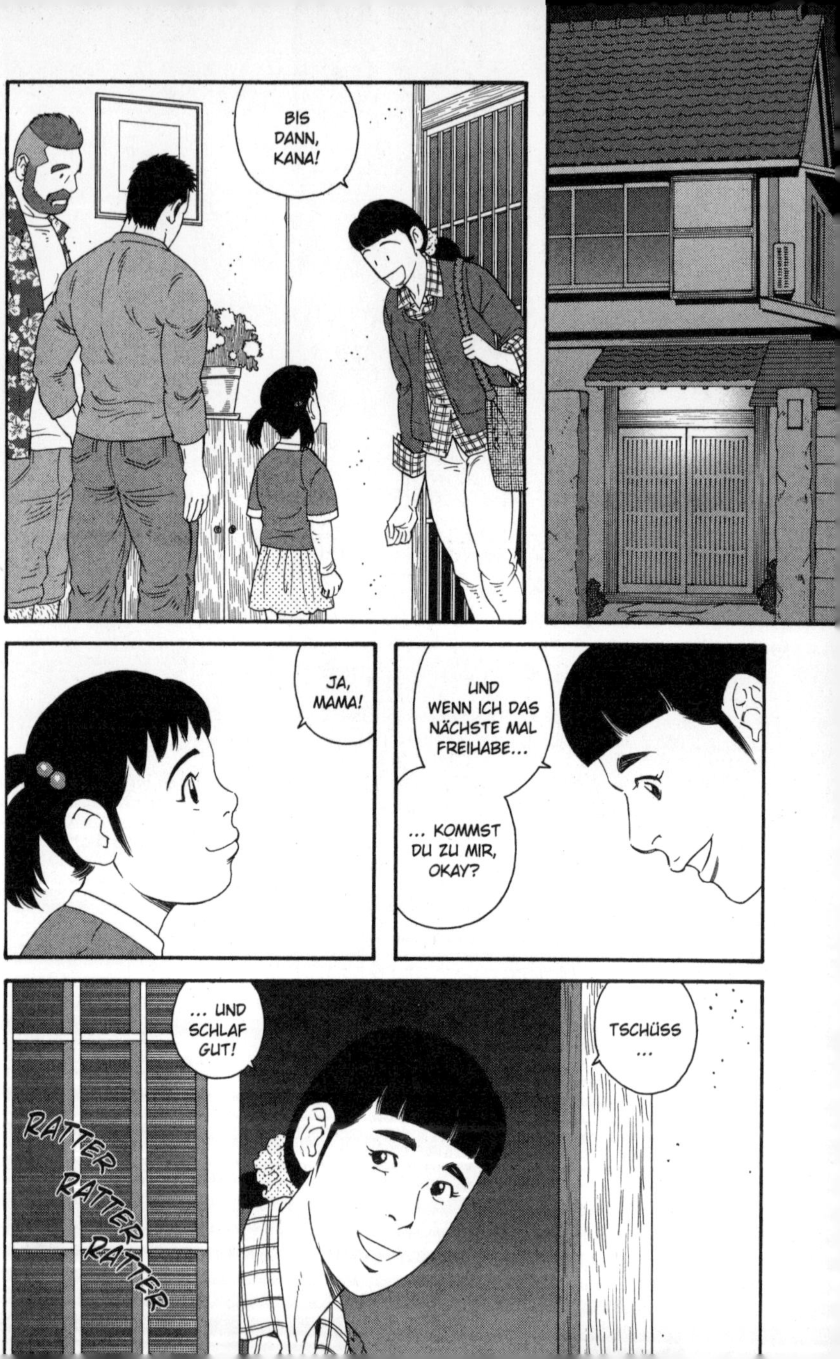
BIS DANN, KANA!
UND WENN ICH DAS NÄCHSTE MAL FREIHABE...
... KOMMST DU ZU MIR, OKAY?
JA, MAMA!
TSCHÜSS ...
... UND SCHLAF GUT!
RATTER RATTER RATTER

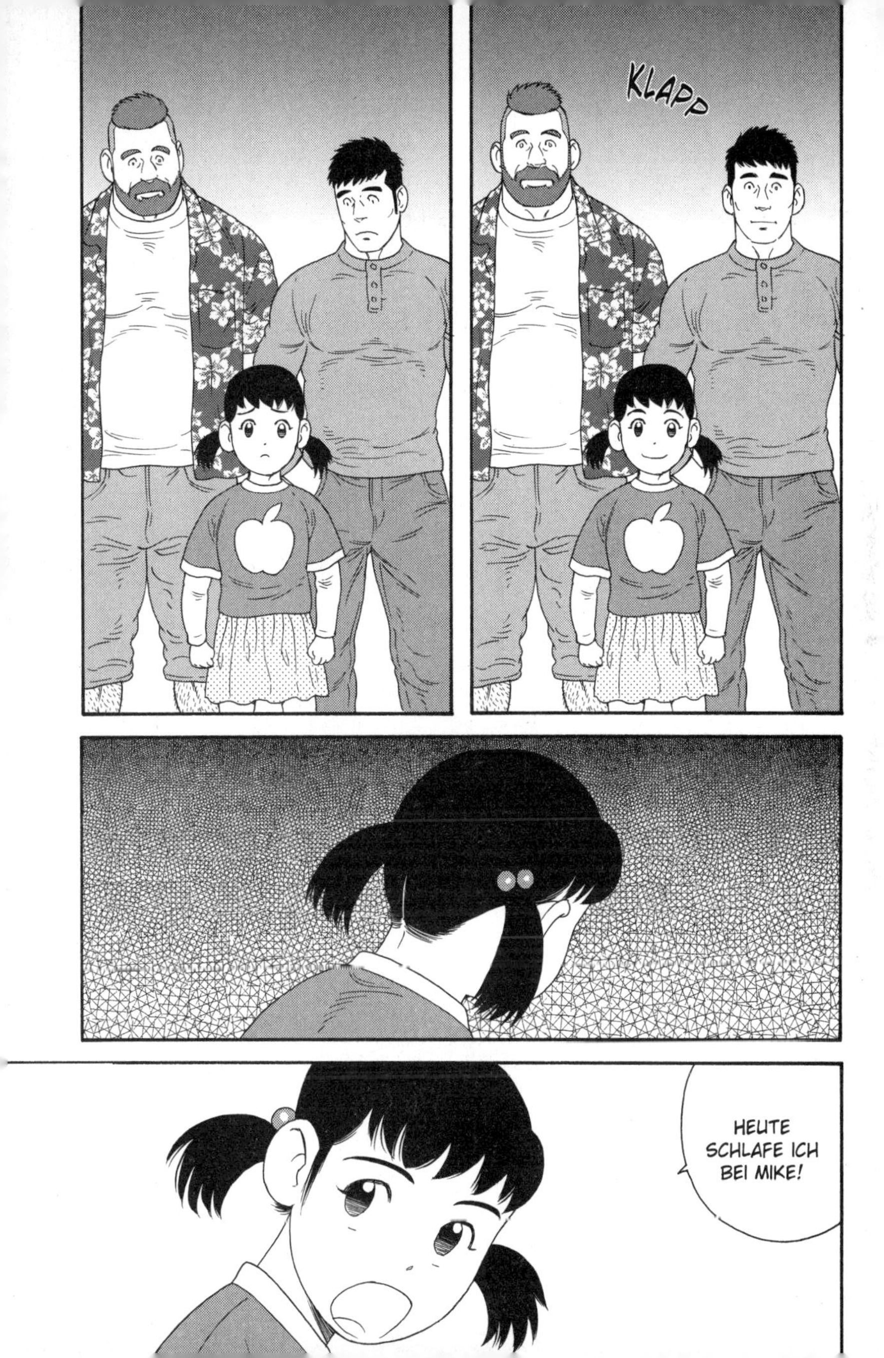
KLAPP
HEUTE SCHLAFE ICH BEI MIKE!

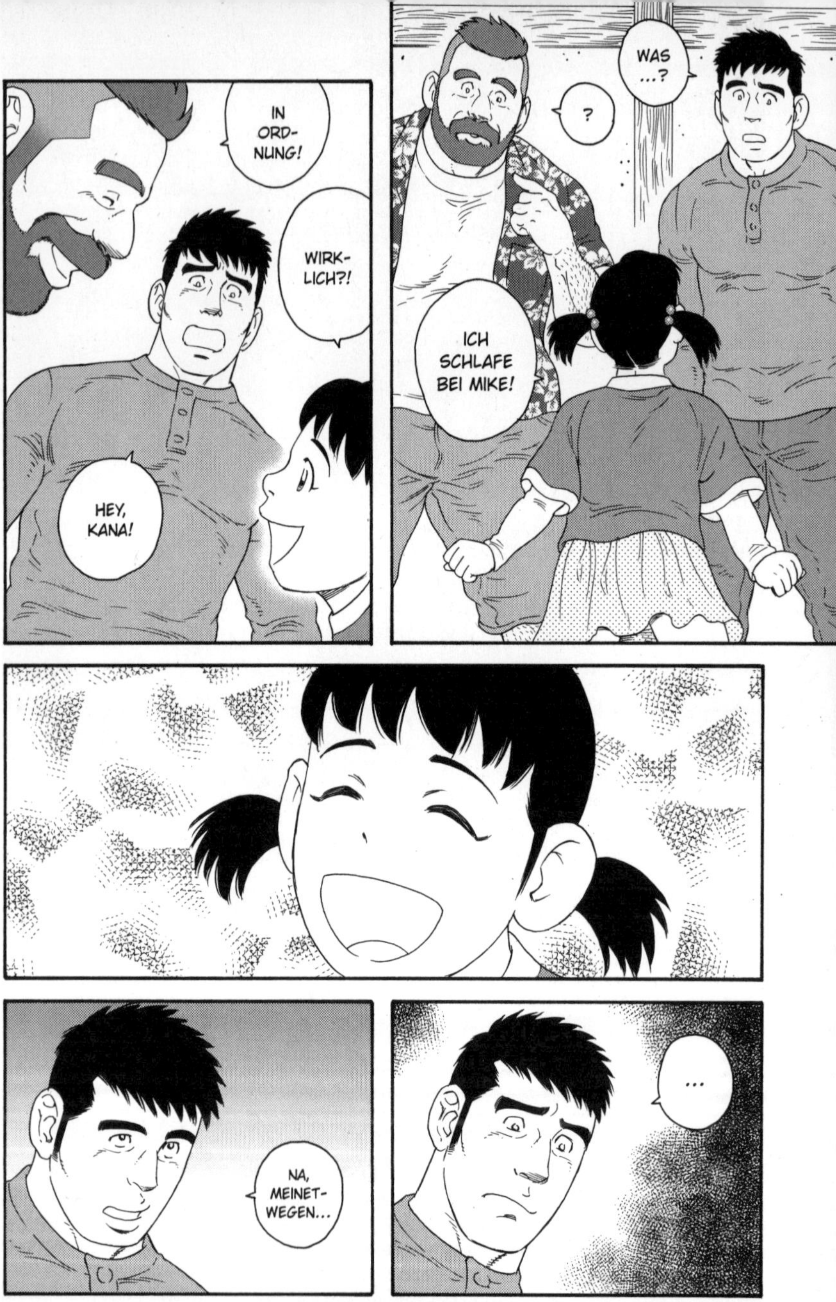
WAS ...?
?
ICH SCHLAFE BEI MIKE!
IN ORDNUNG!
WIRKLICH?!
HEY, KANA!
...
NA, MEINETWEGEN...

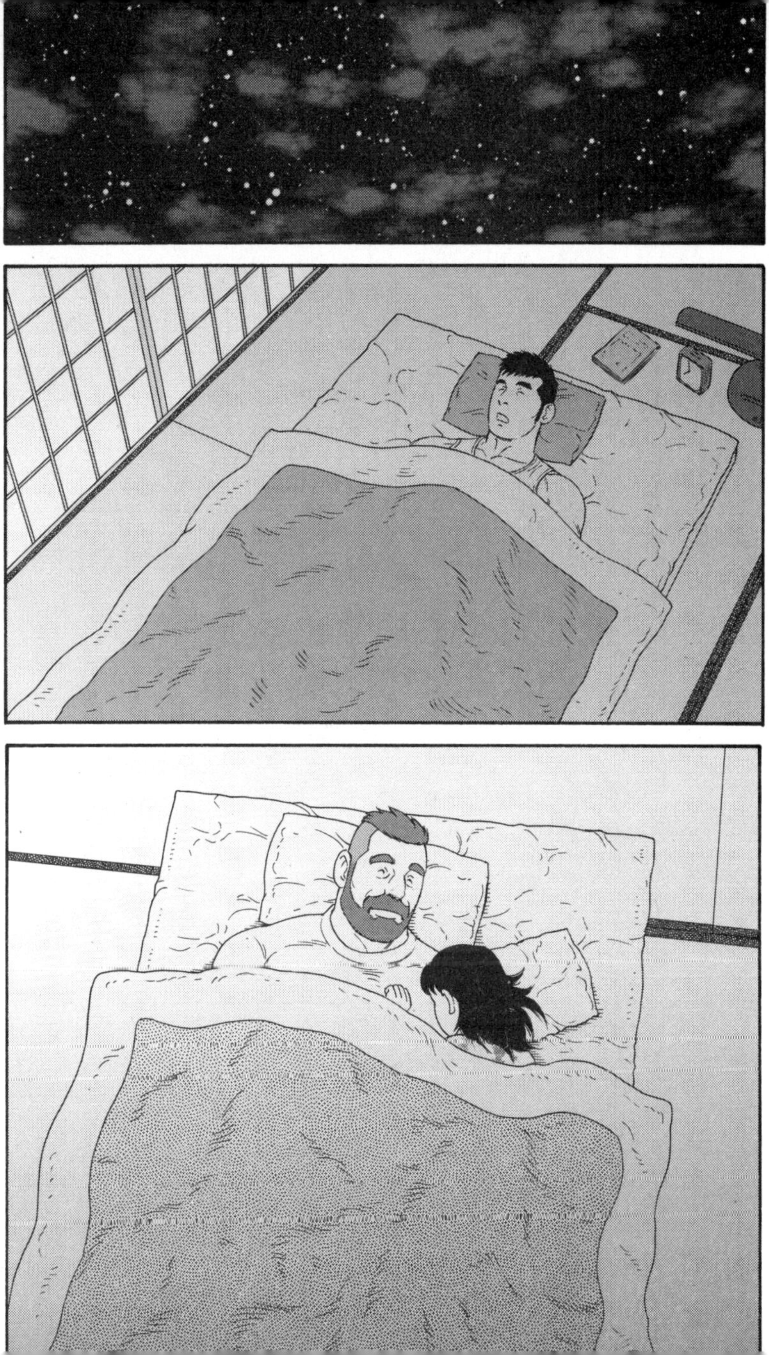

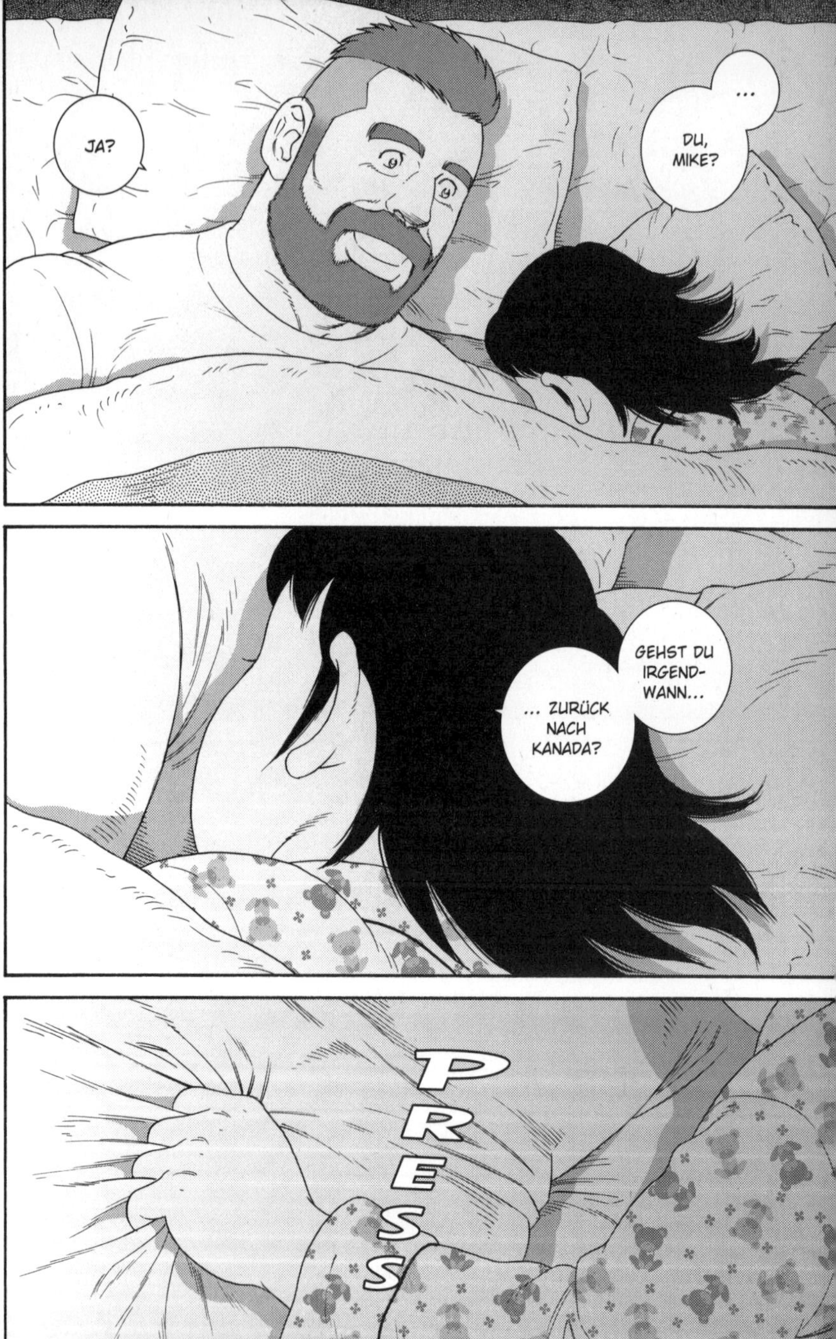
...
DU, MIKE?
JA?
GEHST DU IRGEND-WANN...
... ZURÜCK NACH KANADA?
PRESS

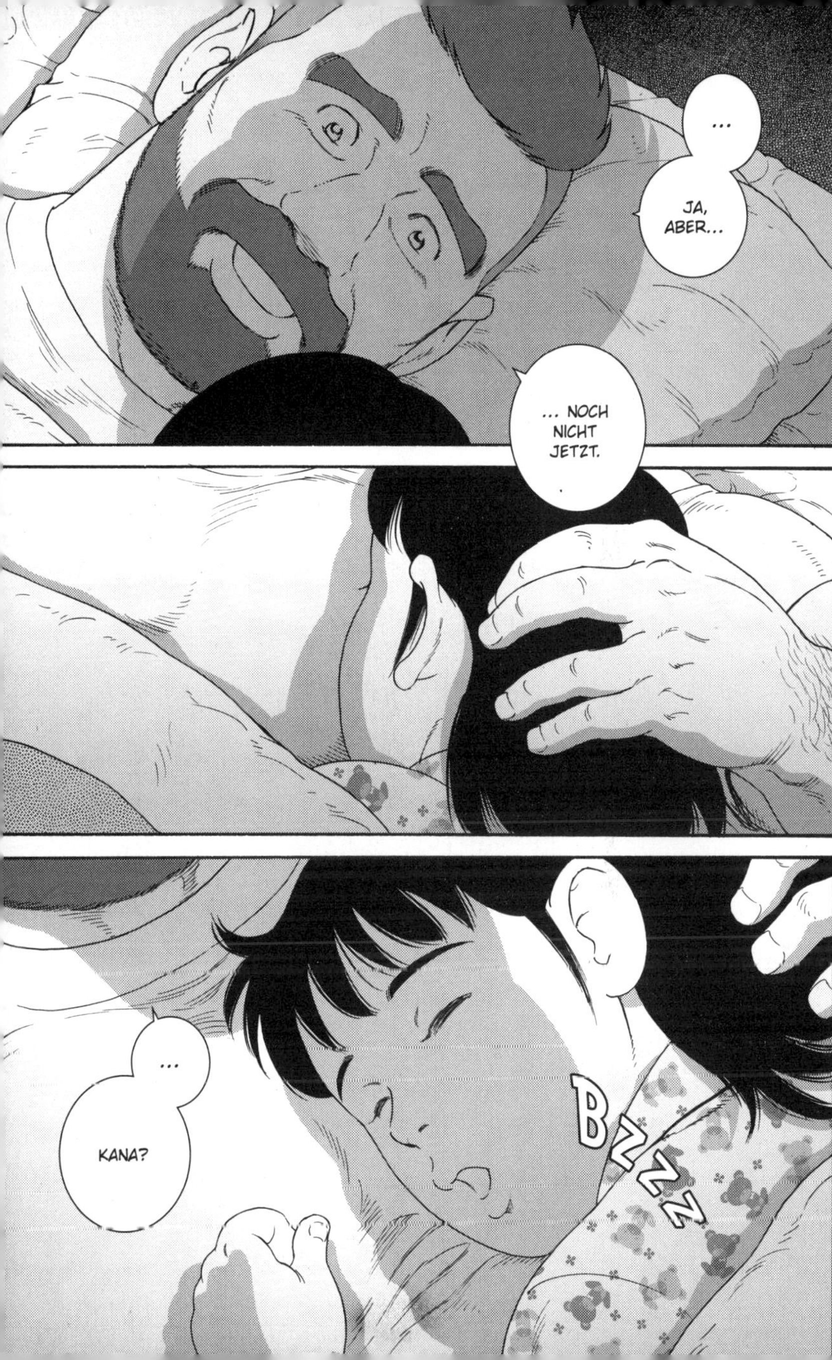
...
JA, ABER...
... NOCH NICHT JETZT.
...
KANA?
BZZZ

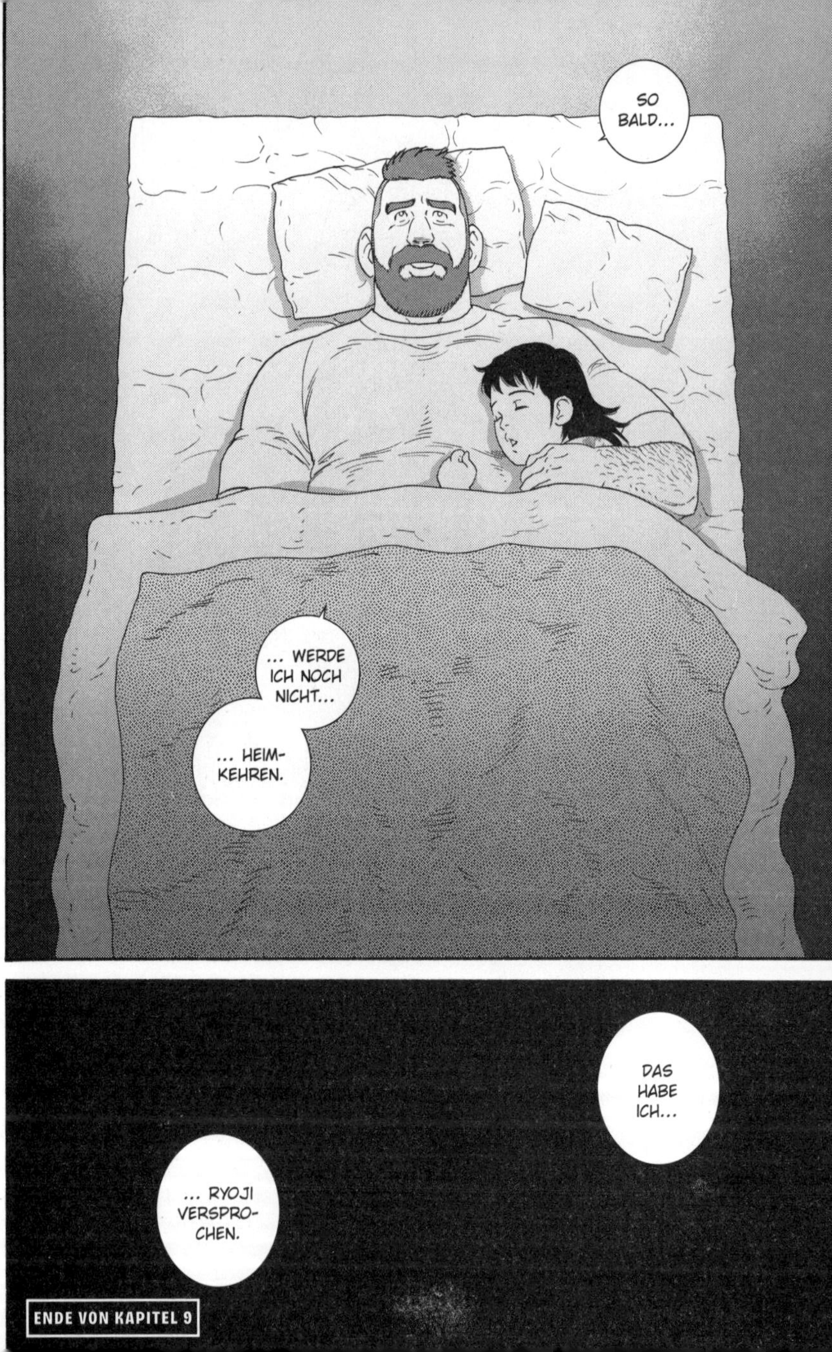
SO BALD...
... WERDE ICH NOCH NICHT...
... HEIMKEHREN.
DAS HABE ICH...
... RYOJI VERSPROCHEN.
ENDE VON KAPITEL 9

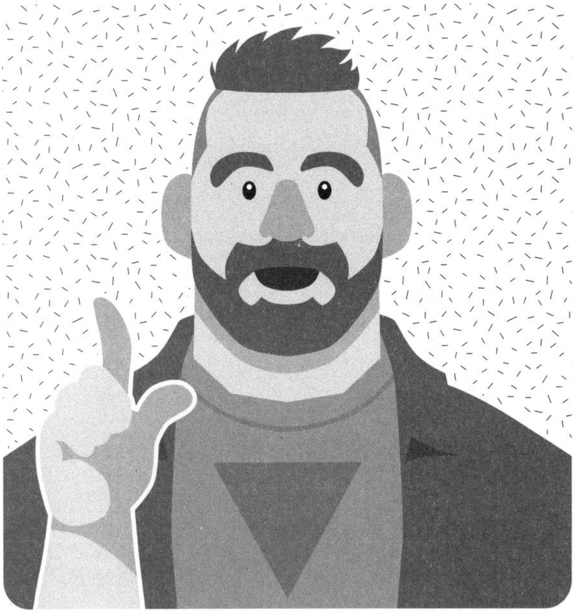

Mike's Gay Culture – Kurs 3

Die Regenbogenfahne

Das regenbogenfarbene Zeichen auf dem T-Shirt, das ich auf dem Cover dieses Buches trage, nennt man Regenbogenfahne und ist ein LGBT(lesbian, gay, bisexual, transgender)-Pride-Symbol, auch Pride Flag genannt.

Die Fahne zeigt einen Regenbogen – da dieser alle Farben enthält, soll er die Vielfalt symbolisieren.

Vielleicht denkst Du beim Regenbogen automatisch an sieben Farben, doch der Regenbogen dieser Fahne besteht aus sechs Farben. Im Jahr 1978 entwarf der amerikanische Künstler Gilbert Baker diese Fahne zunächst mit acht Farben. Nach einigem Hin und Her ist sie heute auf die Farben Rot, Orange, Gelb, Grün, Blau und Violett festgelegt.
Die Regenbogenfahne, die zum ersten Mal am 25.6.1978 in San Francisco wehte, verbreitete sich schliesslich über die ganze Welt. Heute können wir diese Fahne auf den Pride-Paraden der ganzen Welt sehen, und auch Verwaltungsorgane oder Unternehmen benutzen sie als Zeichen dafür, dass sie LGBT-Rechte unterstützen.

Im Juni 2015 nahm das Museum of Modern Art (MoMA) in New York die Regenbogenfahne als weltweites Symbol in ihre Designkollektion auf.

Kapitel

10 Curry

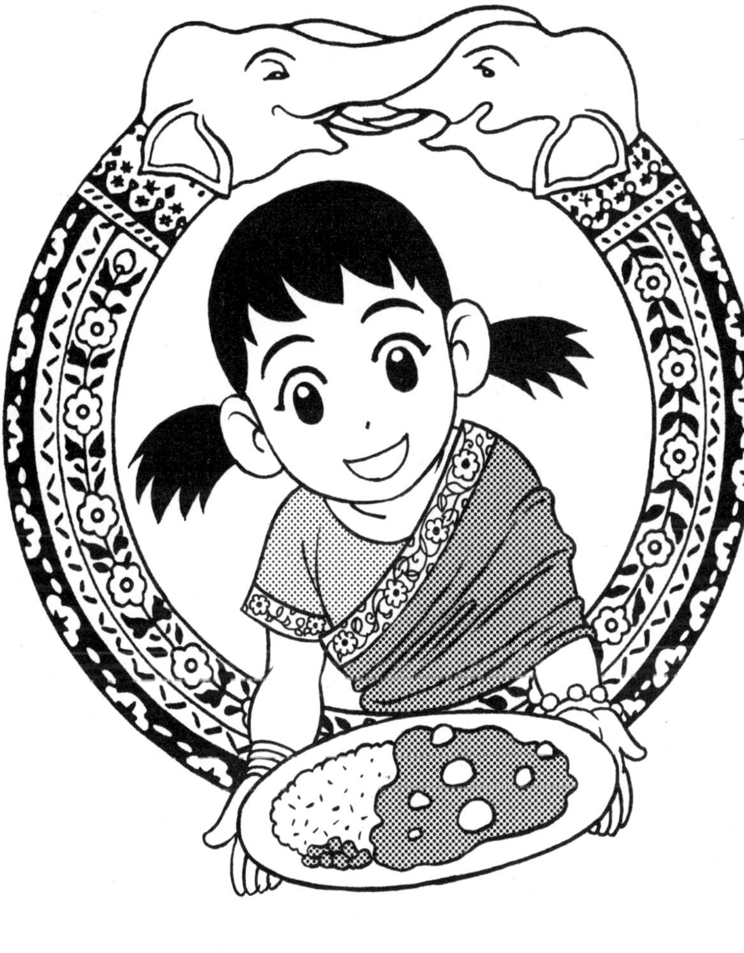

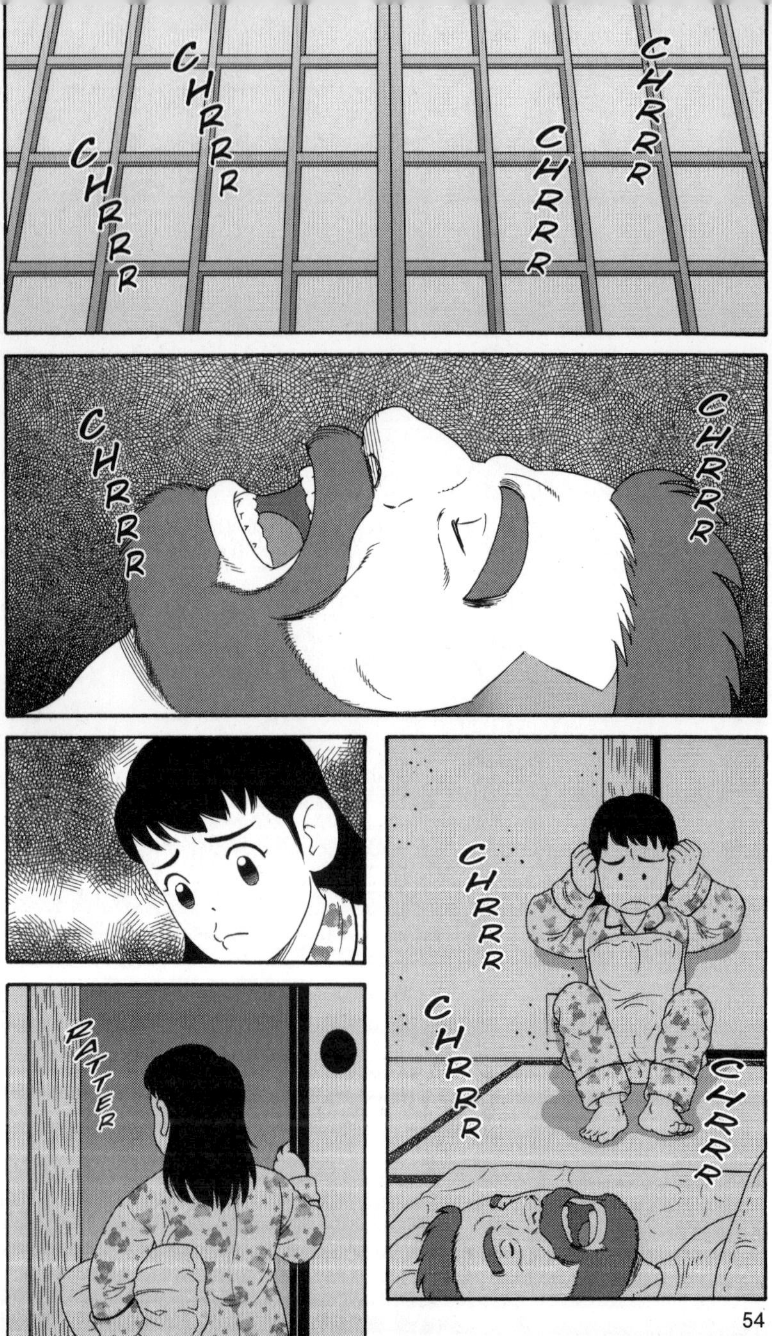
CHRRR
CHRRR
CHRRR
CHRRR
CHRRR
CHRRR
CHRRR
CHRRR
CHRRR
RATTER

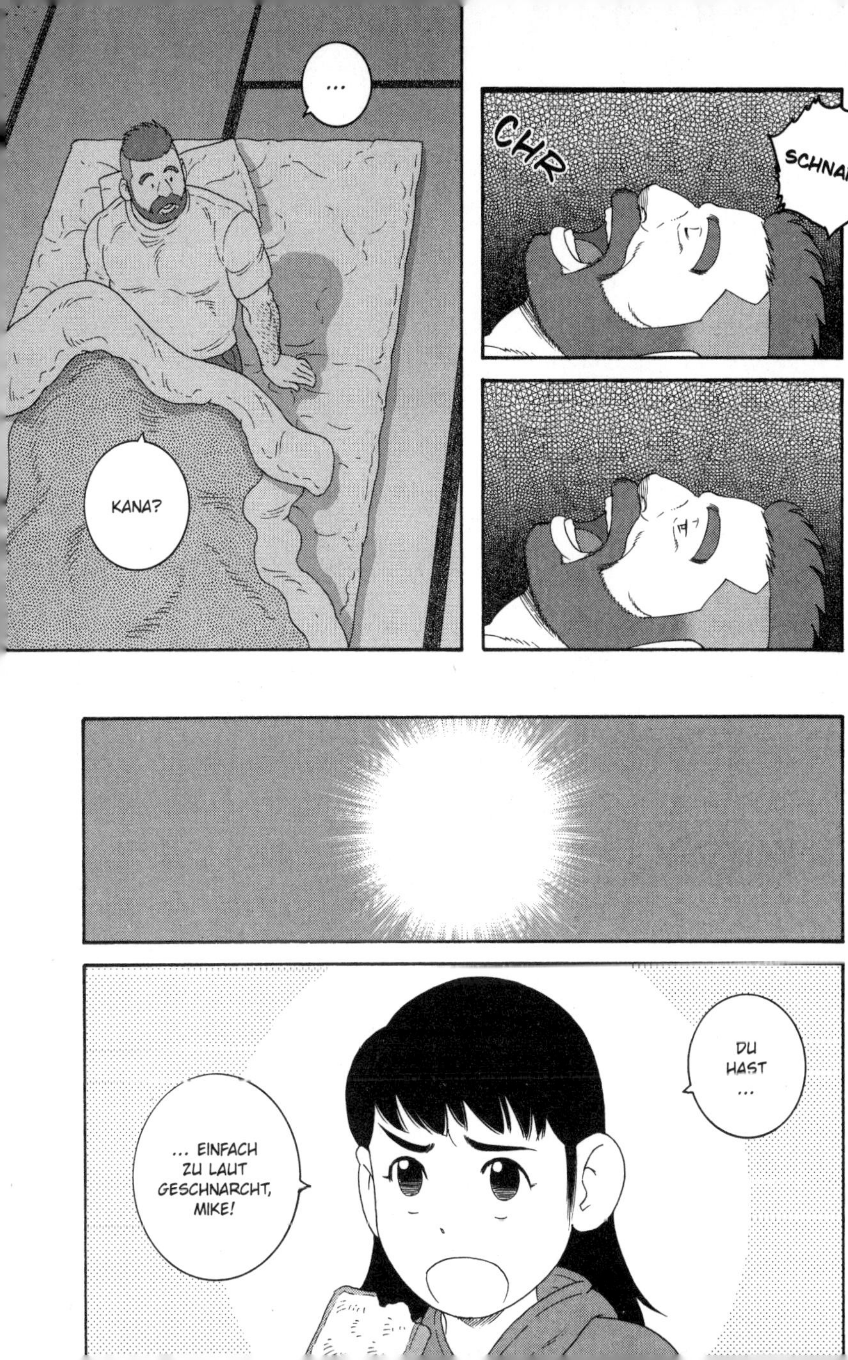
CHR
SCHNAPP
…
KANA?
DU HAST …
… EINFACH ZU LAUT GESCHNARCHT, MIKE!

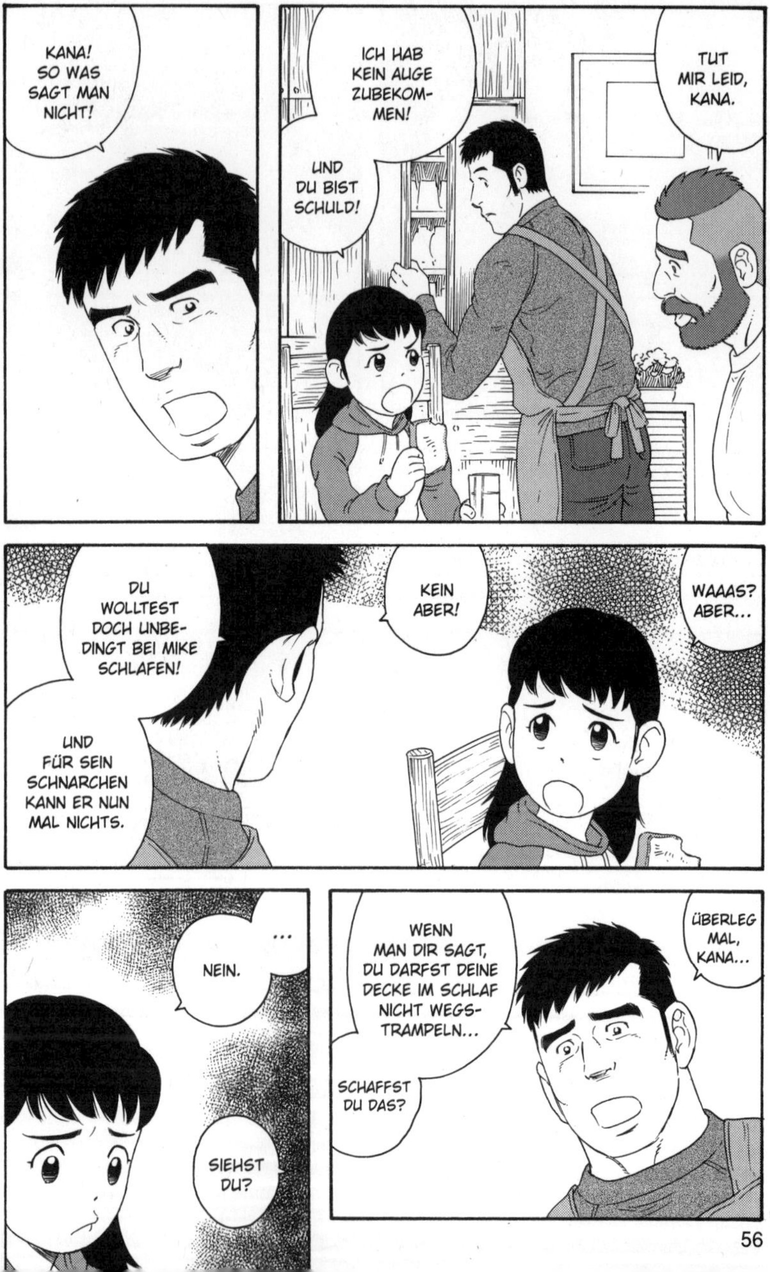

ICH HAB KEIN AUGE ZUBEKOMMEN!
UND DU BIST SCHULD!
TUT MIR LEID, KANA.
KANA! SO WAS SAGT MAN NICHT!
WAAAS? ABER...
KEIN ABER!
DU WOLLTEST DOCH UNBEDINGT BEI MIKE SCHLAFEN!
UND FÜR SEIN SCHNARCHEN KANN ER NUN MAL NICHTS.
ÜBERLEG MAL, KANA...
WENN MAN DIR SAGT, DU DARFST DEINE DECKE IM SCHLAF NICHT WEGSTRAMPELN...
SCHAFFST DU DAS?
...
NEIN.
SIEHST DU?

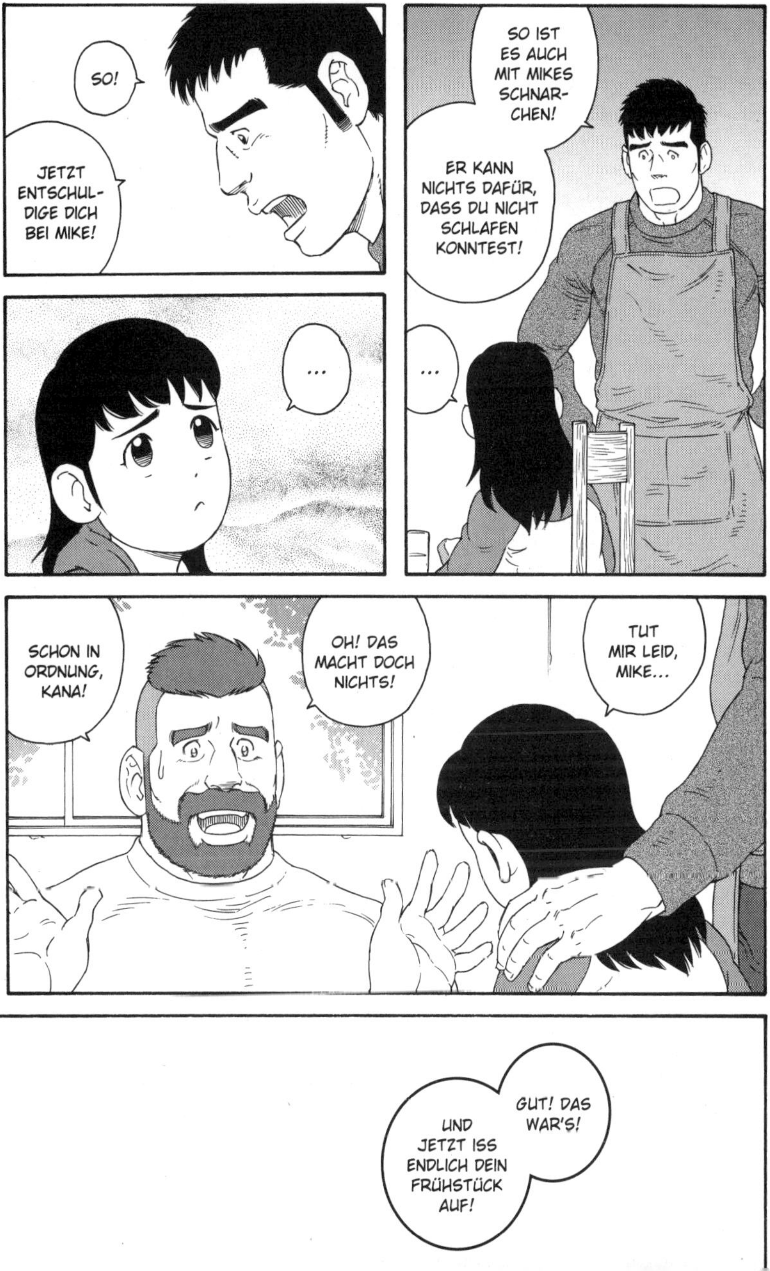
SO IST ES AUCH MIT MIKES SCHNAR-CHEN!
ER KANN NICHTS DAFÜR, DASS DU NICHT SCHLAFEN KONNTEST!
SO!
JETZT ENTSCHUL-DIGE DICH BEI MIKE!
...
...
TUT MIR LEID, MIKE...
OH! DAS MACHT DOCH NICHTS!
SCHON IN ORDNUNG, KANA!
GUT! DAS WAR'S!
UND JETZT ISS ENDLICH DEIN FRÜHSTÜCK AUF!

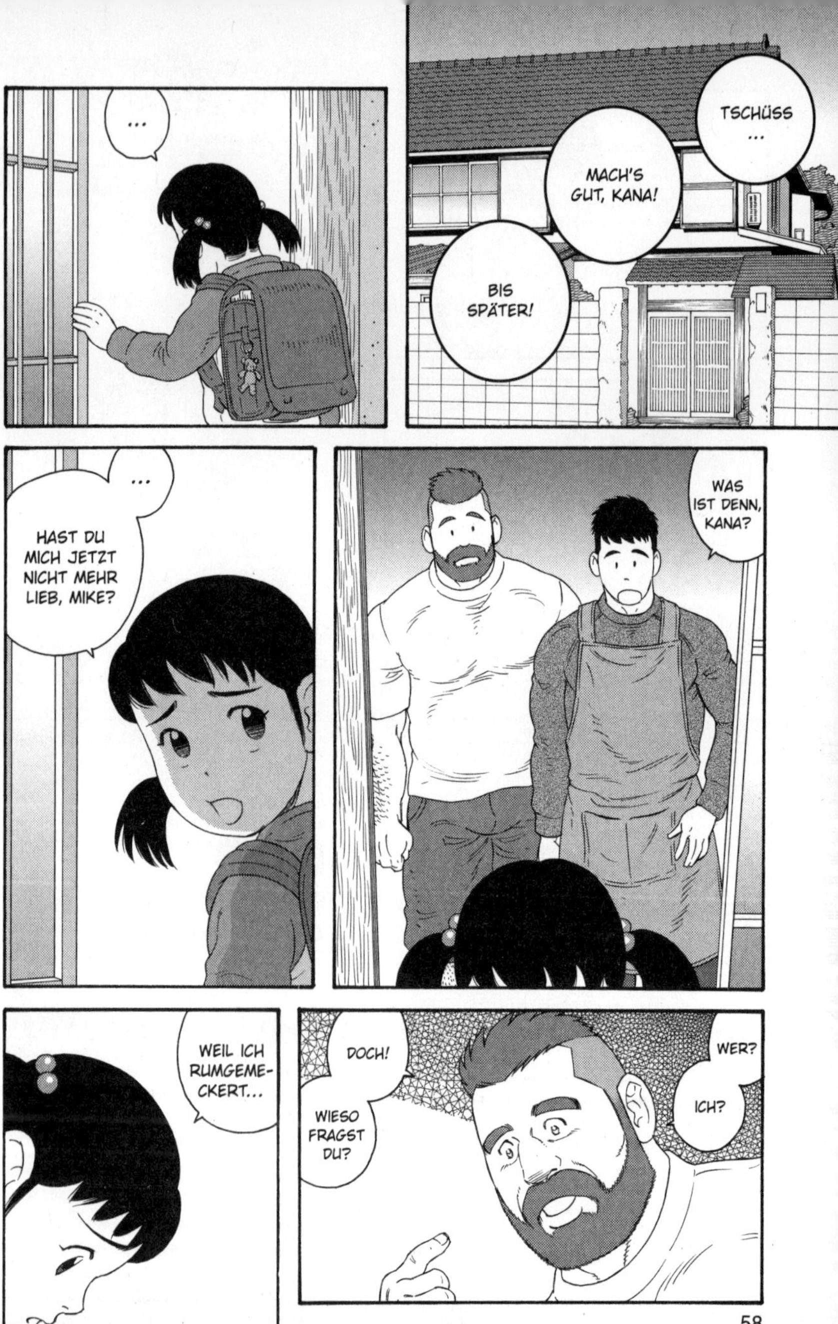
TSCHÜSS ...
MACH'S GUT, KANA!
BIS SPÄTER!
...
WAS IST DENN, KANA?
...
HAST DU MICH JETZT NICHT MEHR LIEB, MIKE?
WER?
ICH?
DOCH!
WIESO FRAGST DU?
WEIL ICH RUMGEMECKERT...

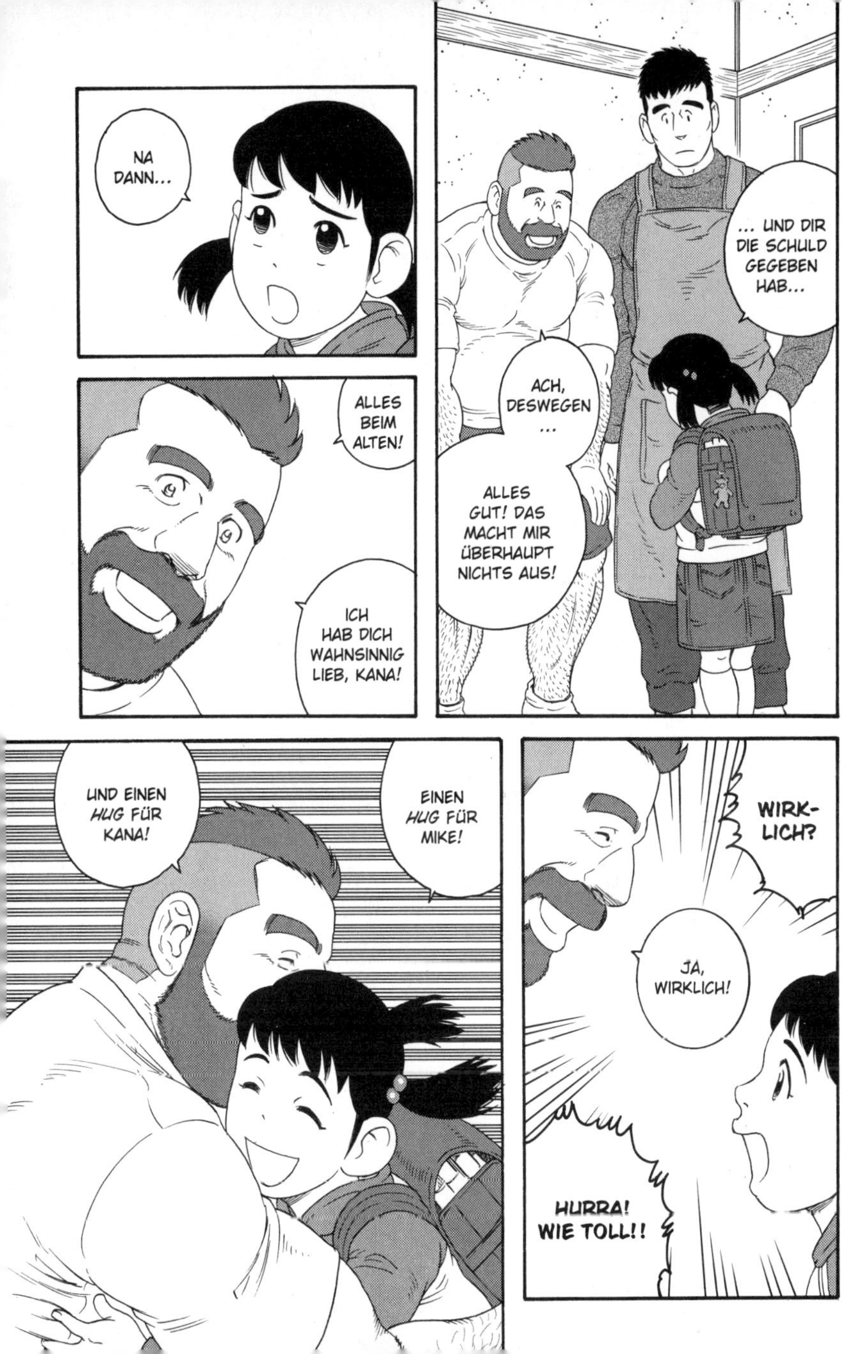
... UND DIR DIE SCHULD GEGEBEN HAB...
ACH, DESWEGEN ...
ALLES GUT! DAS MACHT MIR ÜBERHAUPT NICHTS AUS!
NA DANN...
ALLES BEIM ALTEN!
ICH HAB DICH WAHNSINNIG LIEB, KANA!
WIRK-LICH?
JA, WIRKLICH!
HURRA! WIE TOLL!!
EINEN *HUG* FÜR MIKE!
UND EINEN *HUG* FÜR KANA!

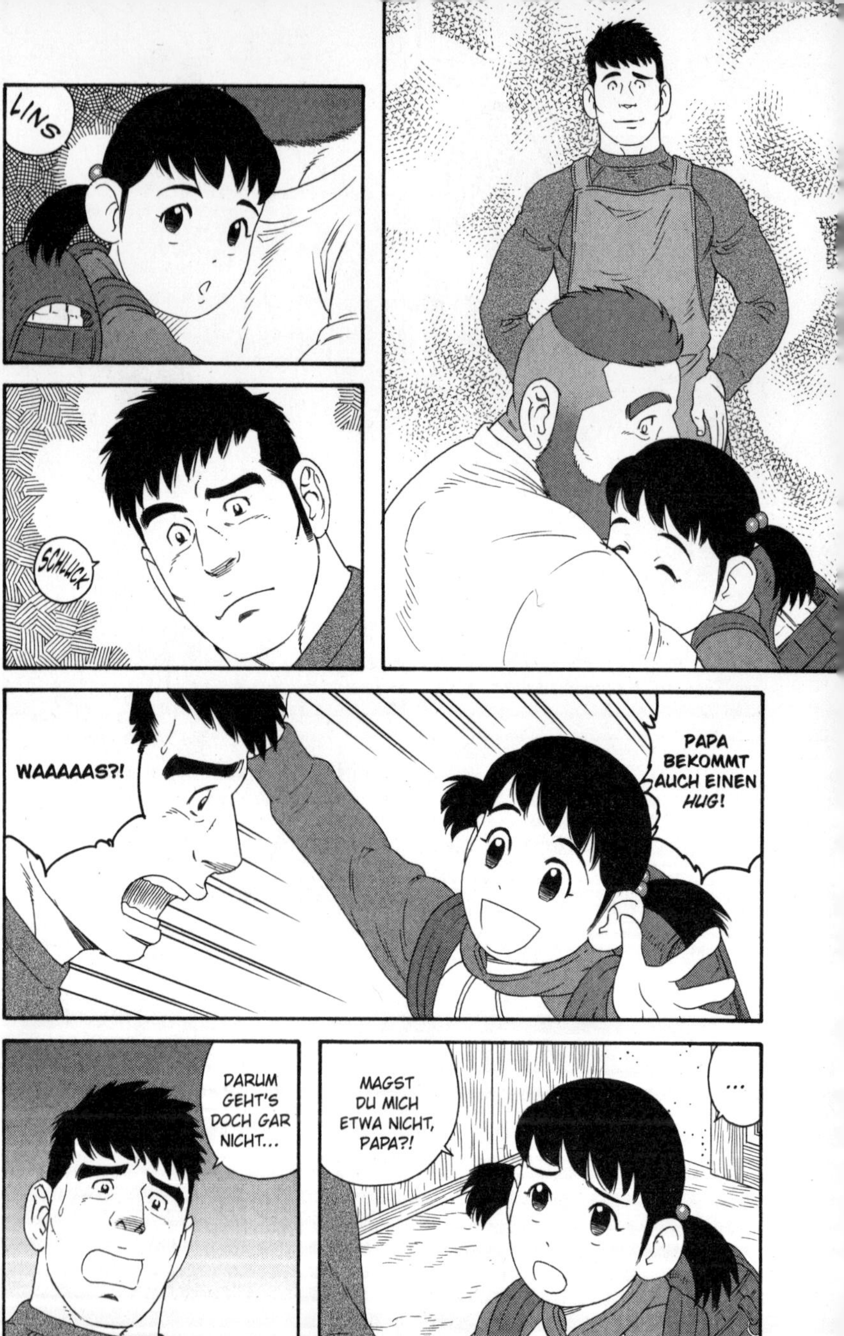

LINS
SCHLUCK
PAPA BEKOMMT AUCH EINEN *HUG*!
WAAAAAS?!
...
MAGST DU MICH ETWA NICHT, PAPA?!
DARUM GEHT'S DOCH GAR NICHT...

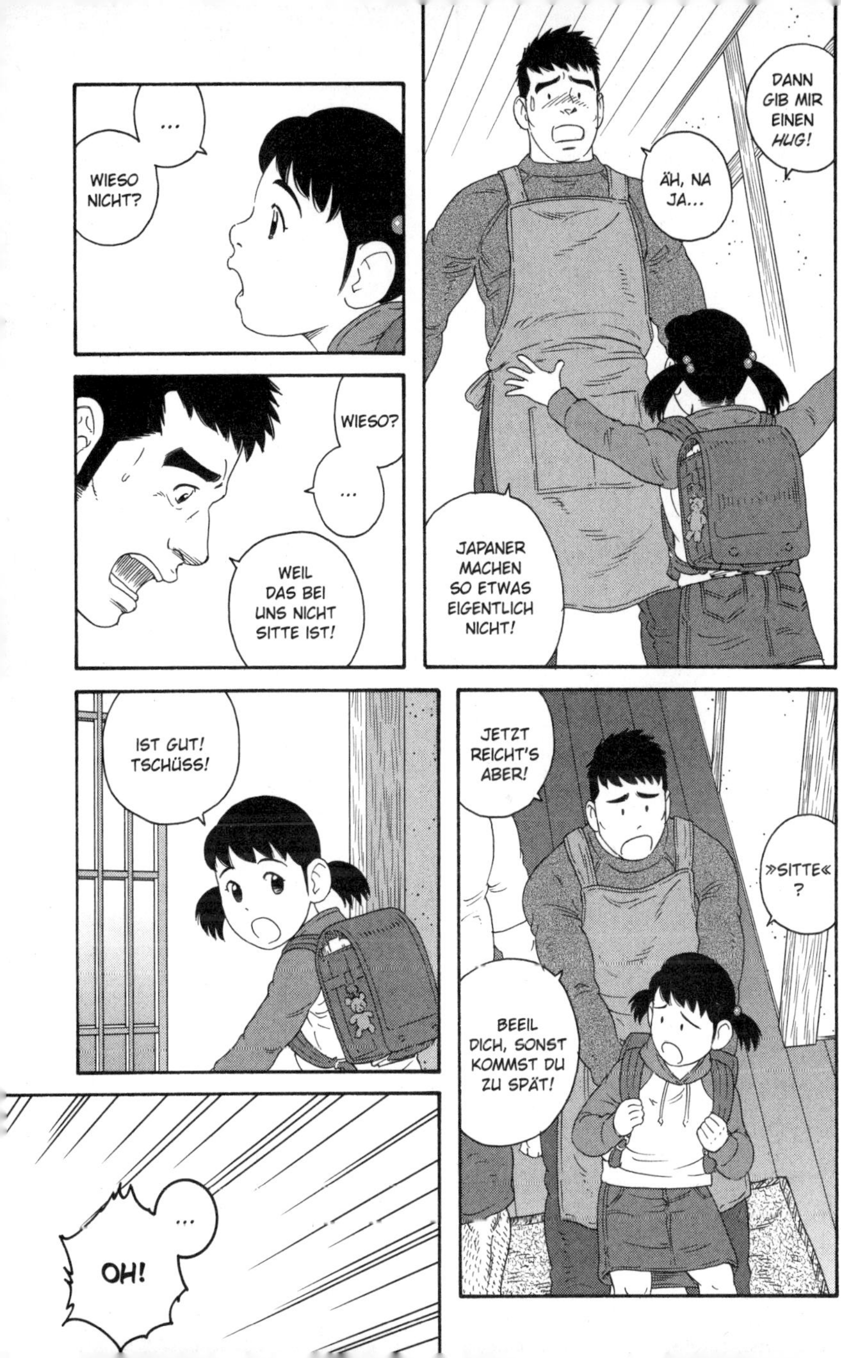
DANN GIB MIR EINEN HUG!
ÄH, NA JA...
JAPANER MACHEN SO ETWAS EIGENTLICH NICHT!
...
WIESO NICHT?
WIESO?
...
WEIL DAS BEI UNS NICHT SITTE IST!
»SITTE«?
JETZT REICHT'S ABER!
BEEIL DICH, SONST KOMMST DU ZU SPÄT!
IST GUT! TSCHÜSS!
...
OH!

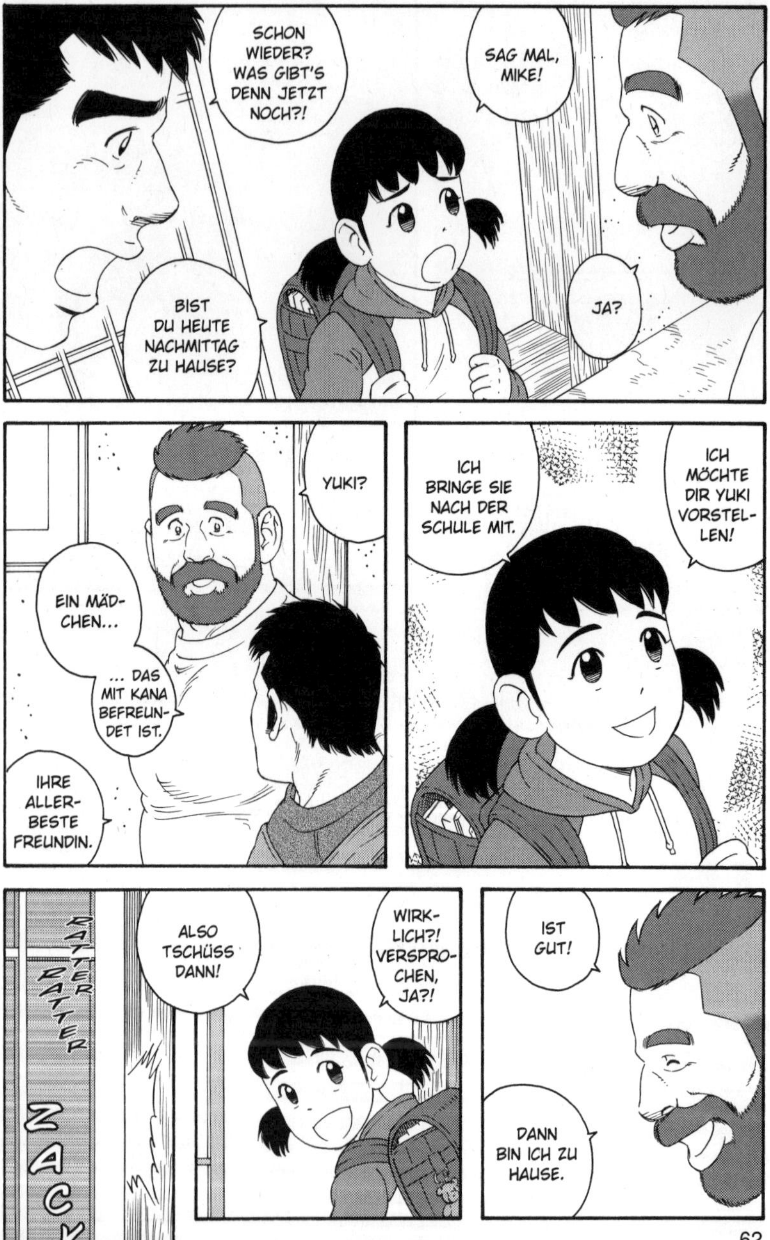
SAG MAL, MIKE!
JA?
SCHON WIEDER? WAS GIBT'S DENN JETZT NOCH?!
BIST DU HEUTE NACHMITTAG ZU HAUSE?
ICH MÖCHTE DIR YUKI VORSTELLEN!
ICH BRINGE SIE NACH DER SCHULE MIT.
YUKI?
EIN MÄDCHEN...
... DAS MIT KANA BEFREUNDET IST.
IHRE ALLERBESTE FREUNDIN.
IST GUT!
DANN BIN ICH ZU HAUSE.
WIRKLICH?! VERSPROCHEN, JA?!
ALSO TSCHÜSS DANN!
RATTER
RATTER
ZACK

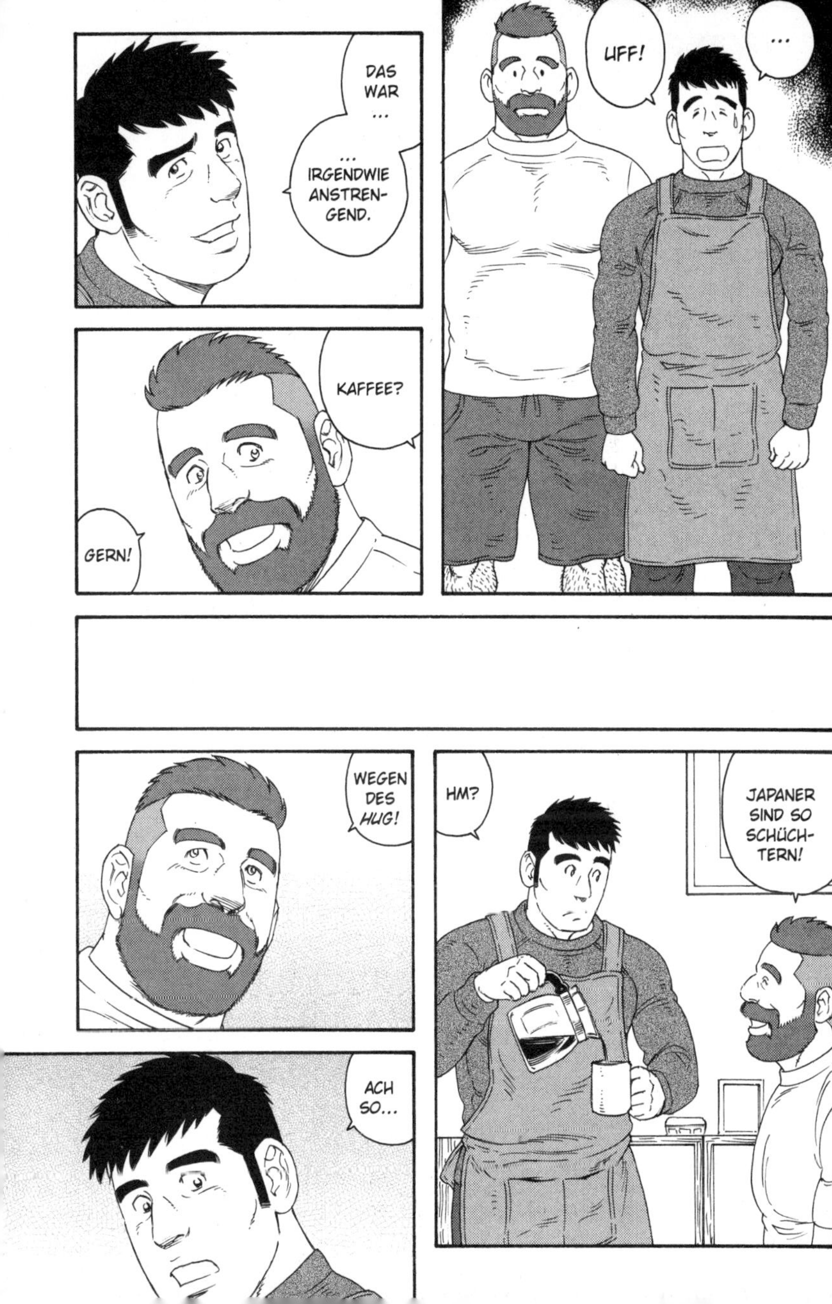
...
UFF!
DAS WAR ...
... IRGENDWIE ANSTRENGEND.
KAFFEE?
GERN!
JAPANER SIND SO SCHÜCHTERN!
HM?
WEGEN DES HUG!
ACH SO...

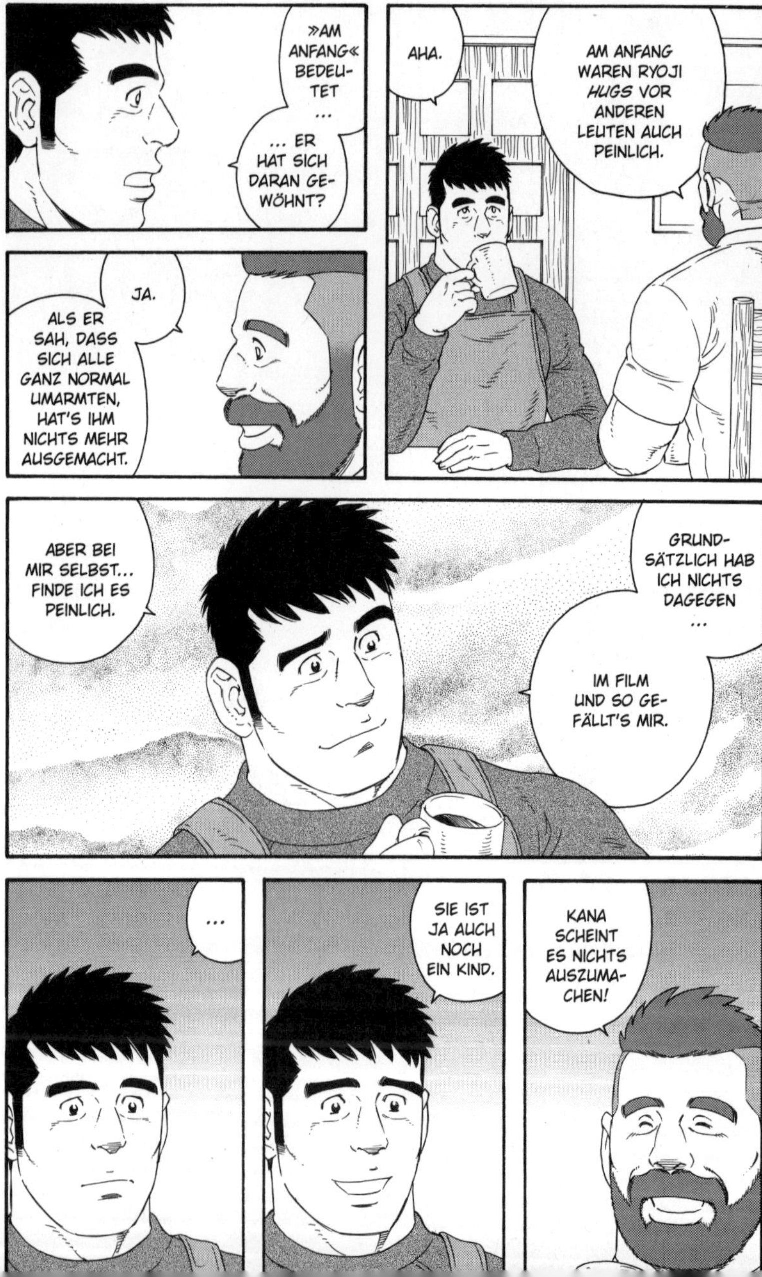
AM ANFANG WAREN RYOJI *HUGS* VOR ANDEREN LEUTEN AUCH PEINLICH.
AHA.
»AM ANFANG« BEDEUTET ...
... ER HAT SICH DARAN GEWÖHNT?
JA.
ALS ER SAH, DASS SICH ALLE GANZ NORMAL UMARMTEN, HAT'S IHM NICHTS MEHR AUSGEMACHT.
GRUNDSÄTZLICH HAB ICH NICHTS DAGEGEN ...
IM FILM UND SO GEFÄLLT'S MIR.
ABER BEI MIR SELBST... FINDE ICH ES PEINLICH.
KANA SCHEINT ES NICHTS AUSZUMACHEN!
SIE IST JA AUCH NOCH EIN KIND.
...

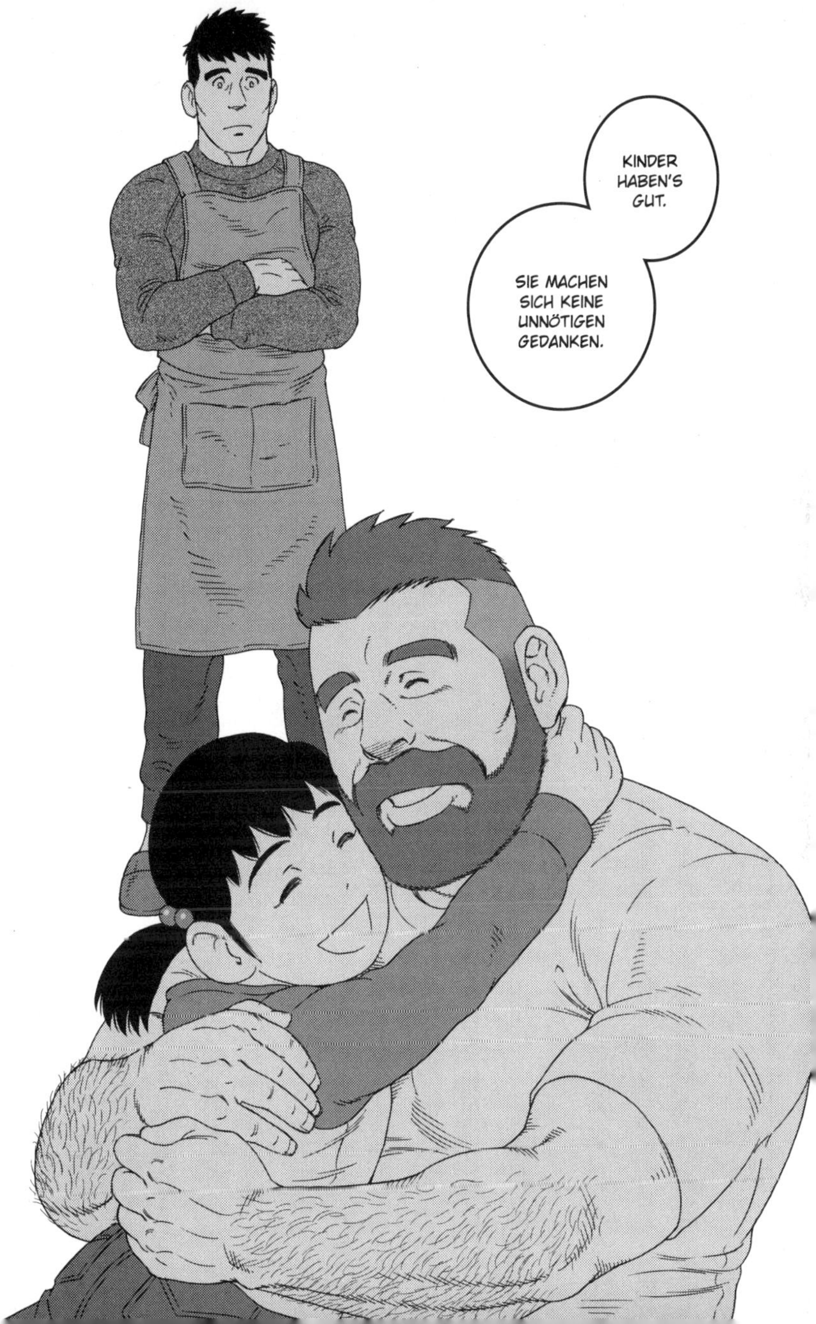
KINDER HABEN'S GUT.
SIE MACHEN SICH KEINE UNNÖTIGEN GEDANKEN.

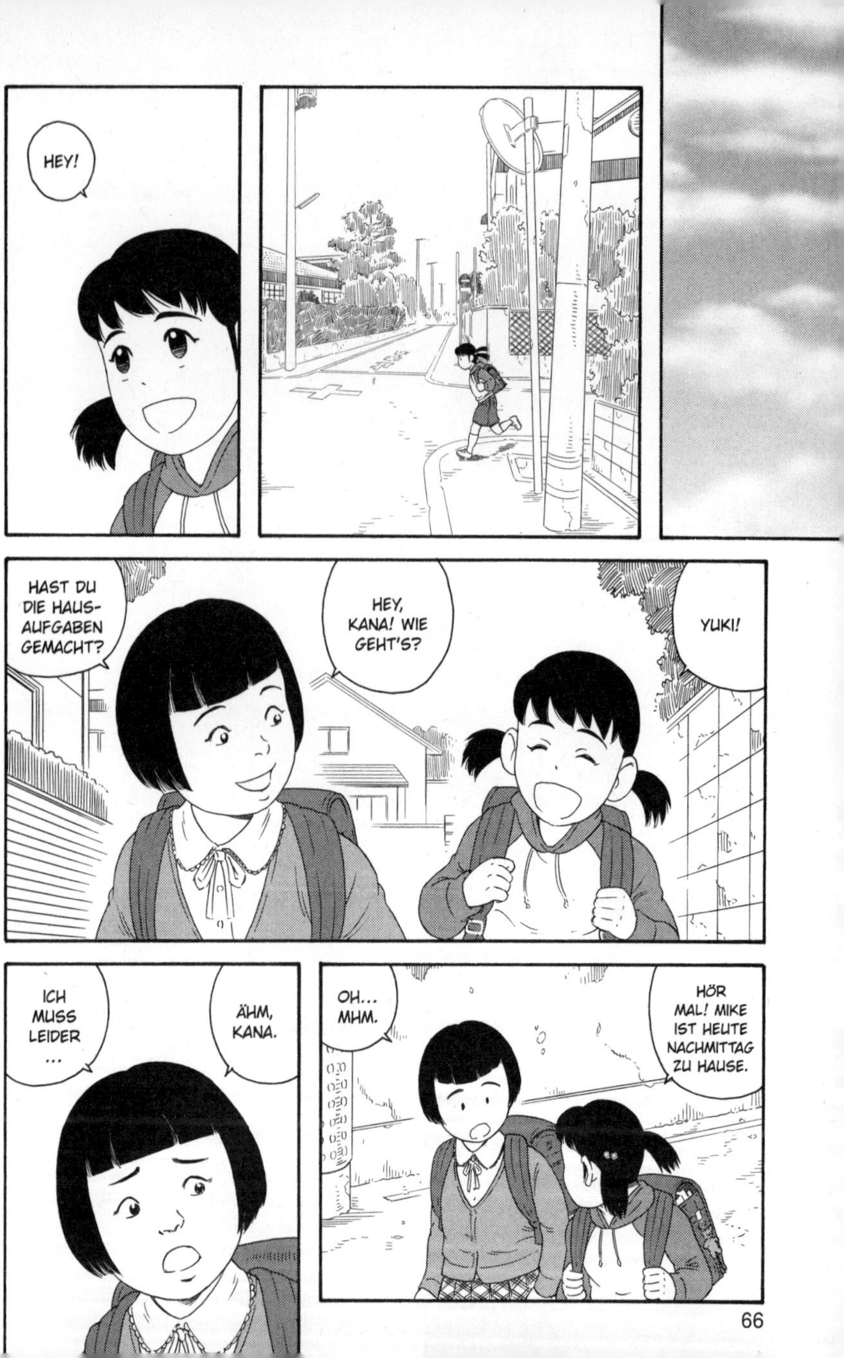
HEY!
YUKI!
HEY, KANA! WIE GEHT'S?
HAST DU DIE HAUS-AUFGABEN GEMACHT?
HÖR MAL! MIKE IST HEUTE NACHMITTAG ZU HAUSE.
OH… MHM.
ÄHM, KANA.
ICH MUSS LEIDER …

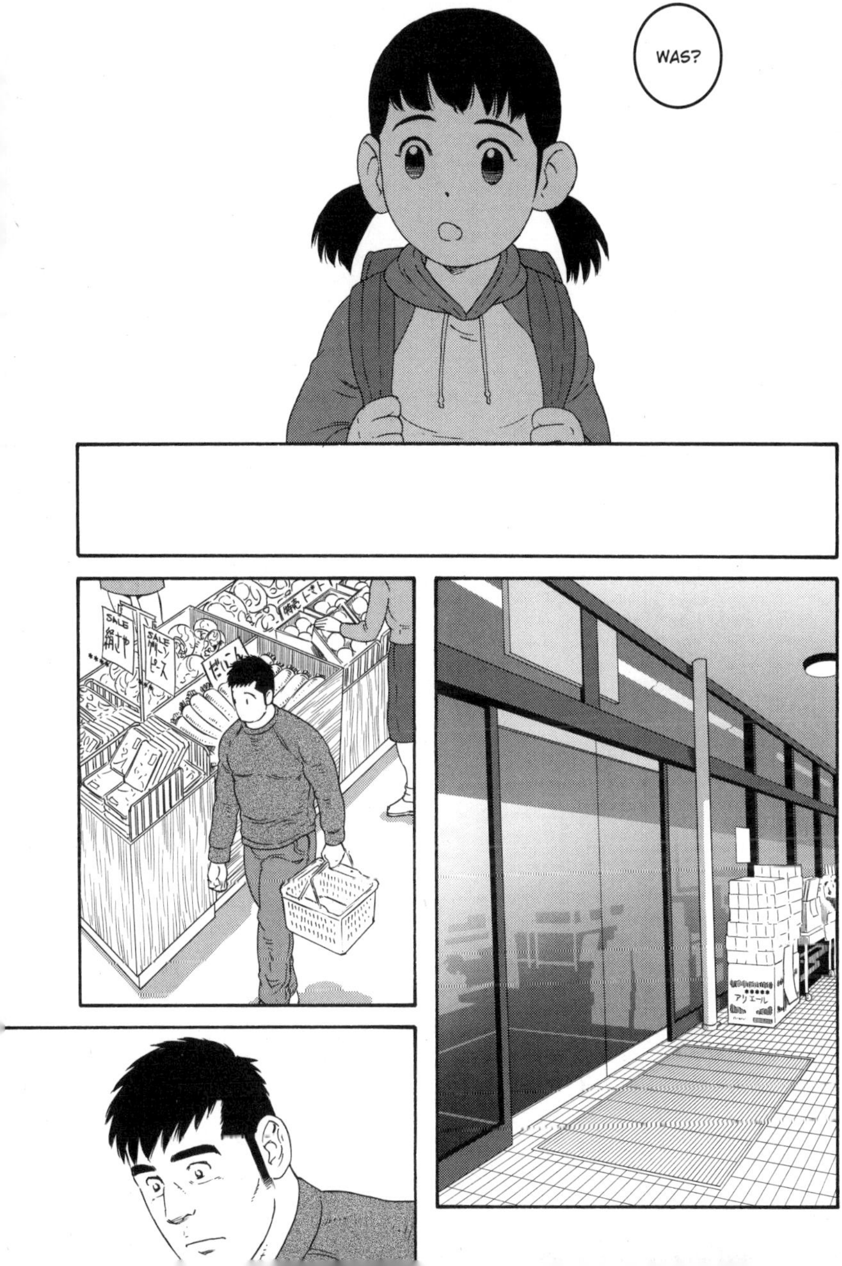
WAS?
SALE
絹さや
SALE
グリーンピース
アリエール

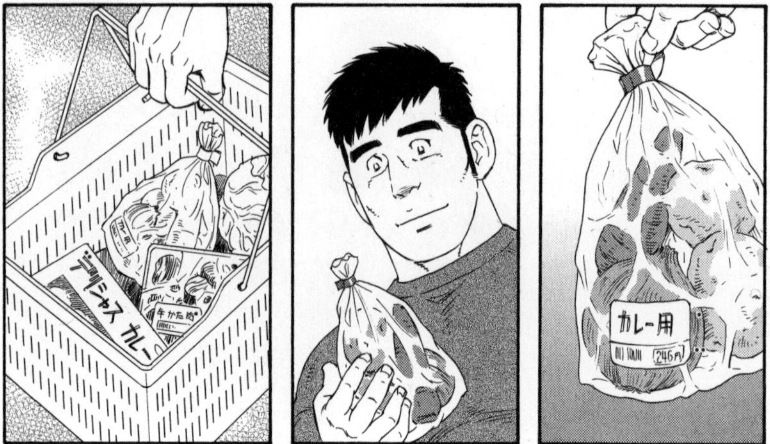

* Rinderschulter ** Delicious Curry * Curry-Mischung ** 246 Yen

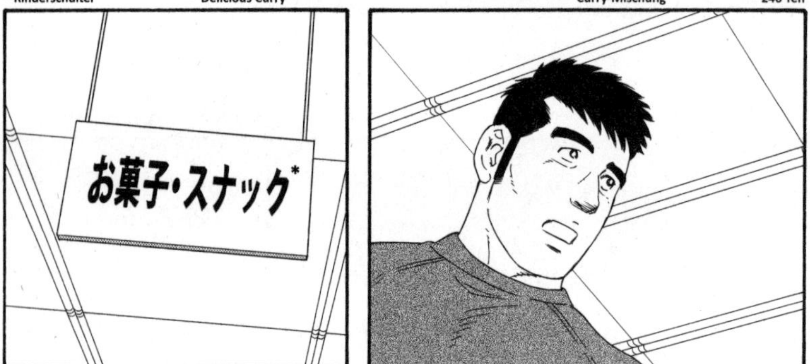

* Süßigkeiten und Snacks

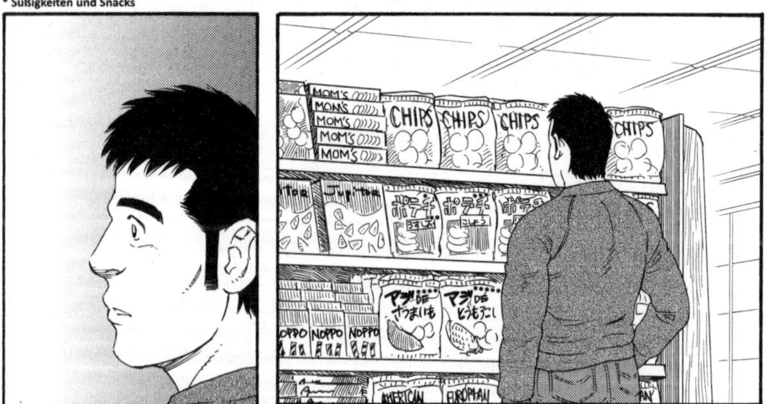

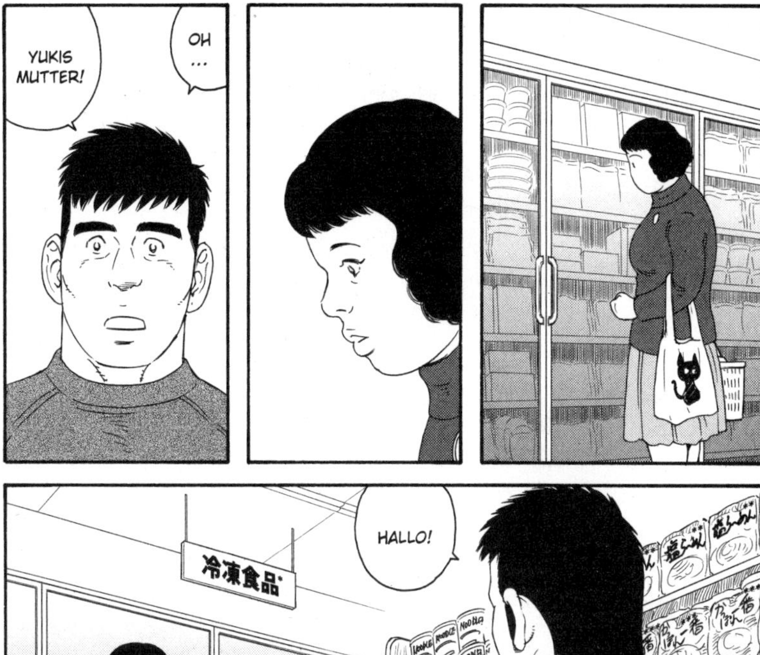

* Tiefkühlkost

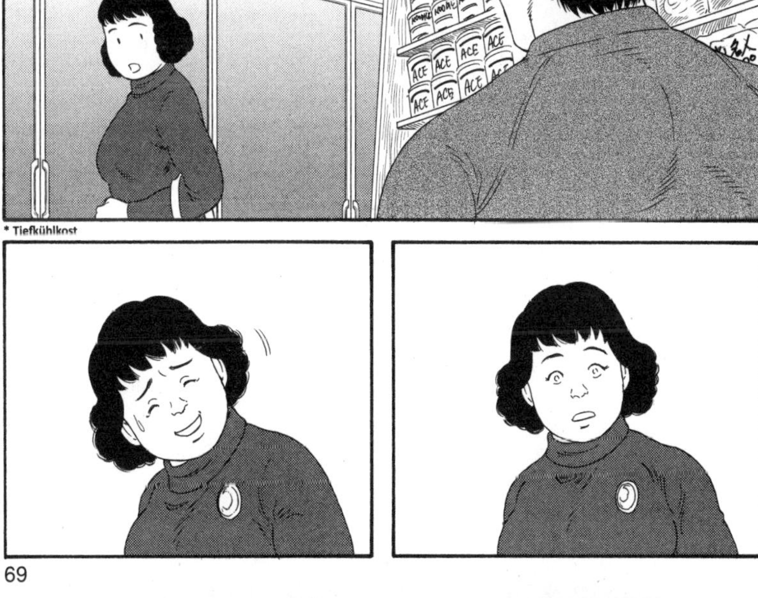

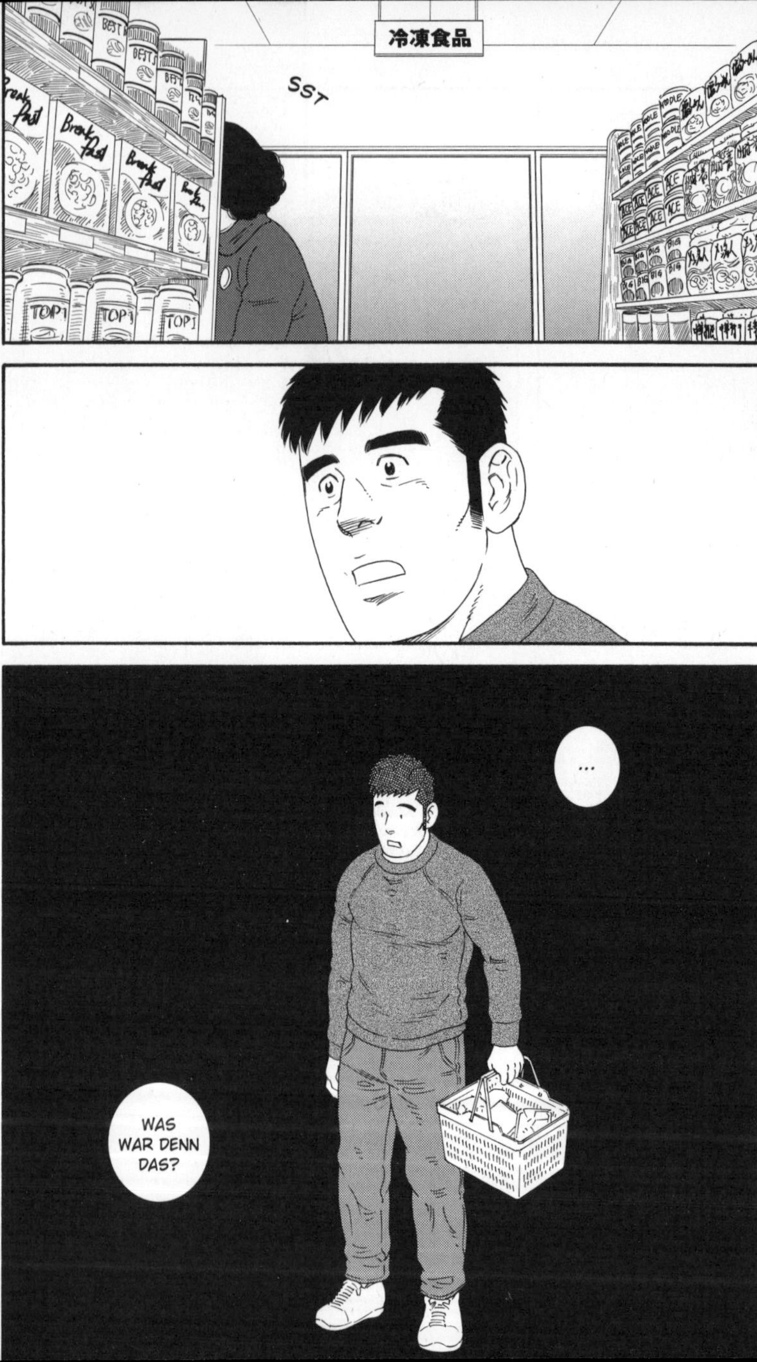
冷凍食品
SST
...
WAS WAR DENN DAS?

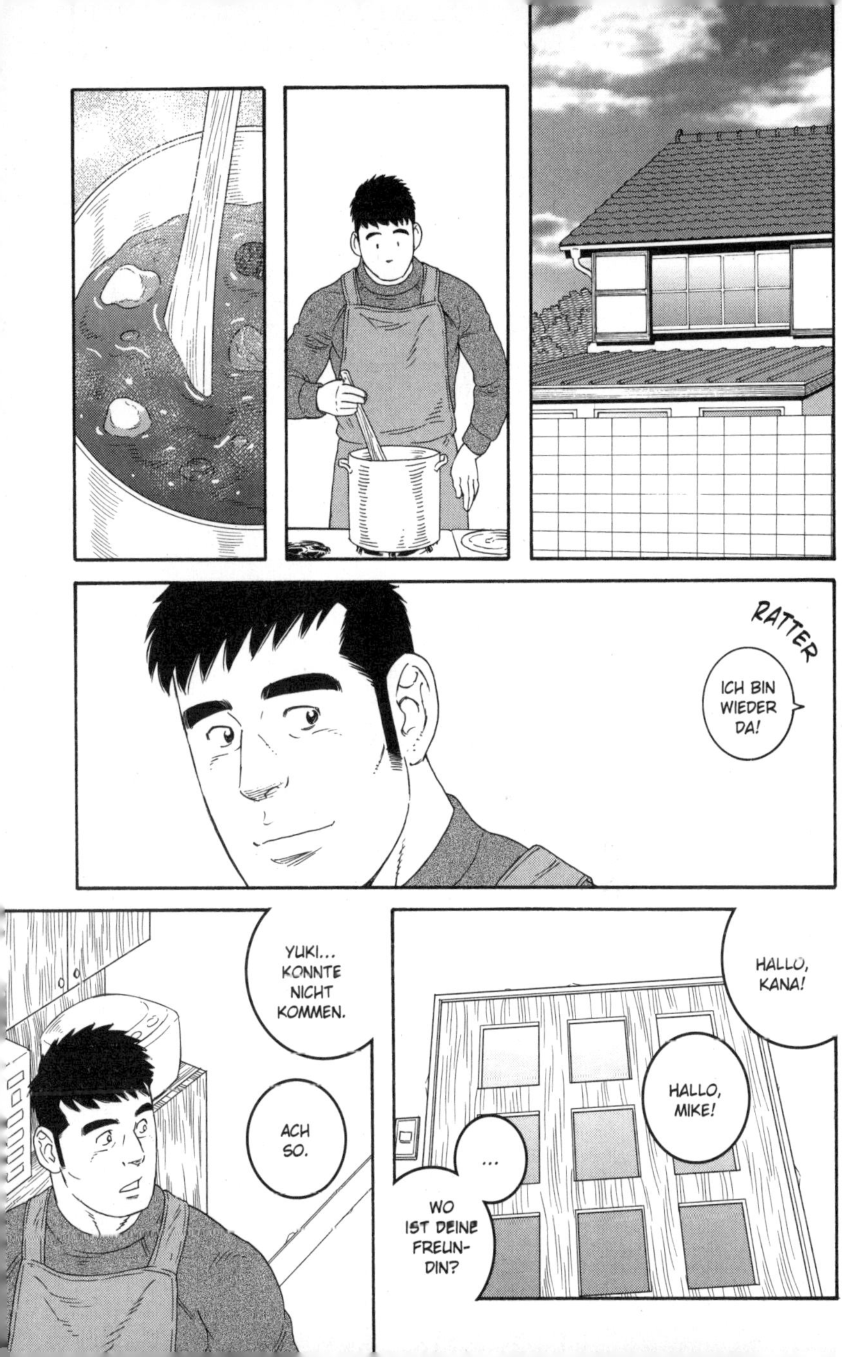
RATTER
ICH BIN WIEDER DA!
YUKI... KONNTE NICHT KOMMEN.
ACH SO.
HALLO, KANA!
HALLO, MIKE!
...
WO IST DEINE FREUN-DIN?

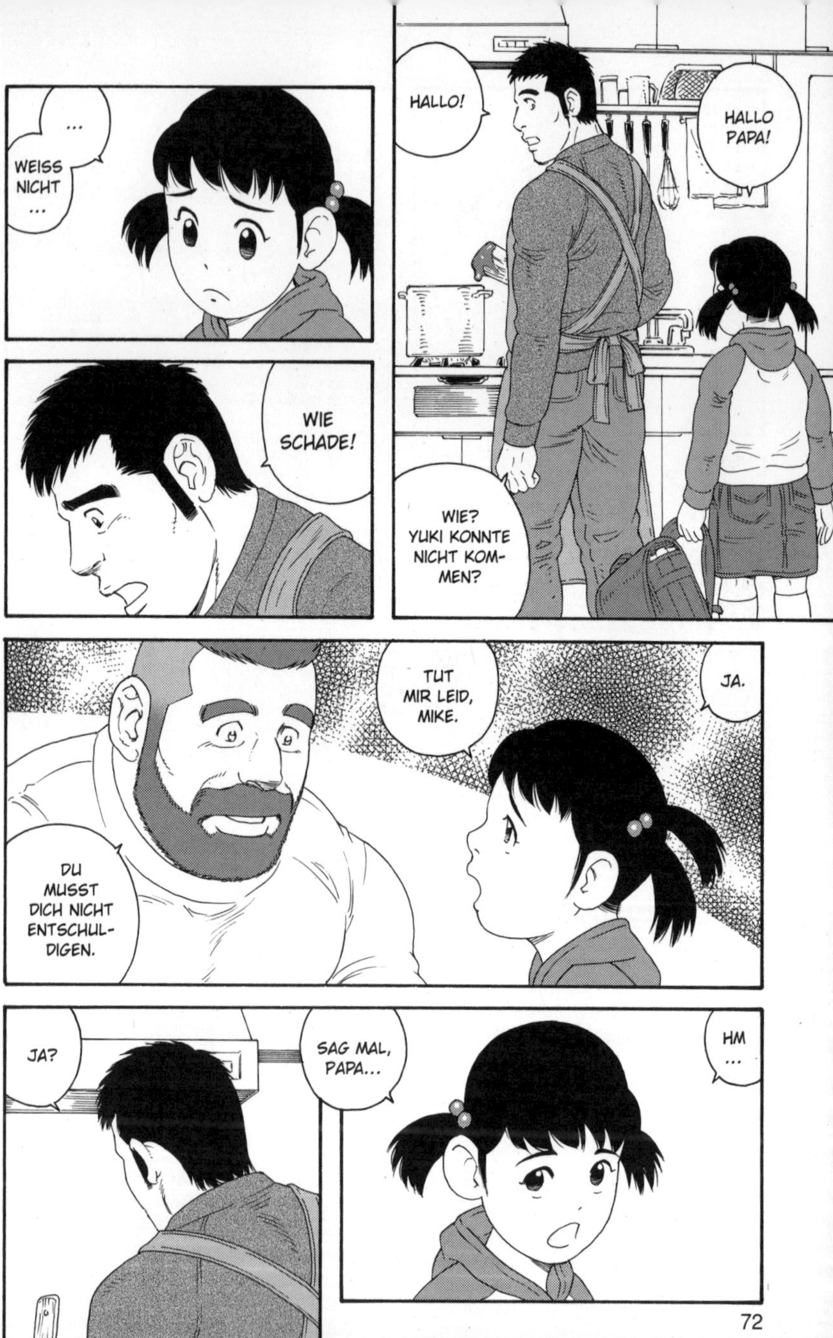
HALLO PAPA!
HALLO!
WIE? YUKI KONNTE NICHT KOM-MEN?
...
WEISS NICHT ...
WIE SCHADE!
JA.
TUT MIR LEID, MIKE.
DU MUSST DICH NICHT ENTSCHUL-DIGEN.
HM ...
SAG MAL, PAPA...
JA?

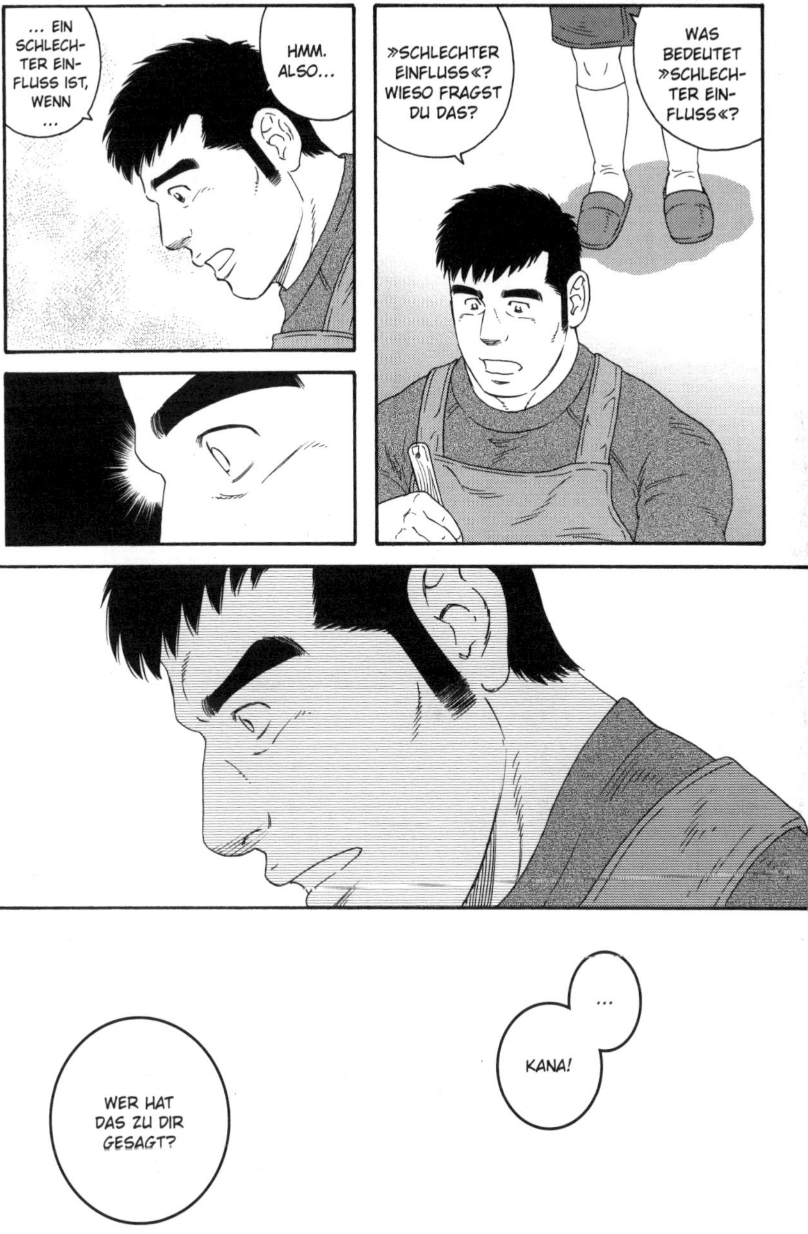
WAS BEDEUTET »SCHLECHTER EINFLUSS«?
»SCHLECHTER EINFLUSS«? WIESO FRAGST DU DAS?
HMM. ALSO …
… EIN SCHLECHTER EINFLUSS IST, WENN …
…
KANA!
WER HAT DAS ZU DIR GESAGT?

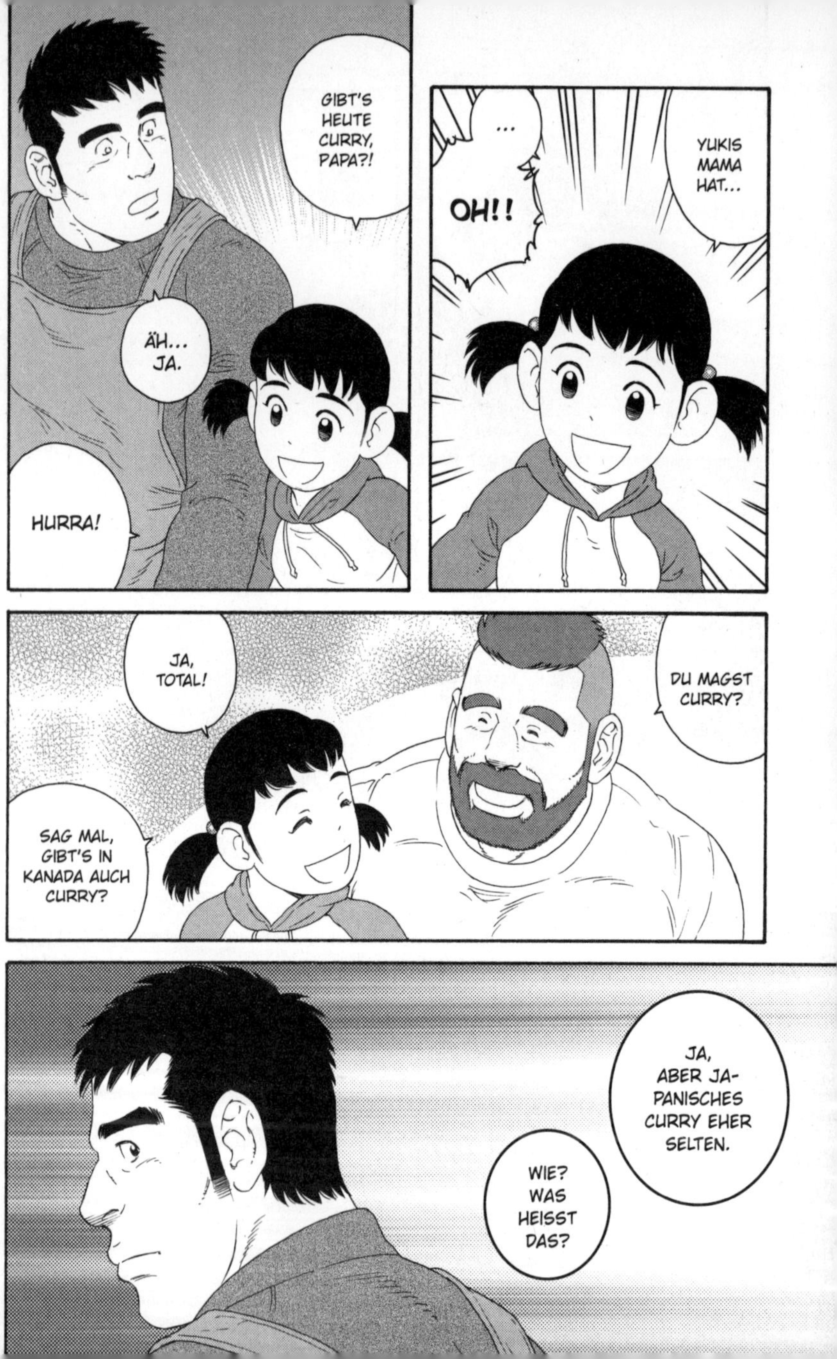
YUKIS MAMA HAT...
...
OH!!
GIBT'S HEUTE CURRY, PAPA?!
ÄH... JA.
HURRA!
DU MAGST CURRY?
JA, TOTAL!
SAG MAL, GIBT'S IN KANADA AUCH CURRY?
JA, ABER JA-PANISCHES CURRY EHER SELTEN.
WIE? WAS HEISST DAS?

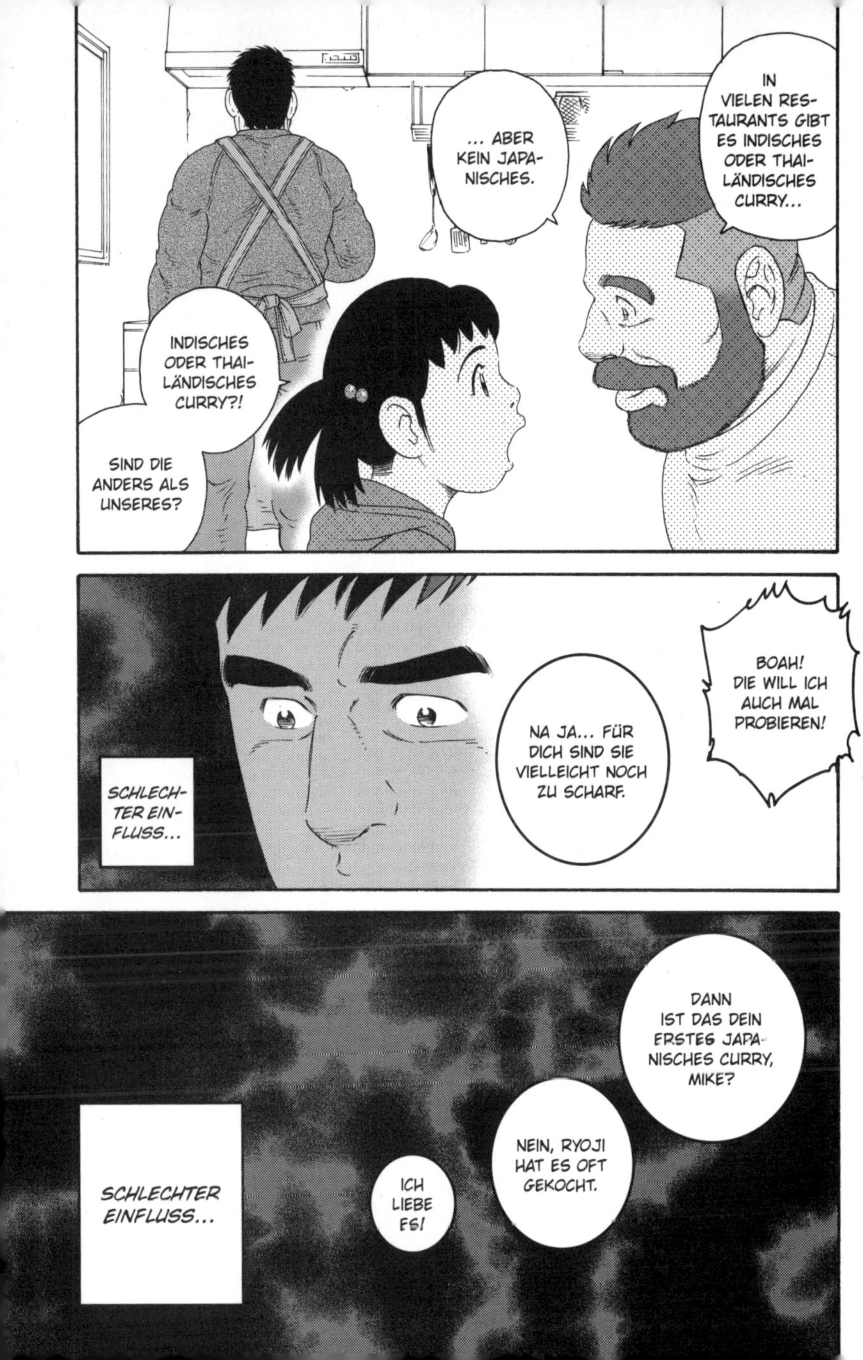
IN VIELEN RES-TAURANTS GIBT ES INDISCHES ODER THAI-LÄNDISCHES CURRY…
… ABER KEIN JAPA-NISCHES.
INDISCHES ODER THAI-LÄNDISCHES CURRY?!
SIND DIE ANDERS ALS UNSERES?
BOAH! DIE WILL ICH AUCH MAL PROBIEREN!
NA JA… FÜR DICH SIND SIE VIELLEICHT NOCH ZU SCHARF.
SCHLECH-TER EIN-FLUSS…
DANN IST DAS DEIN ERSTES JAPA-NISCHES CURRY, MIKE?
NEIN, RYOJI HAT ES OFT GEKOCHT.
ICH LIEBE ES!
SCHLECHTER EINFLUSS…

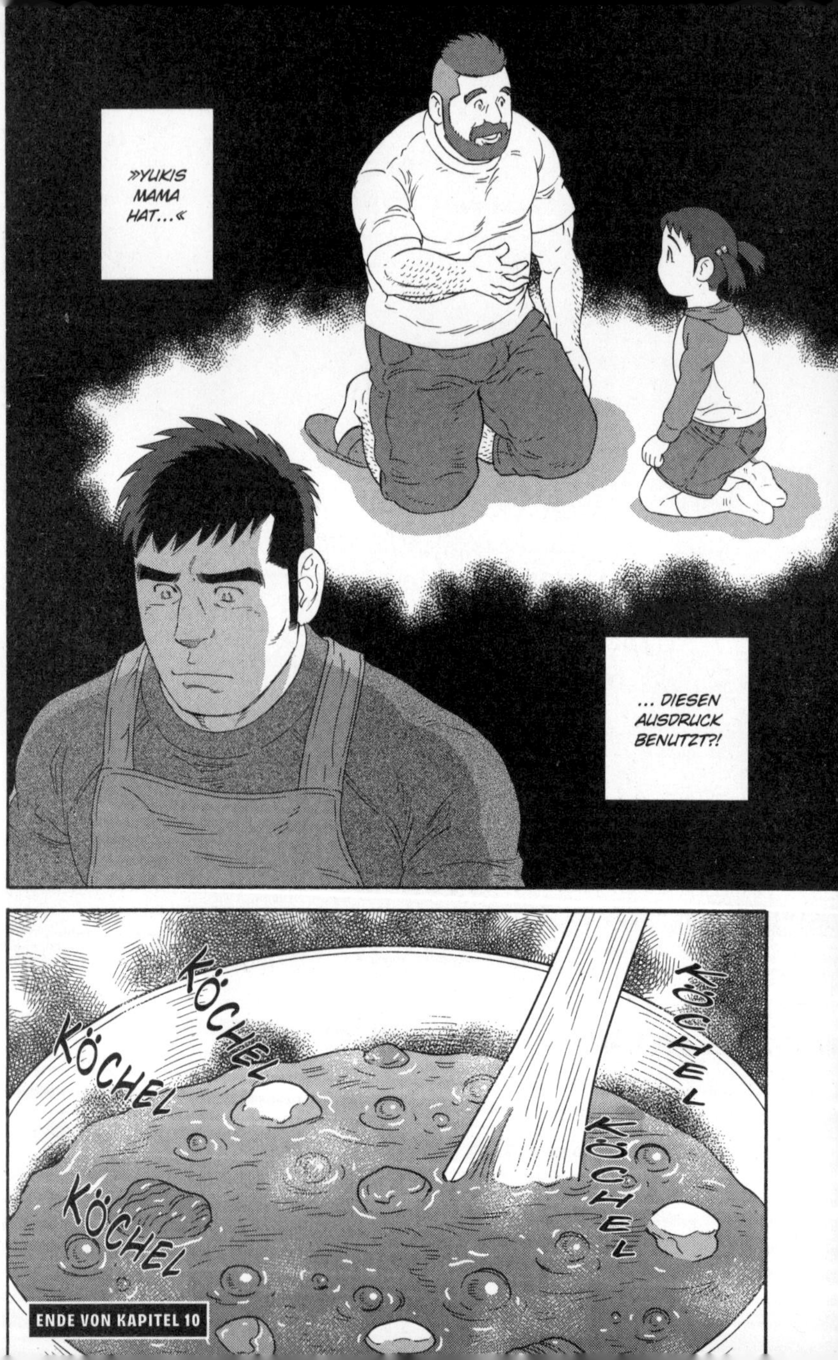
»YUKIS MAMA HAT...«
... DIESEN AUSDRUCK BENUTZT?!
KÖCHEL
KÖCHEL
KÖCHEL
KÖCHEL
KÖCHEL
ENDE VON KAPITEL 10

Kapitel 11

Böser Mensch

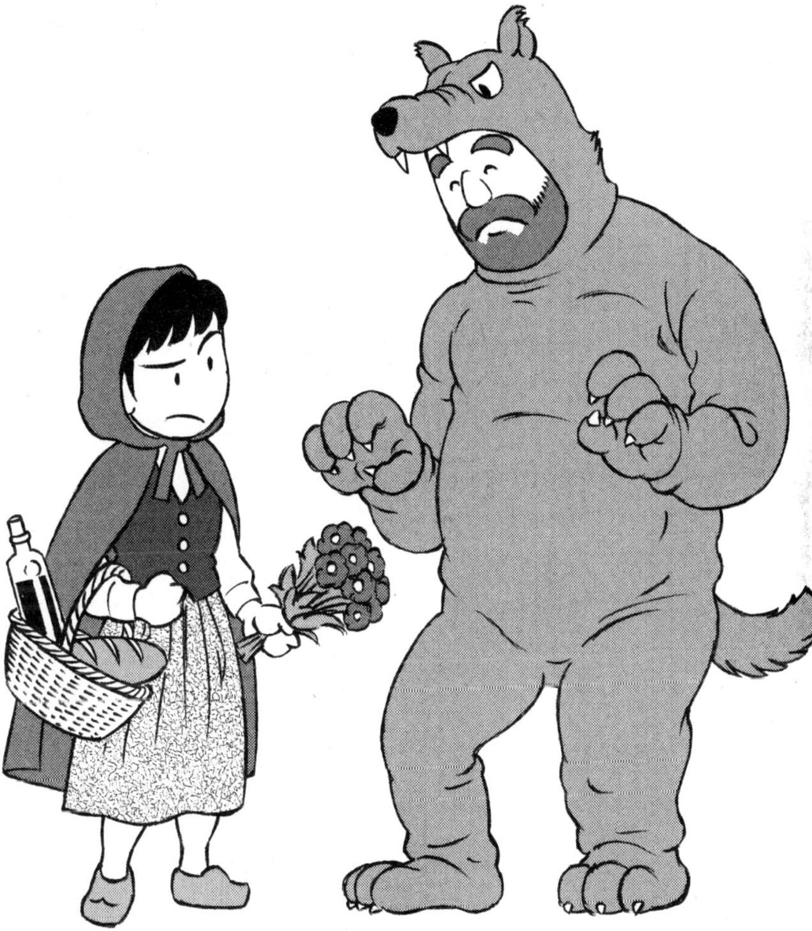

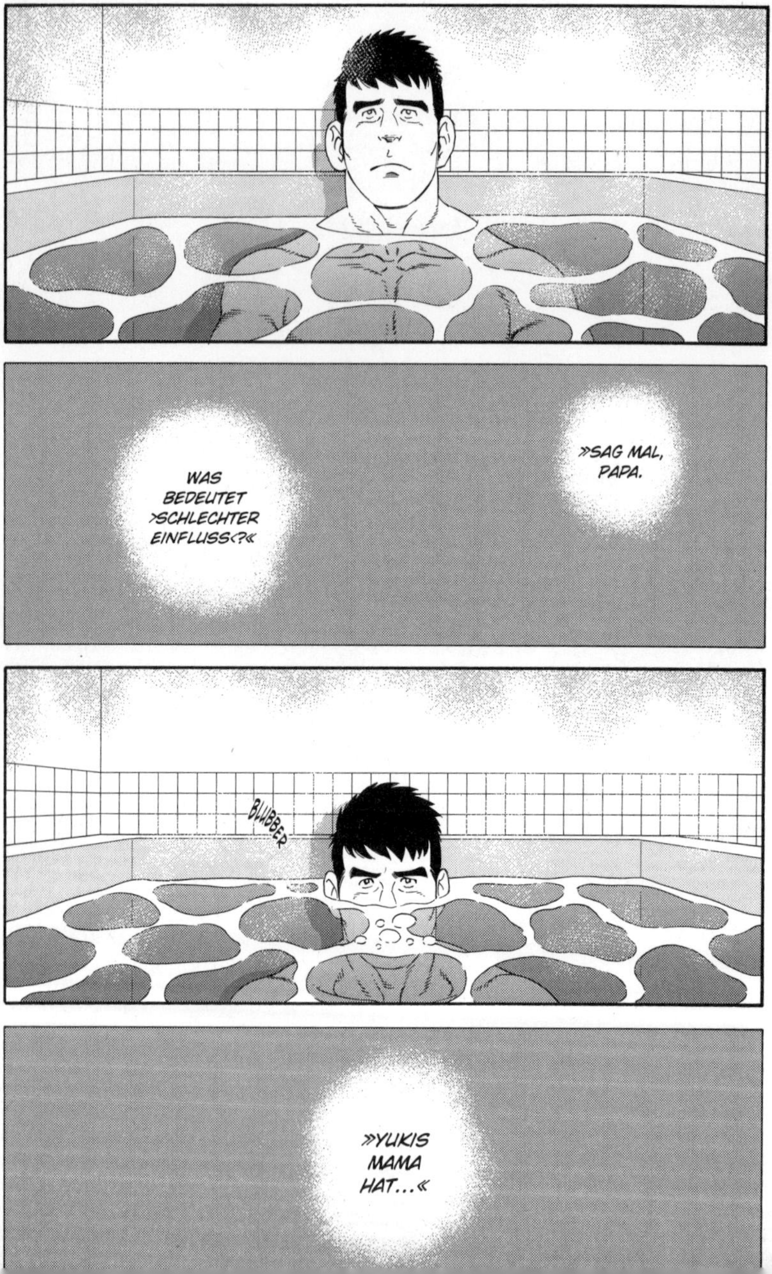
»SAG MAL, PAPA.
WAS BEDEUTET ›SCHLECHTER EINFLUSS‹?«
BLUBBER
»YUKIS MAMA HAT…«

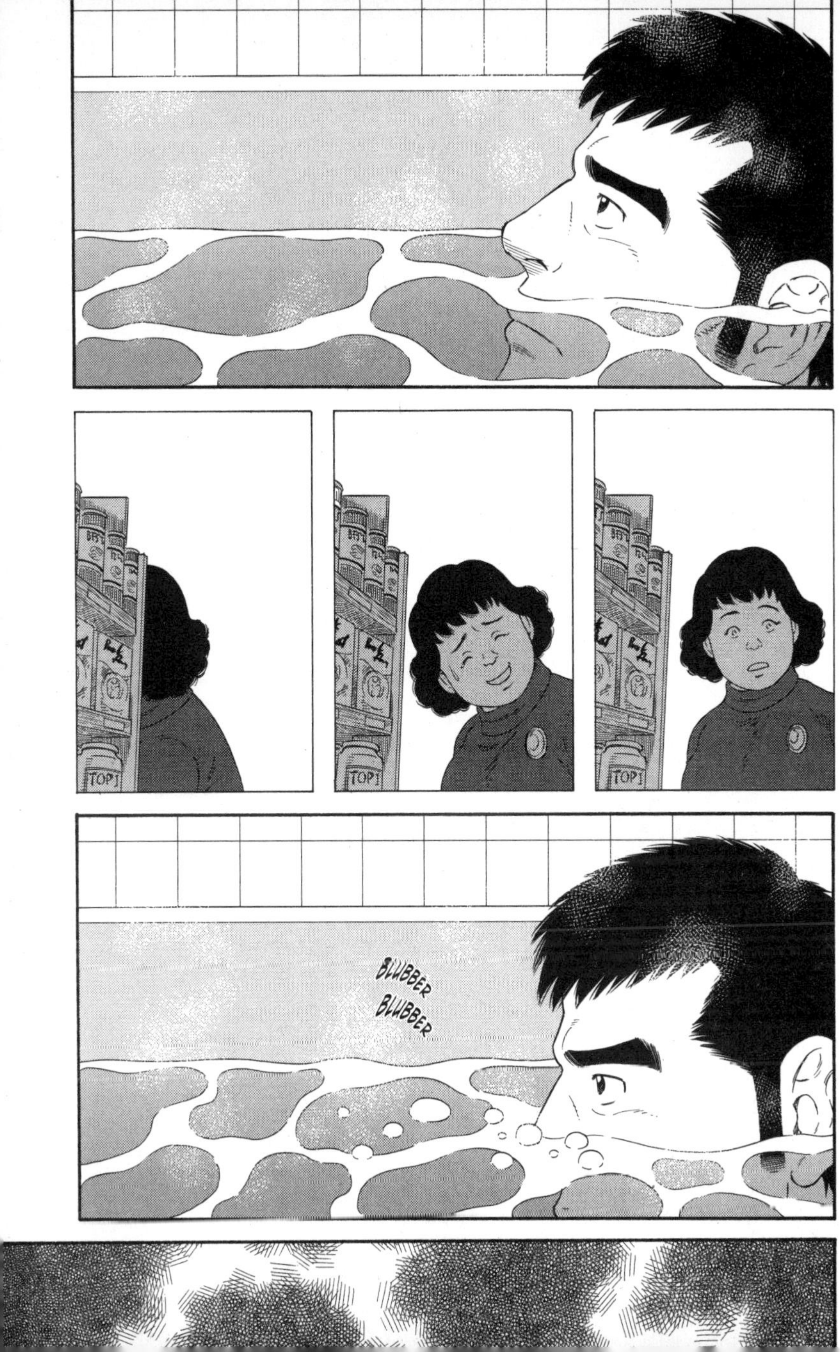
BLUBBER
BLUBBER

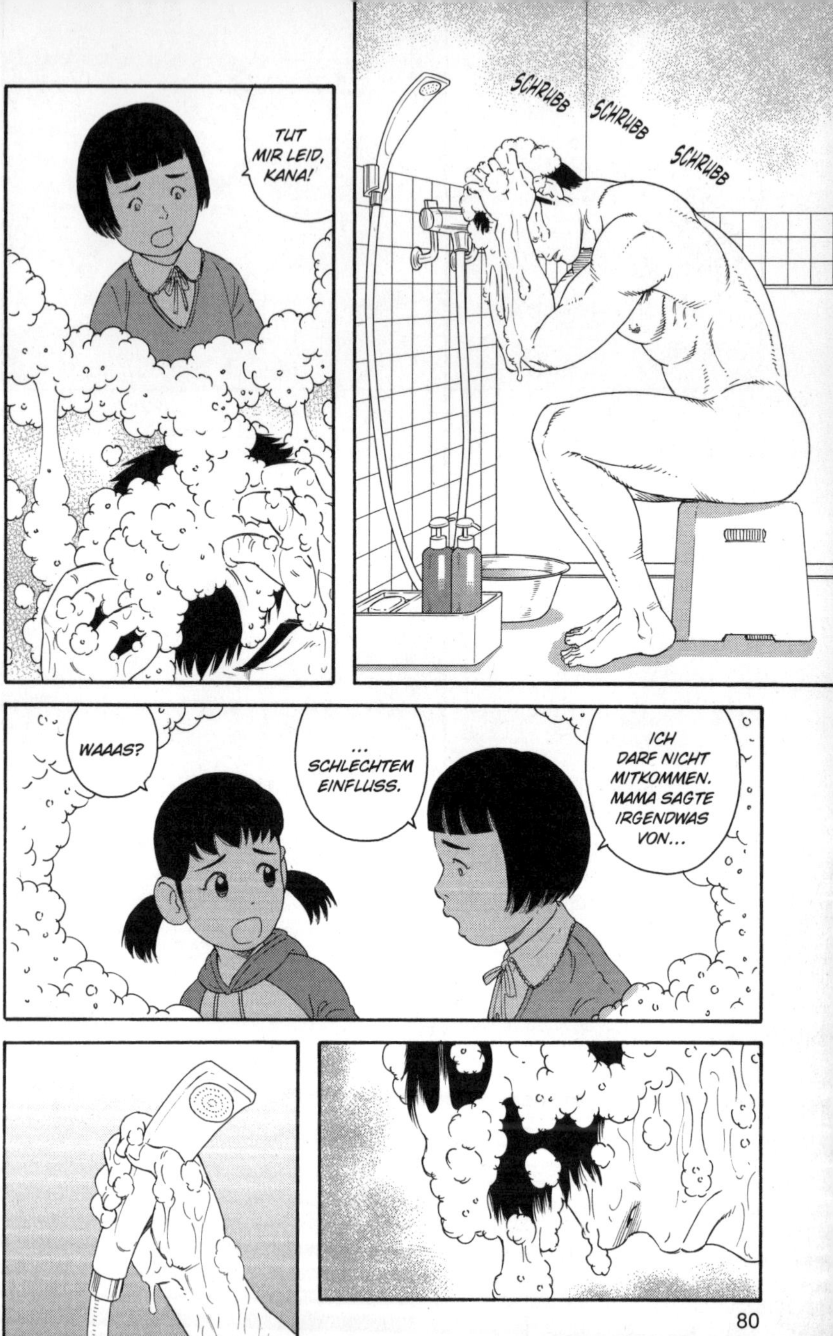
SCHRUBB
SCHRUBB
SCHRUBB
TUT MIR LEID, KANA!
ICH DARF NICHT MITKOMMEN. MAMA SAGTE IRGENDWAS VON...
... SCHLECHTEM EINFLUSS.
WAAAS?

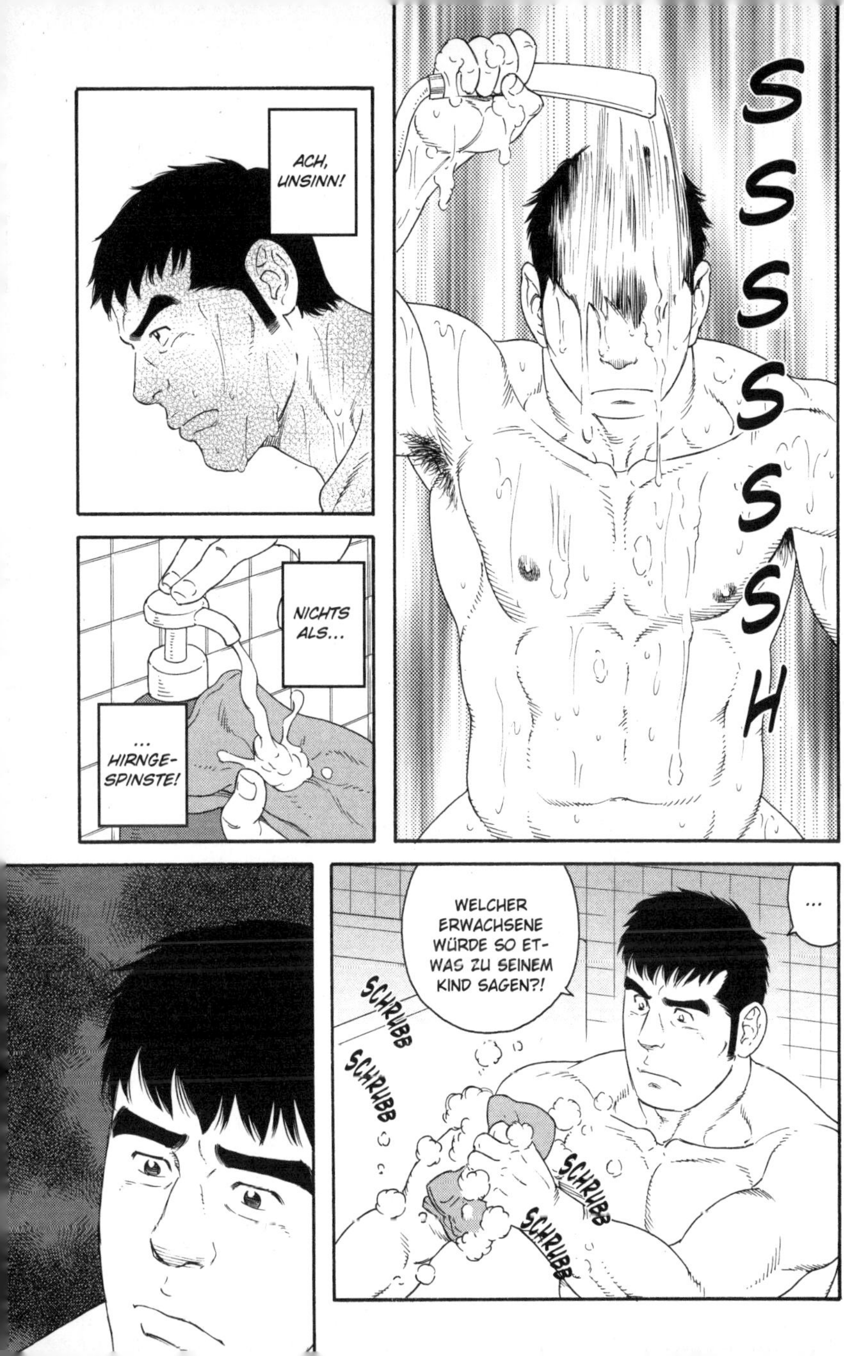
SSSSSSH
ACH, UNSINN!
NICHTS ALS...
... HIRNGE-SPINSTE!
...
WELCHER ERWACHSENE WÜRDE SO ET-WAS ZU SEINEM KIND SAGEN?!
SCHRUBB SCHRUBB
SCHRUBB SCHRUBB

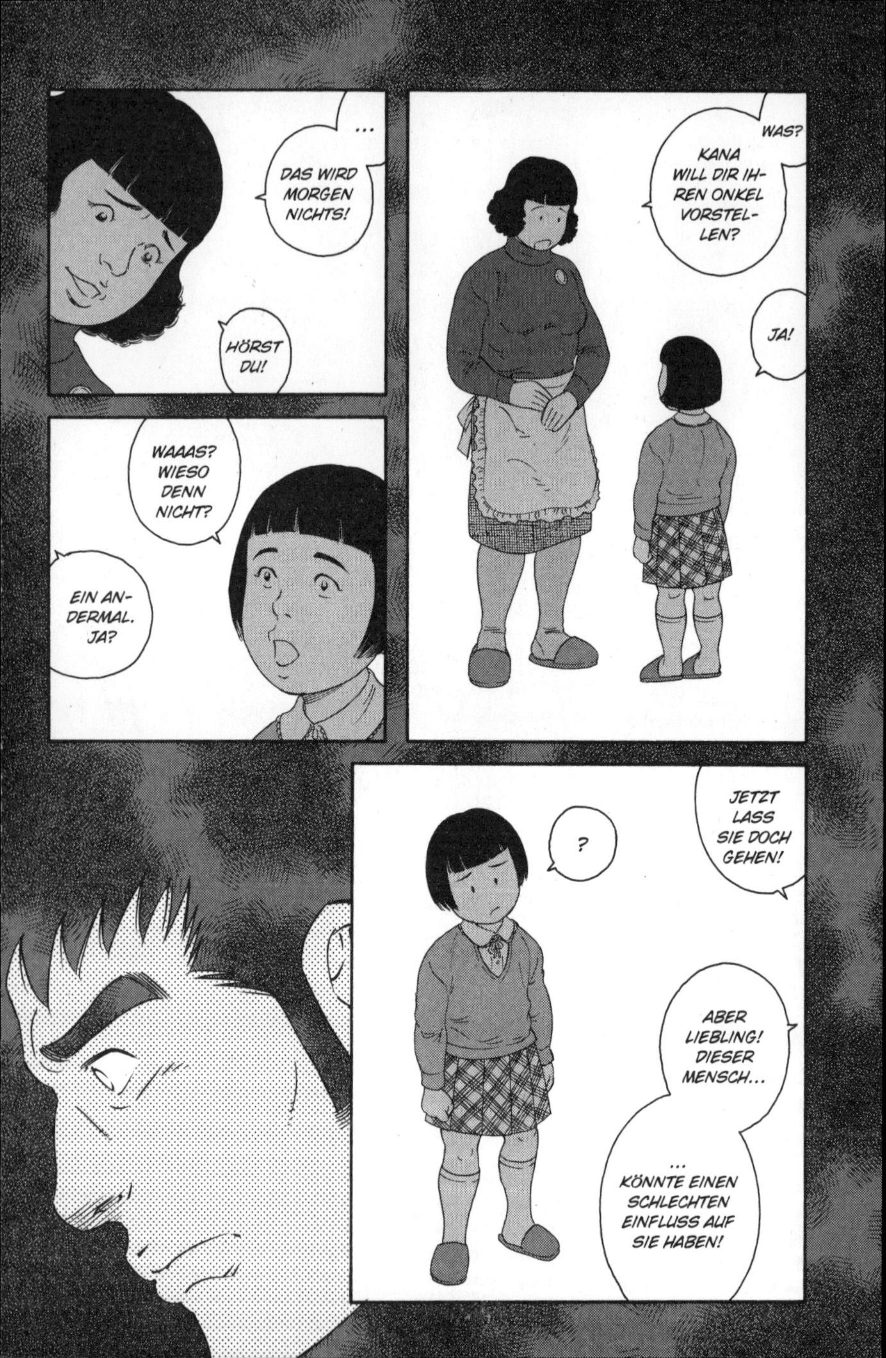
WAS?
KANA WILL DIR IHREN ONKEL VORSTELLEN?
JA!
...
DAS WIRD MORGEN NICHTS!
HÖRST DU!
WAAAS? WIESO DENN NICHT?
EIN ANDERMAL. JA?
JETZT LASS SIE DOCH GEHEN!
?
ABER LIEBLING! DIESER MENSCH...
... KÖNNTE EINEN SCHLECHTEN EINFLUSS AUF SIE HABEN!

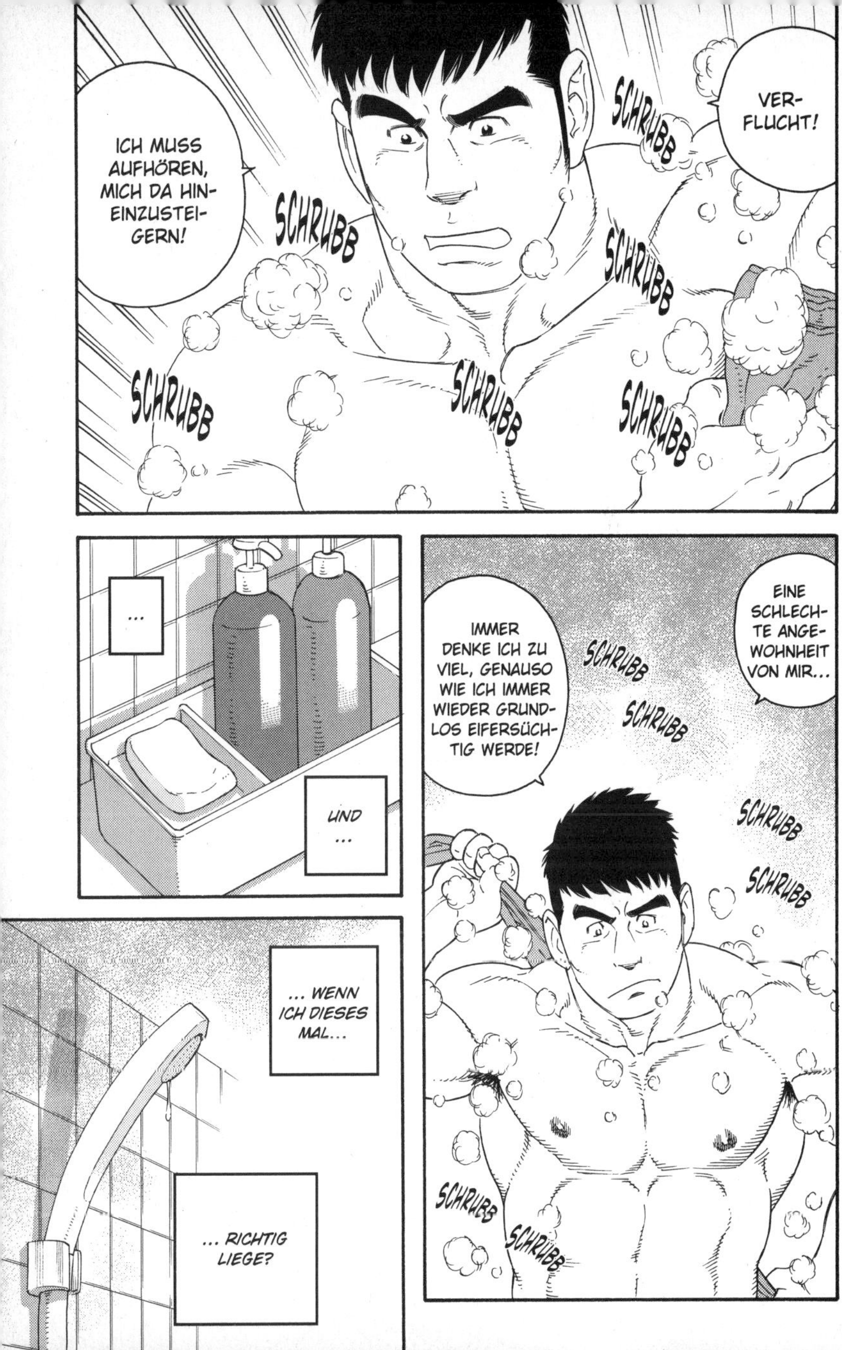
VER-FLUCHT!
SCHRUBB
ICH MUSS AUFHÖREN, MICH DA HINEINZUSTEIGERN!
SCHRUBB
SCHRUBB
SCHRUBB
SCHRUBB
SCHRUBB
EINE SCHLECHTE ANGEWOHNHEIT VON MIR...
IMMER DENKE ICH ZU VIEL, GENAUSO WIE ICH IMMER WIEDER GRUNDLOS EIFERSÜCHTIG WERDE!
SCHRUBB
SCHRUBB
SCHRUBB
SCHRUBB
SCHRUBB
SCHRUBB
...
UND ...
... WENN ICH DIESES MAL...
... RICHTIG LIEGE?

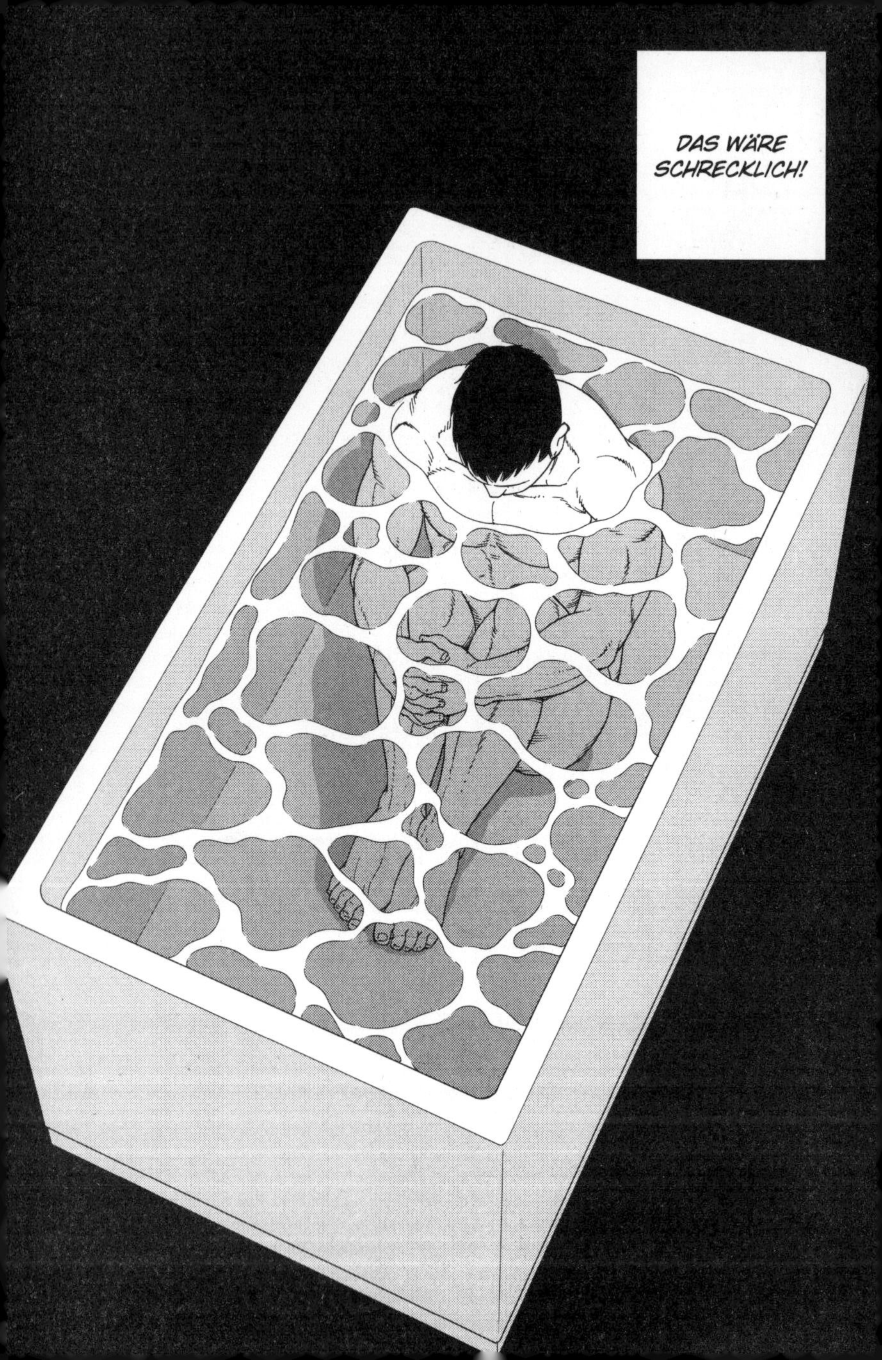
DAS WÄRE SCHRECKLICH!

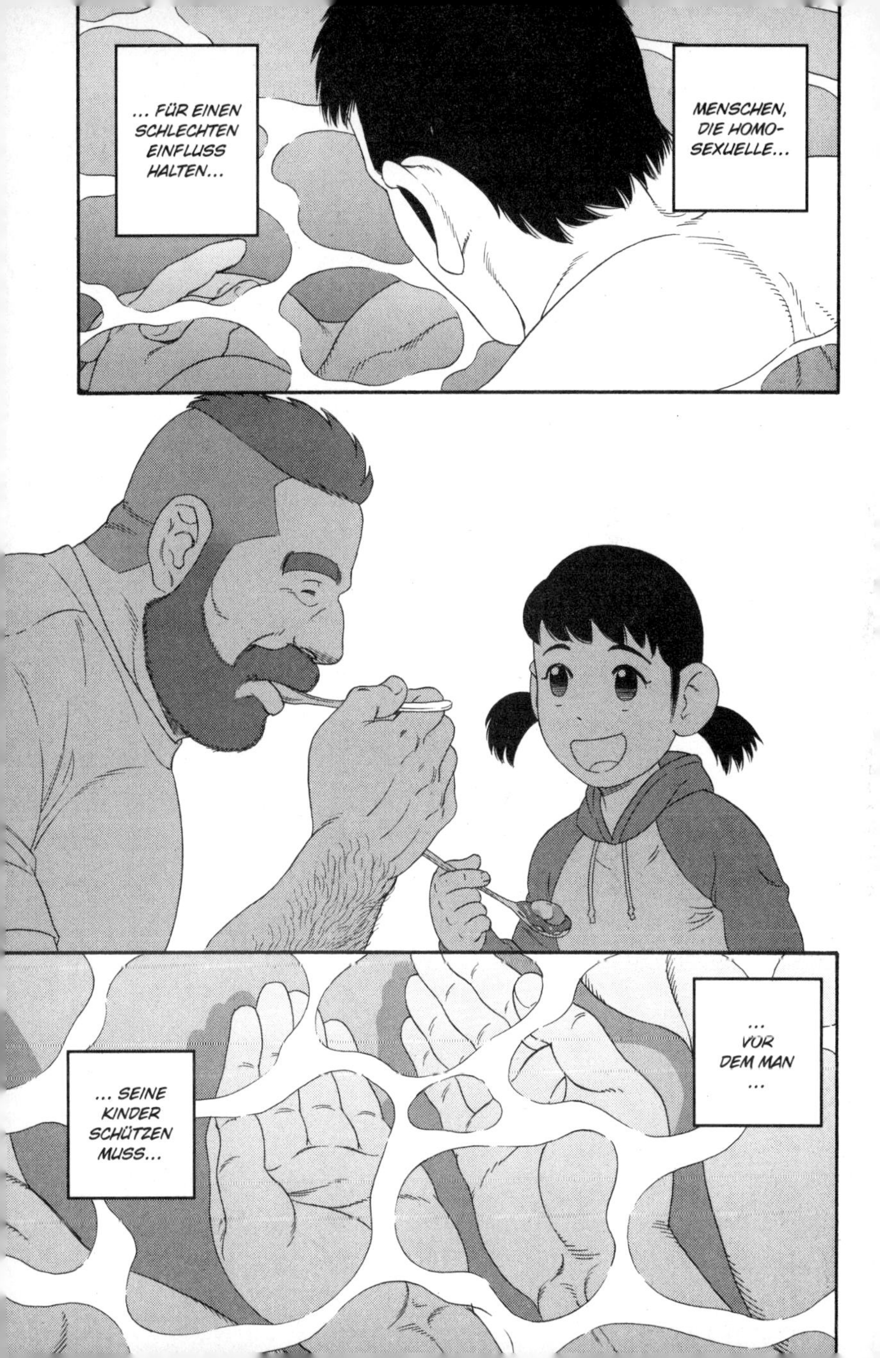
MENSCHEN, DIE HOMO-SEXUELLE…
… FÜR EINEN SCHLECHTEN EINFLUSS HALTEN…
… VOR DEM MAN …
… SEINE KINDER SCHÜTZEN MUSS…

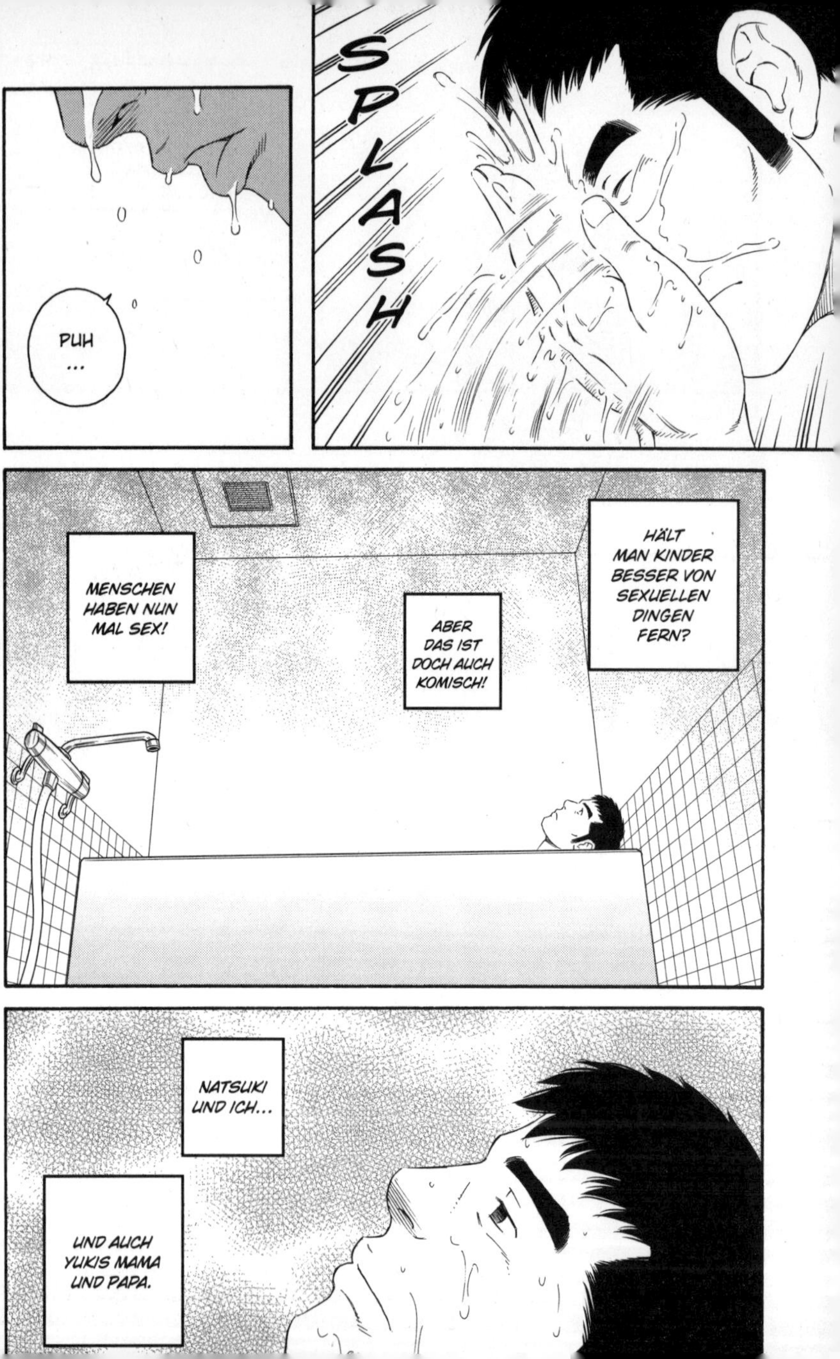
SPLASH
PUH ...
HÄLT MAN KINDER BESSER VON SEXUELLEN DINGEN FERN?
ABER DAS IST DOCH AUCH KOMISCH!
MENSCHEN HABEN NUN MAL SEX!
NATSUKI UND ICH...
UND AUCH YUKIS MAMA UND PAPA.

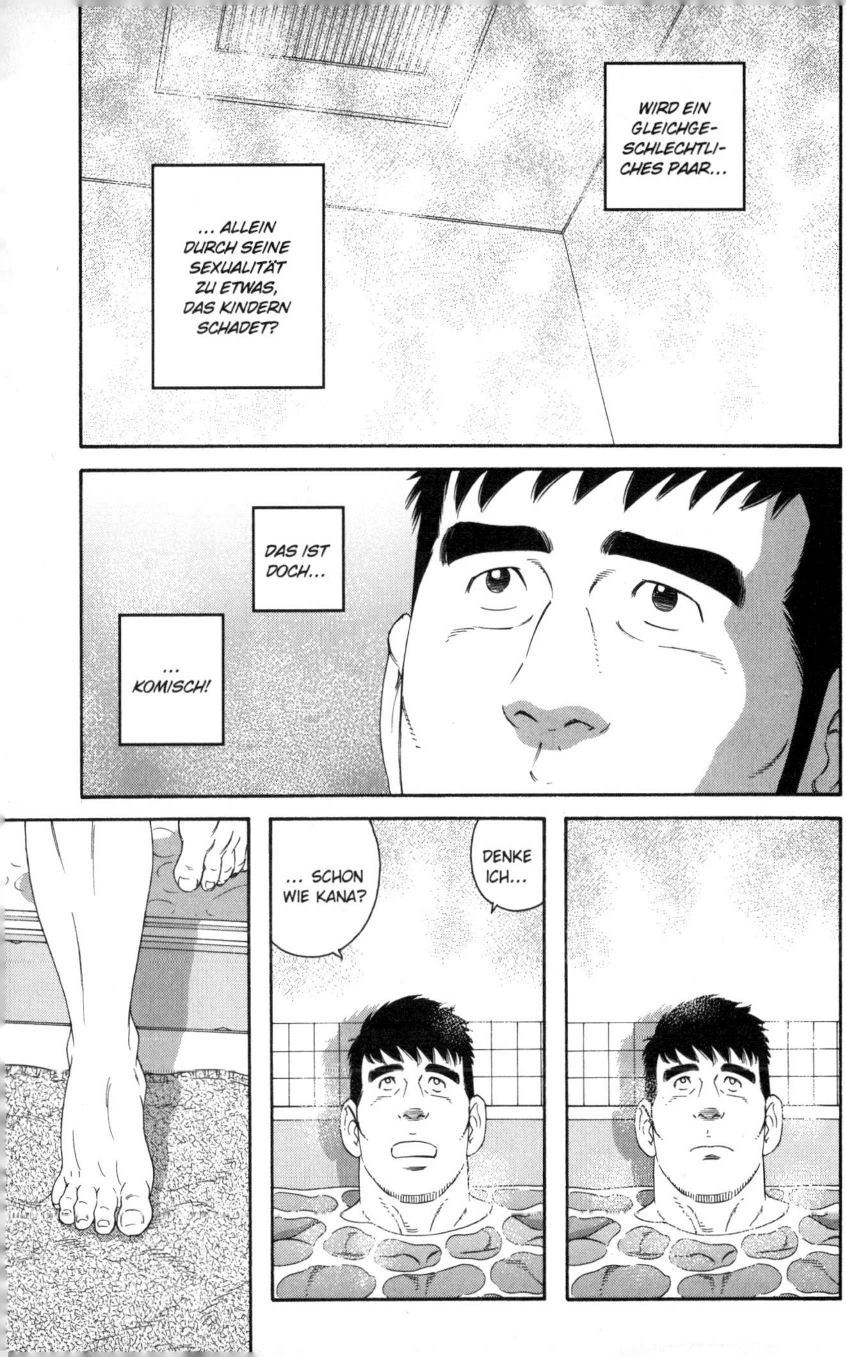
WIRD EIN GLEICHGE-SCHLECHTLICHES PAAR…
… ALLEIN DURCH SEINE SEXUALITÄT ZU ETWAS, DAS KINDERN SCHADET?
DAS IST DOCH…
… KOMISCH!
DENKE ICH…
… SCHON WIE KANA?

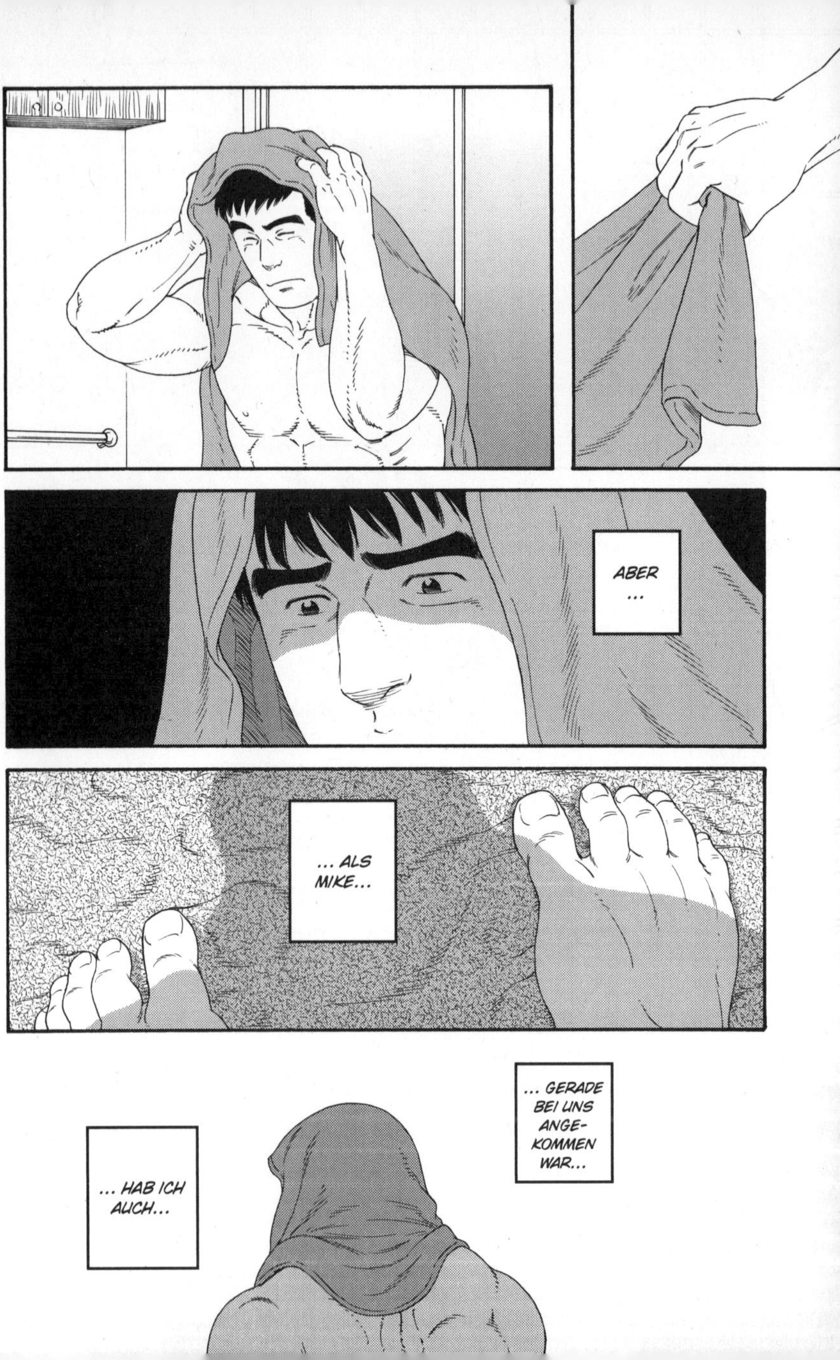
ABER ...
... ALS MIKE...
... GERADE BEI UNS ANGE- KOMMEN WAR...
... HAB ICH AUCH...

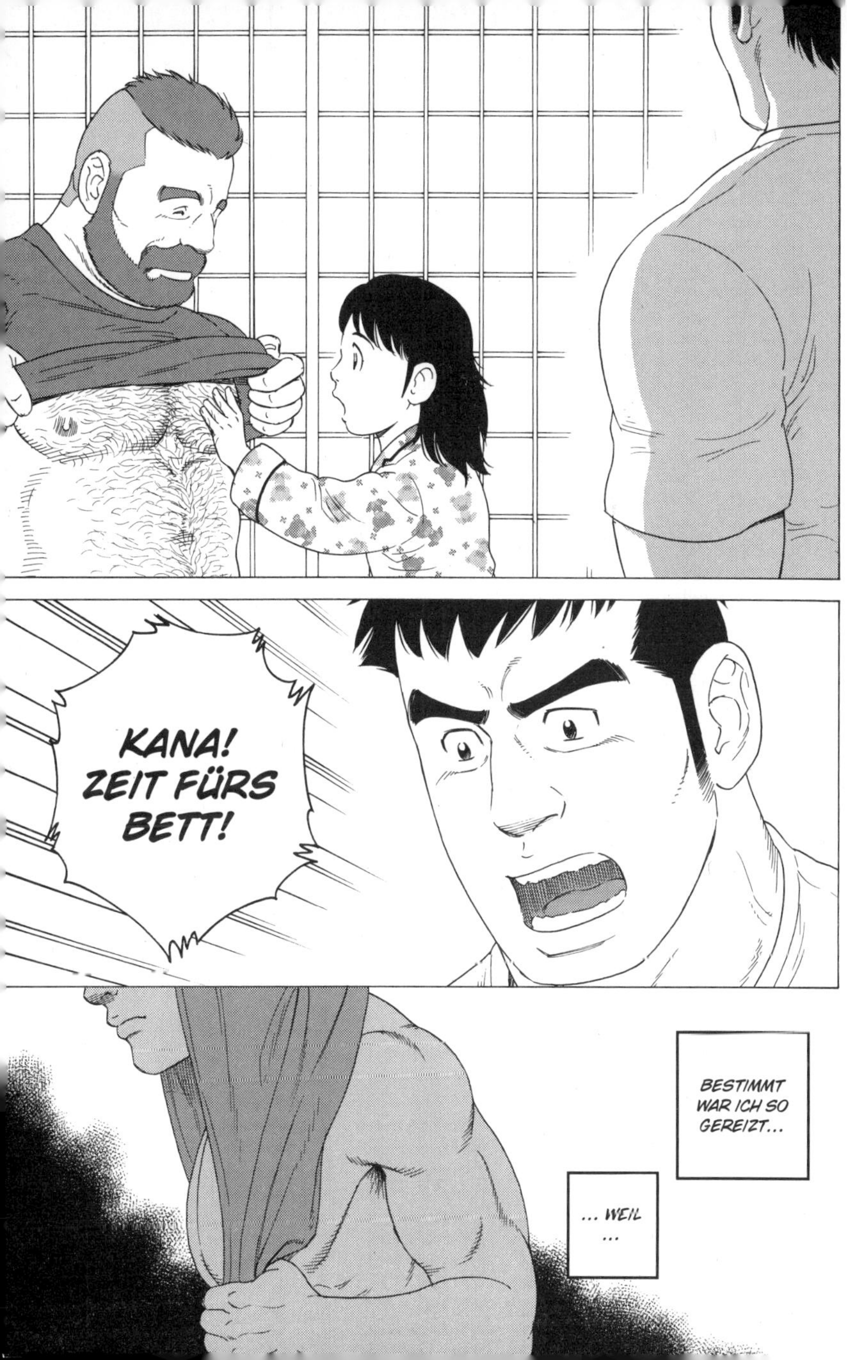
KANA! ZEIT FÜRS BETT!
BESTIMMT WAR ICH SO GEREIZT...
... WEIL ...

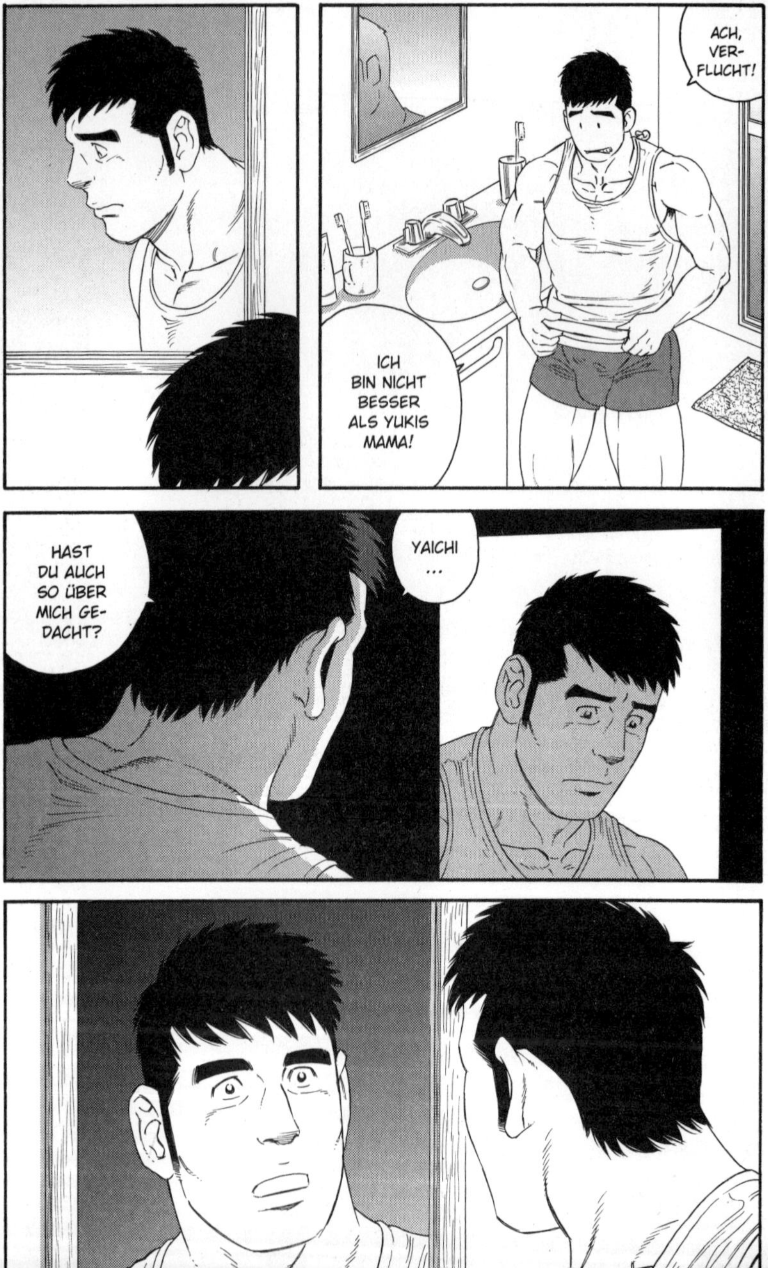
ACH, VERFLUCHT!
ICH BIN NICHT BESSER ALS YUKIS MAMA!
YAICHI ...
HAST DU AUCH SO ÜBER MICH GEDACHT?

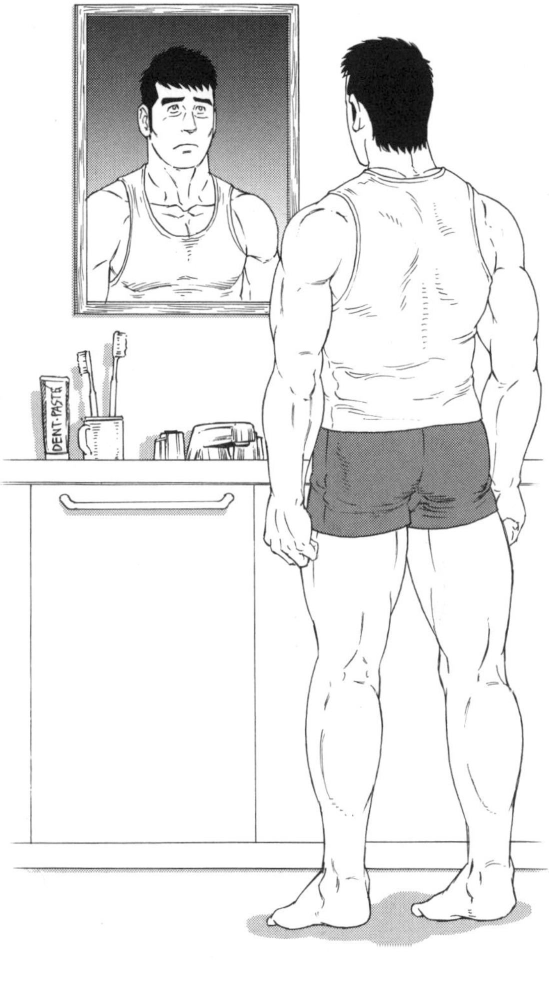
DENT-PASTE

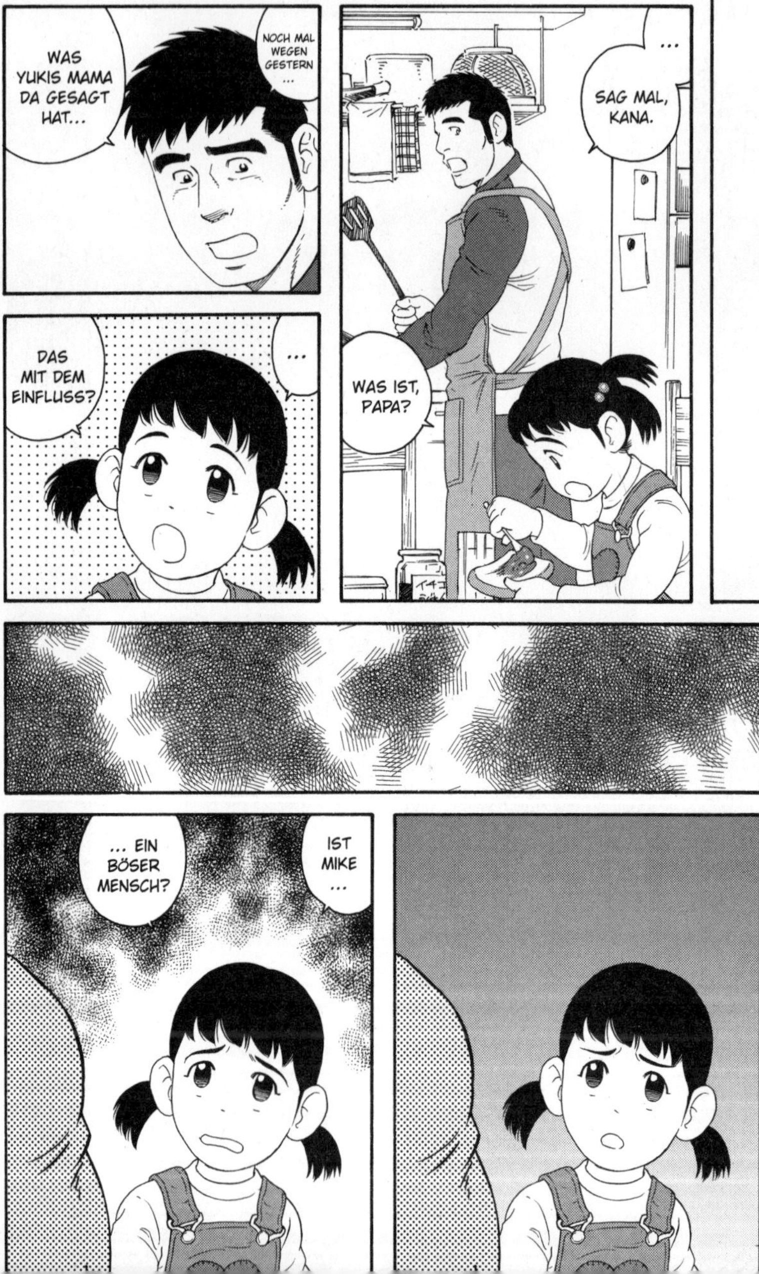
...
SAG MAL, KANA.
WAS IST, PAPA?
NOCH MAL WEGEN GESTERN ...
WAS YUKIS MAMA DA GESAGT HAT...
...
DAS MIT DEM EINFLUSS?
IST MIKE ...
... EIN BÖSER MENSCH?

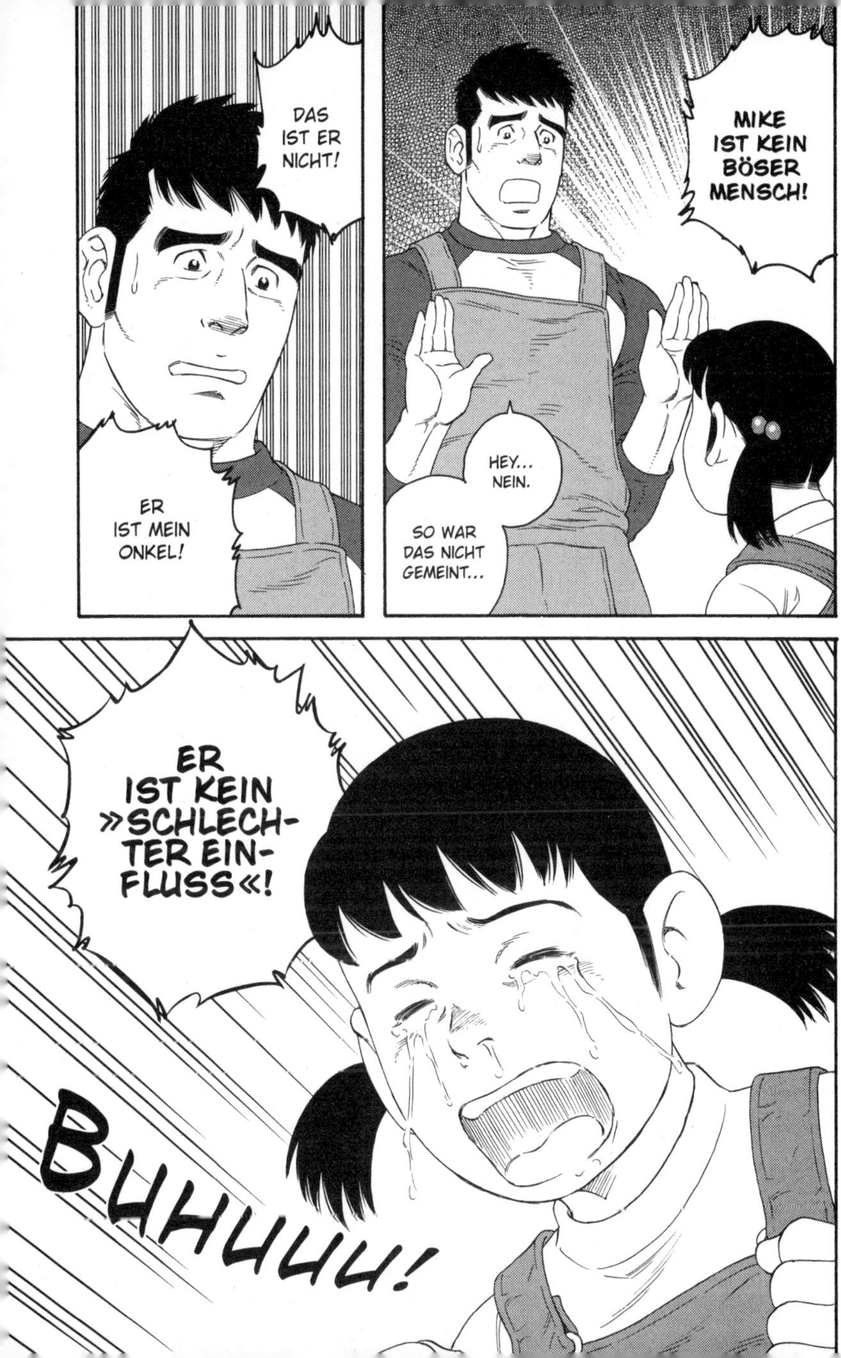
MIKE IST KEIN BÖSER MENSCH!
HEY... NEIN.
SO WAR DAS NICHT GEMEINT...
DAS IST ER NICHT!
ER IST MEIN ONKEL!
ER IST KEIN »SCHLECHTER EINFLUSS«!
BUHUUUU!

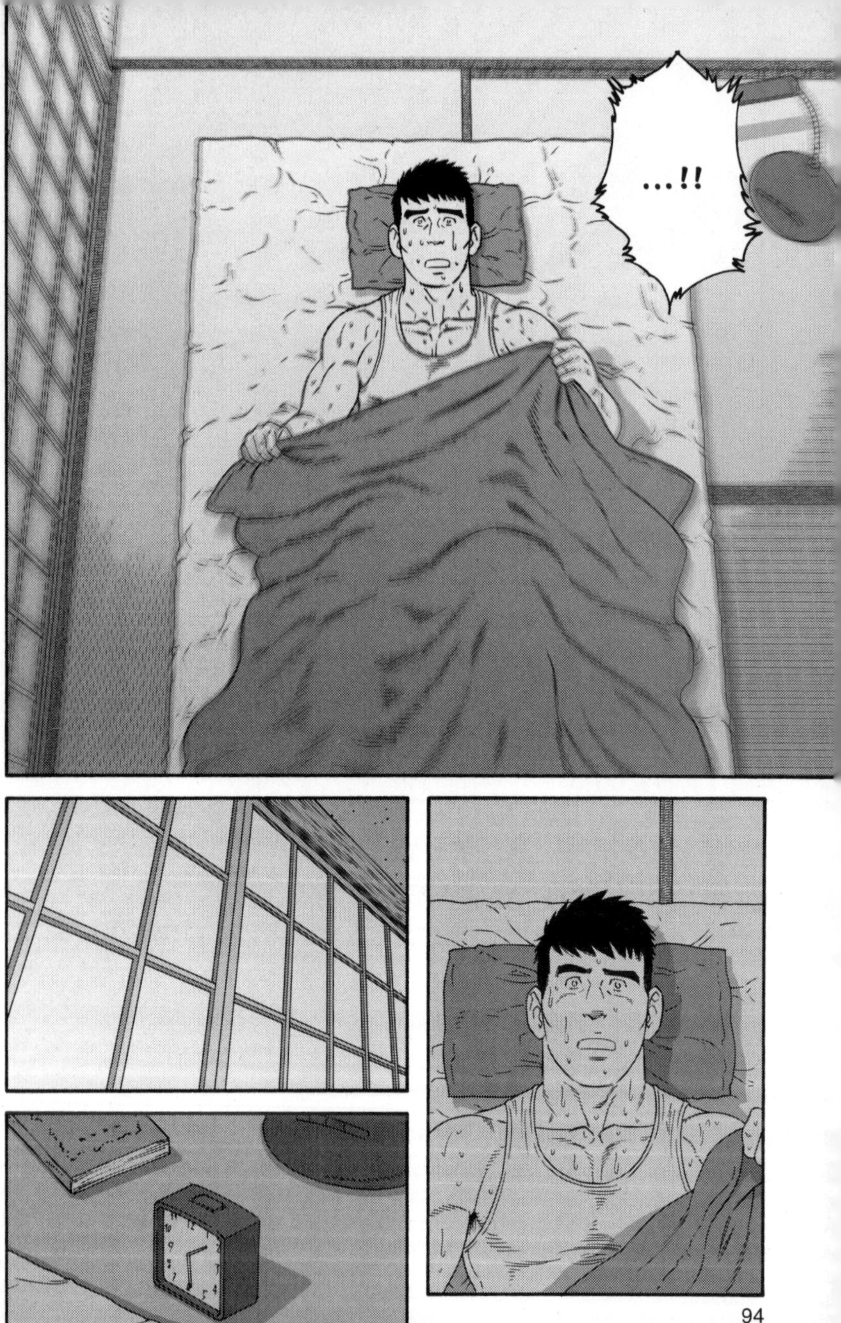

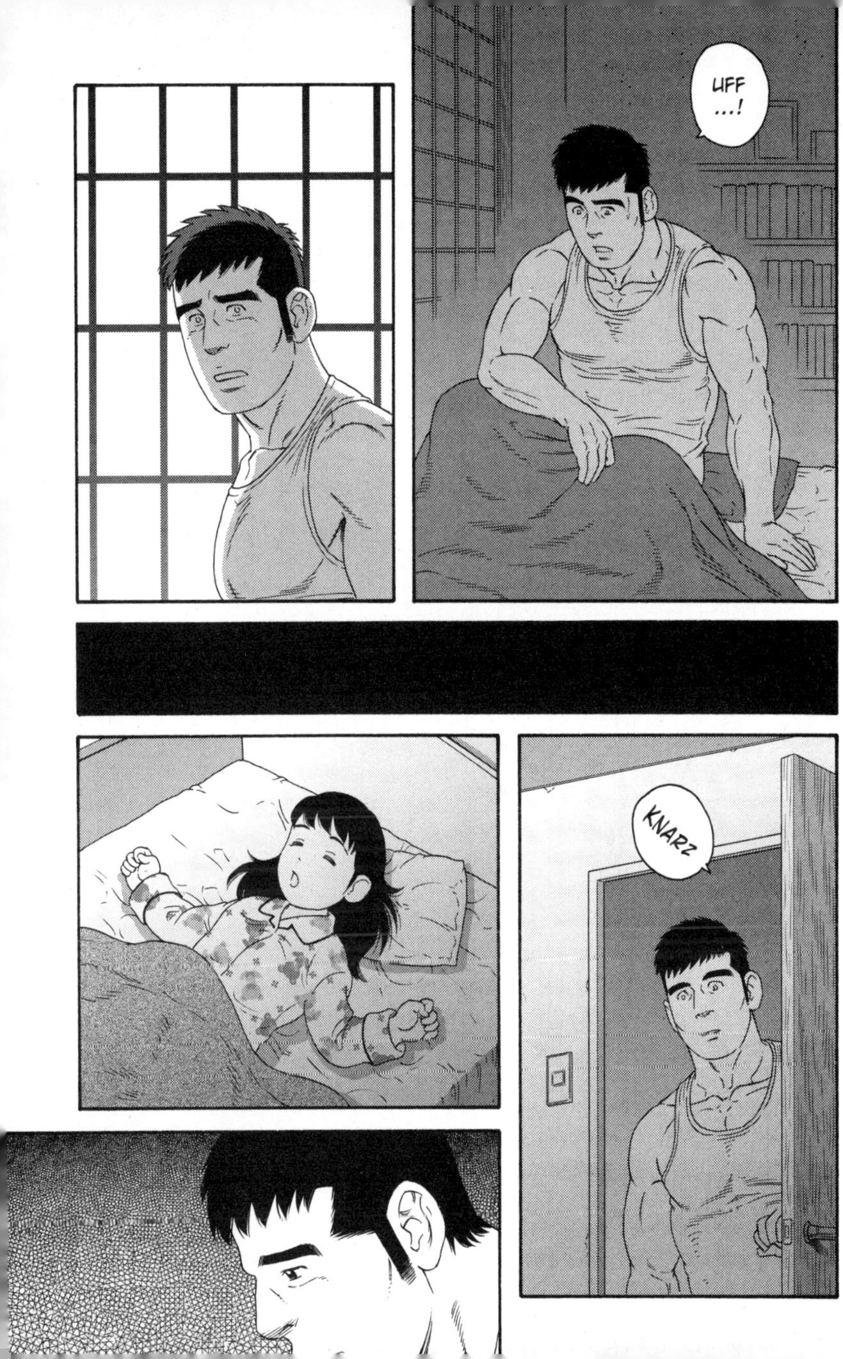
UFF ...!
KNARZ

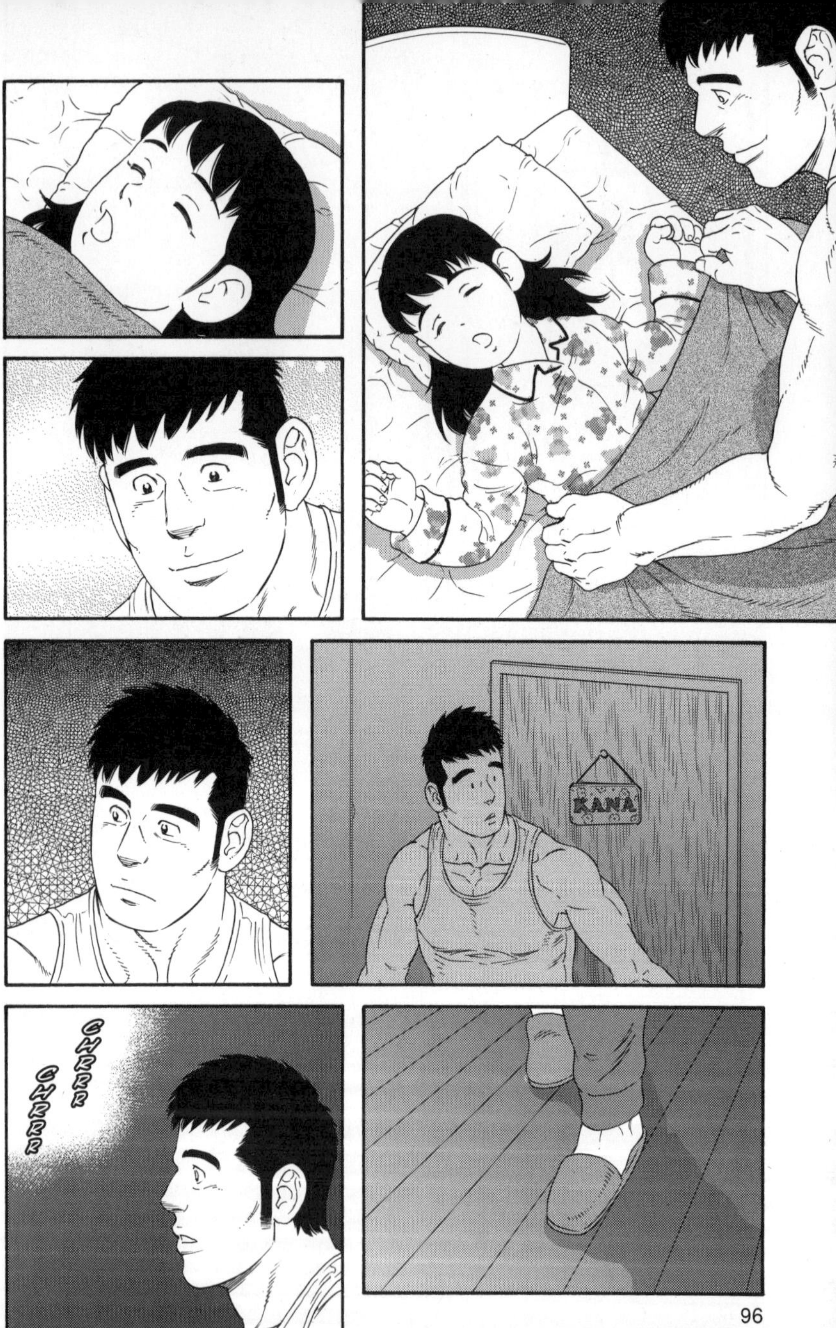
KANA
CHRRR
CHRRR

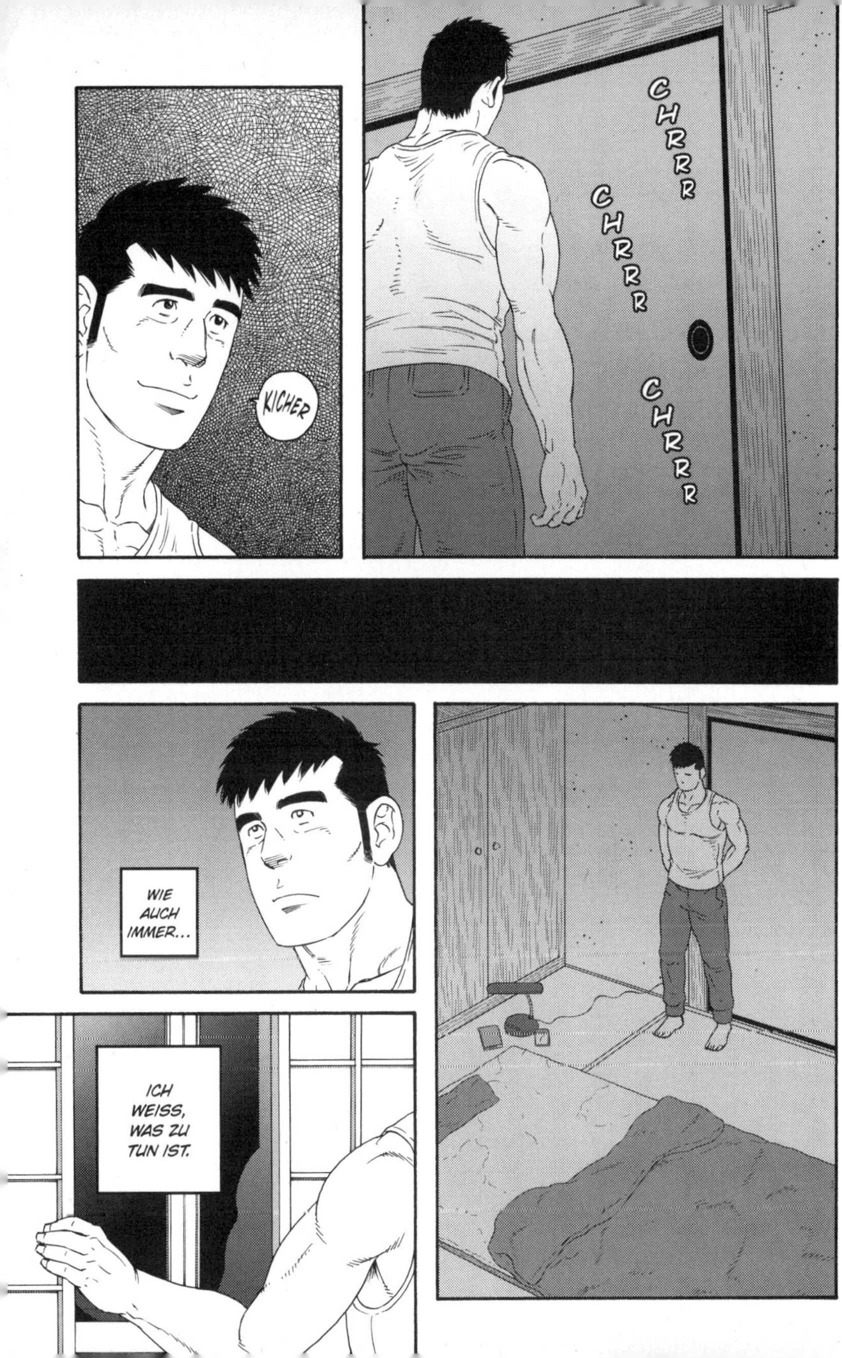
CHRRR
CHRRR
CHRRR
KICHER
WIE AUCH IMMER...
ICH WEISS, WAS ZU TUN IST.

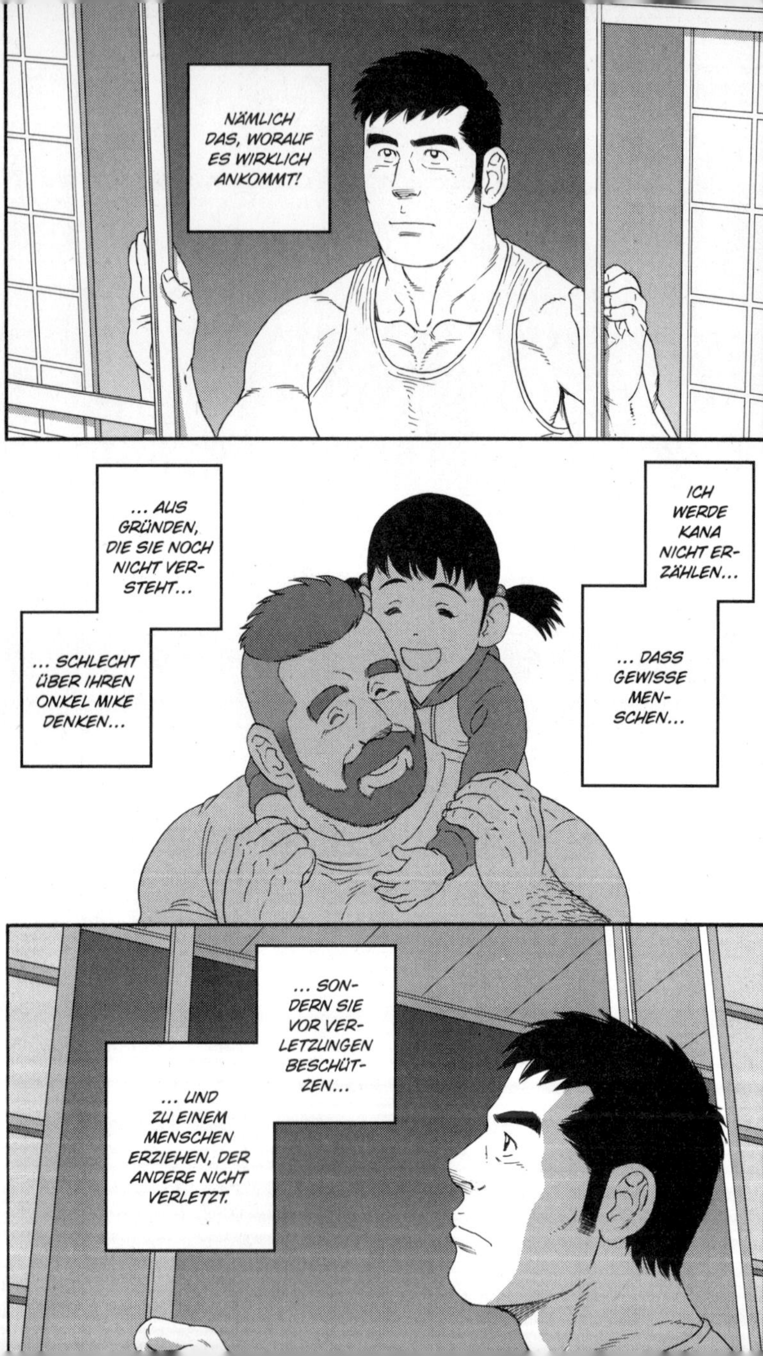
NÄMLICH DAS, WORAUF ES WIRKLICH ANKOMMT!
... AUS GRÜNDEN, DIE SIE NOCH NICHT VERSTEHT...
... SCHLECHT ÜBER IHREN ONKEL MIKE DENKEN...
ICH WERDE KANA NICHT ERZÄHLEN...
... DASS GEWISSE MENSCHEN...
... SONDERN SIE VOR VERLETZUNGEN BESCHÜTZEN...
... UND ZU EINEM MENSCHEN ERZIEHEN, DER ANDERE NICHT VERLETZT.

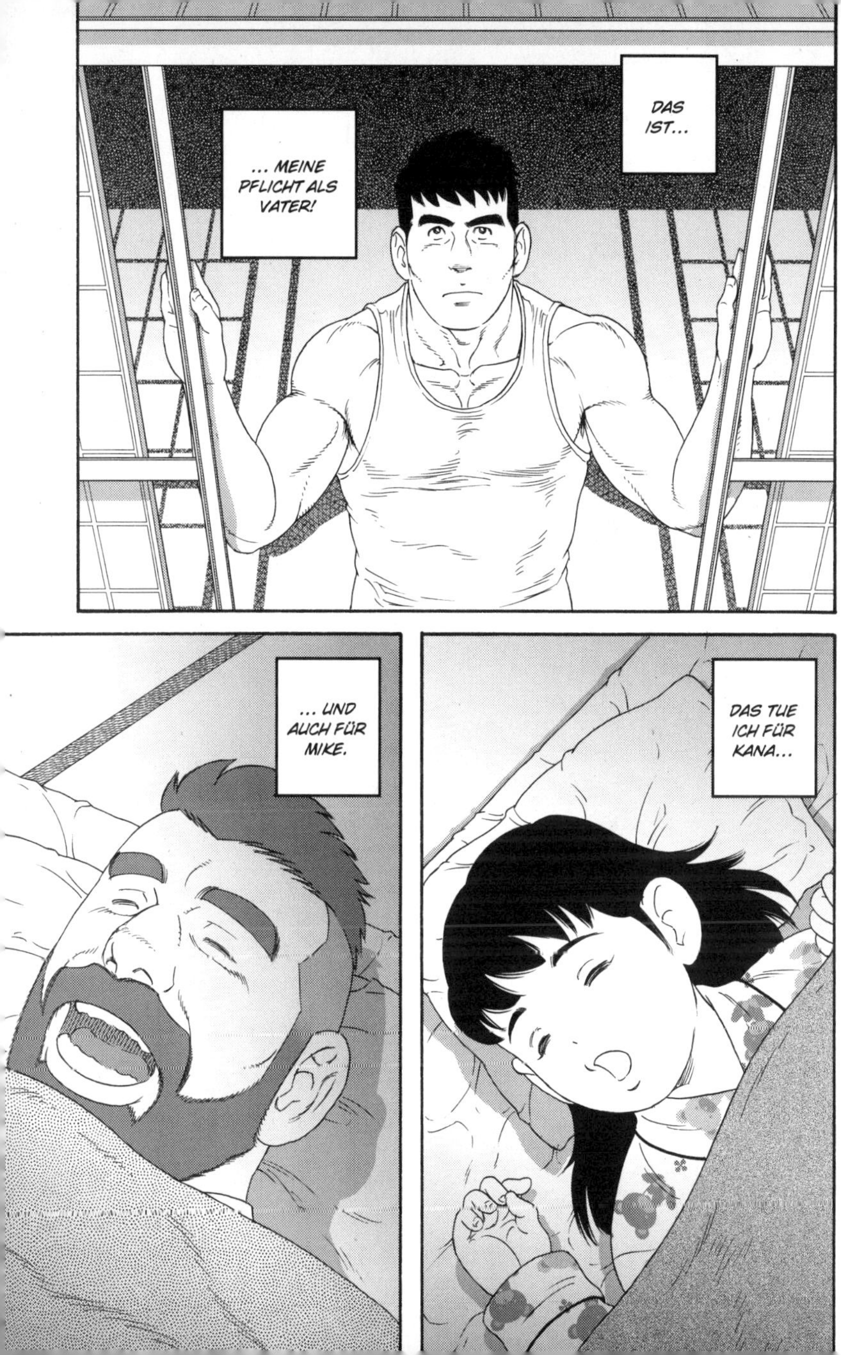
DAS IST…
… MEINE PFLICHT ALS VATER!
DAS TUE ICH FÜR KANA…
… UND AUCH FÜR MIKE.

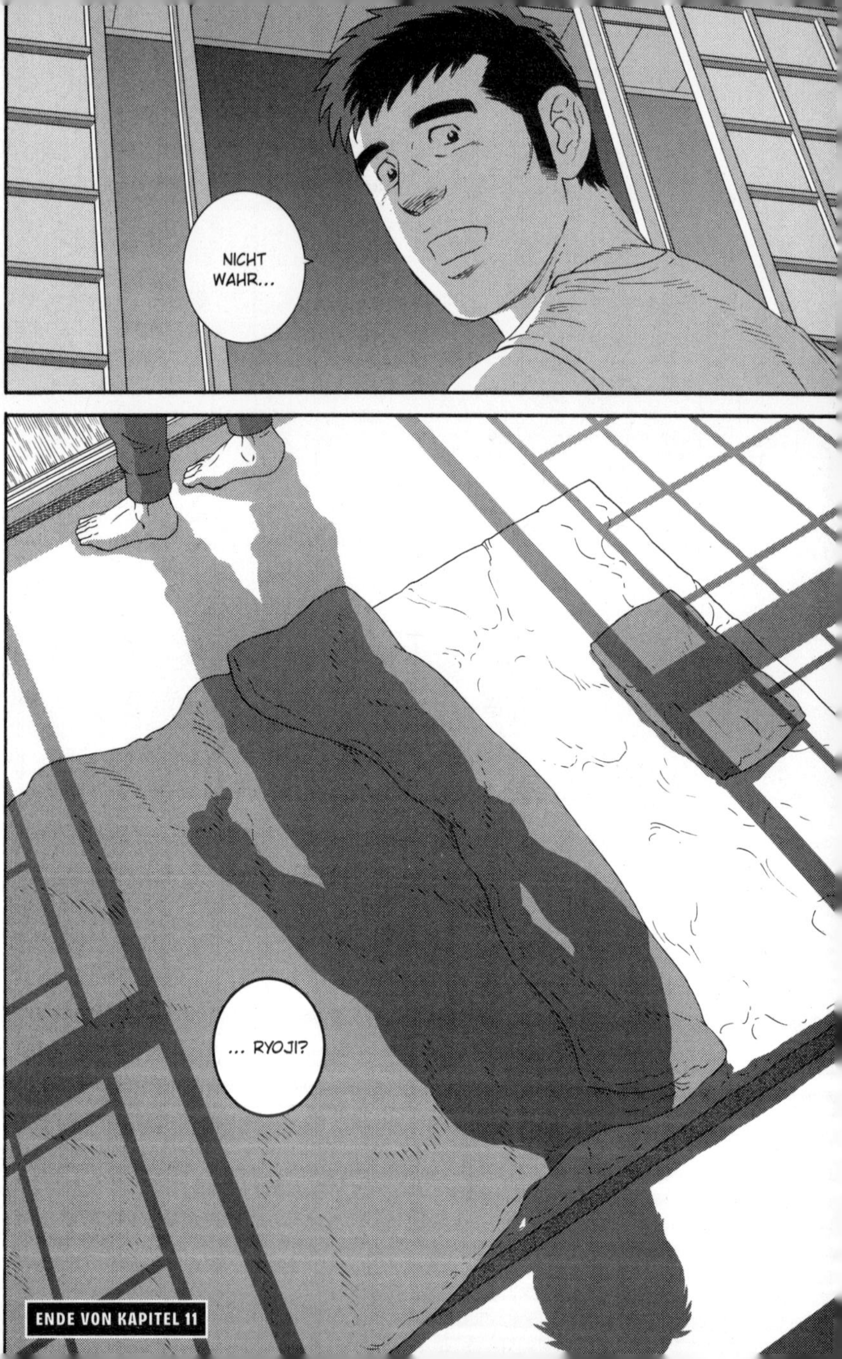
NICHT WAHR...
... RYOJI?
ENDE VON KAPITEL 11

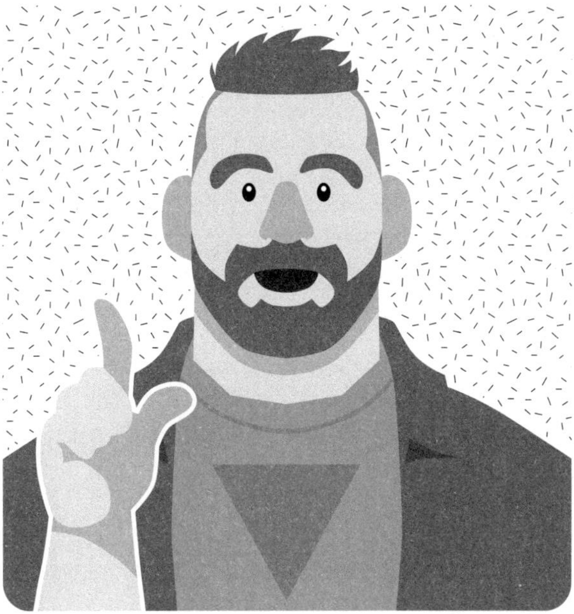

Mike's Gay Culture – Kurs 4

Weitere Pride Flags

Im letzten Kurs ging es um die Regenbogenfahne, die ein Symbol der LGBT-Pride-Bewegung und ihrer Vielfalt ist. Tatsächlich gibt es innerhalb der LGBT Community aber auch noch andere Flaggen.

Zum Beispiel die International Bear Pride Flag. Sie ist das Symbol der Bear Community, in der sich Menschen mit Bart und starker Körperbehaarung (also Menschen wie ich!) oder Menschen mit einer Vorliebe für solche versammeln.

Die Flagge besteht aus Querstreifen in Dunkelbraun, Braun, Goldgelb, Hellbraun, Weiss, Grau und Schwarz und dem schwarzen Abdruck einer Bärentatze oben links. Die Streifen stehen für die Farben der Bären in aller Welt.

Die Leather Pride Flag ist das Symbol der Community mit einer Vorliebe für *leather* (Leder), *rubber* (Gummi) oder BDSM. Sie besteht aus acht sich abwechselnden Querstreifen in Schwarz und Königsblau mit einem weissen Streifen in der Mitte und einem roten Herz oben links.

Die Transgender Pride Flag ist das Symbol der Transgender Community. Zwischen vier Querstreifen in Hellblau und Pink befindet sich auch hier wieder ein weisser Streifen. Der weisse Streifen in der Mitte steht für die Menschen, die sich geschlechtsneutral oder ohne Geschlecht oder zwischen den Geschlechtern sehen.

Alle, die diese Fahnen tragen, wollen ihre Identität selbstbewusst zum Ausdruck bringen und deshalb zieren sie auch andere ihrer Alltagsgegenstände damit, z. B. T-Shirts, Tassen und vieles mehr.

Kapitel

12 Fitnessstudio

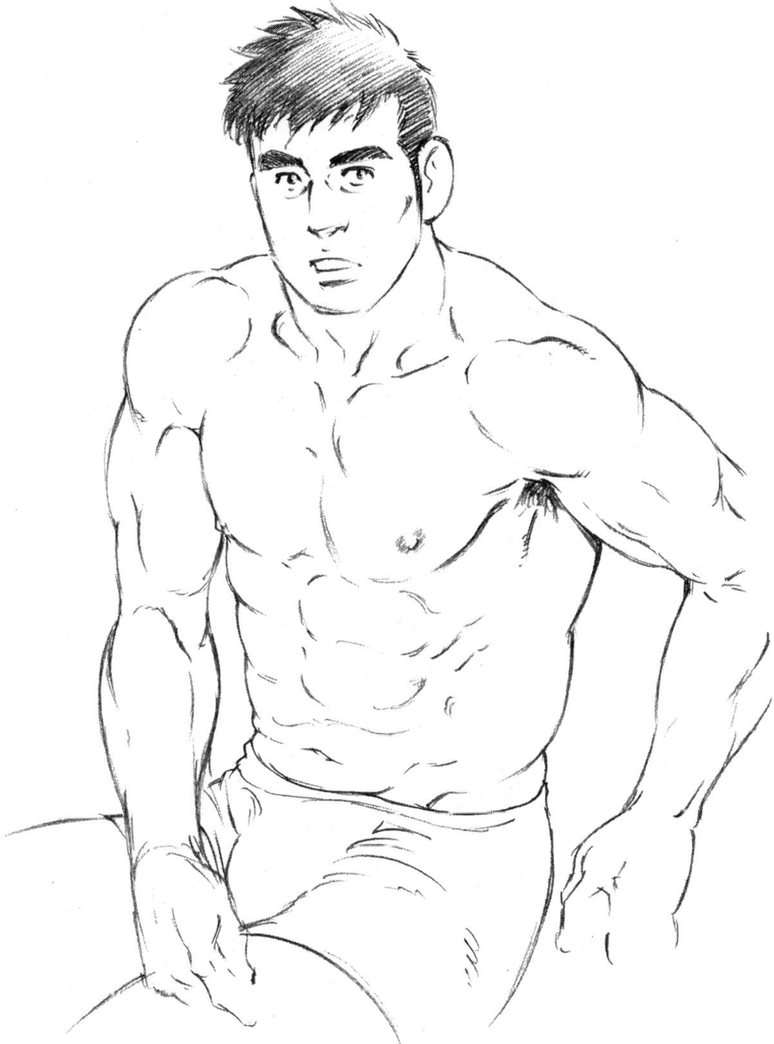

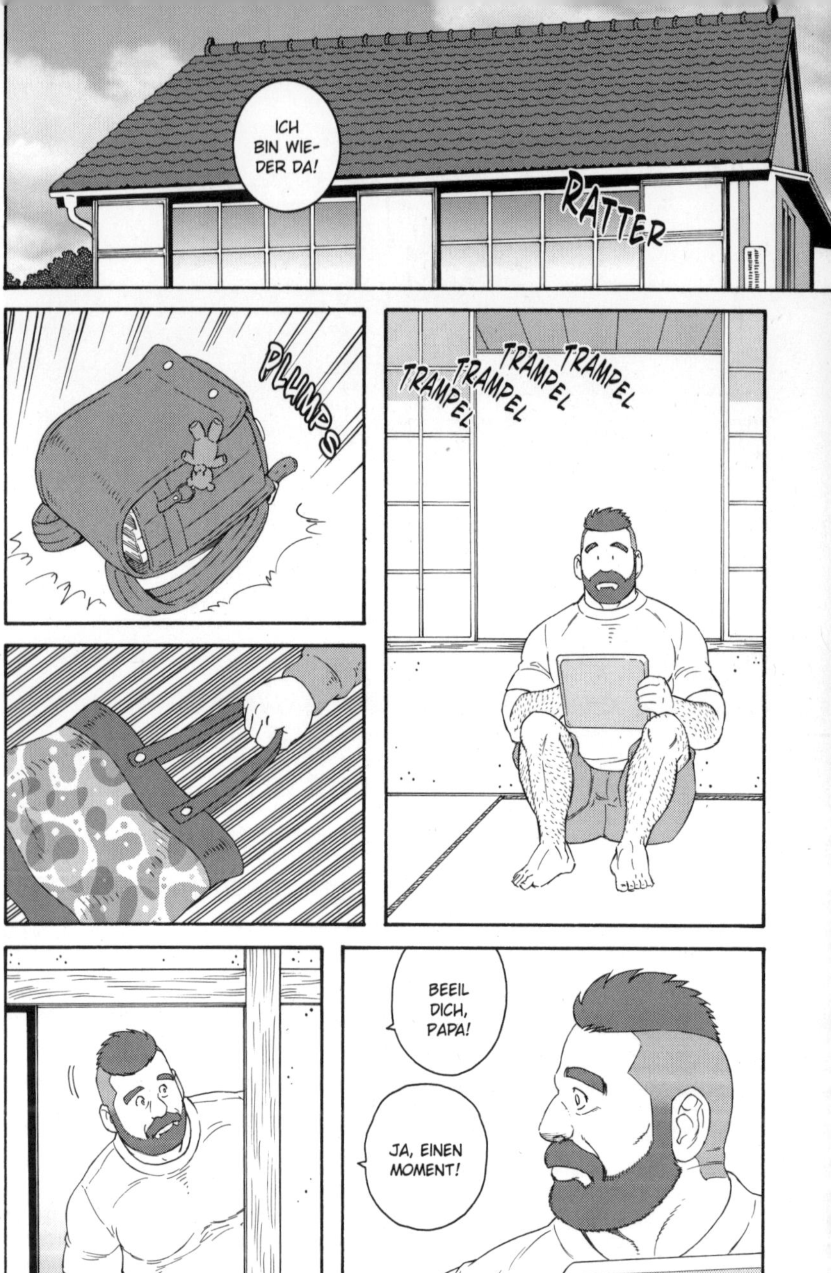
ICH BIN WIEDER DA!
RATTER
PLUMPS
TRAMPEL TRAMPEL TRAMPEL
BEEIL DICH, PAPA!
JA, EINEN MOMENT!

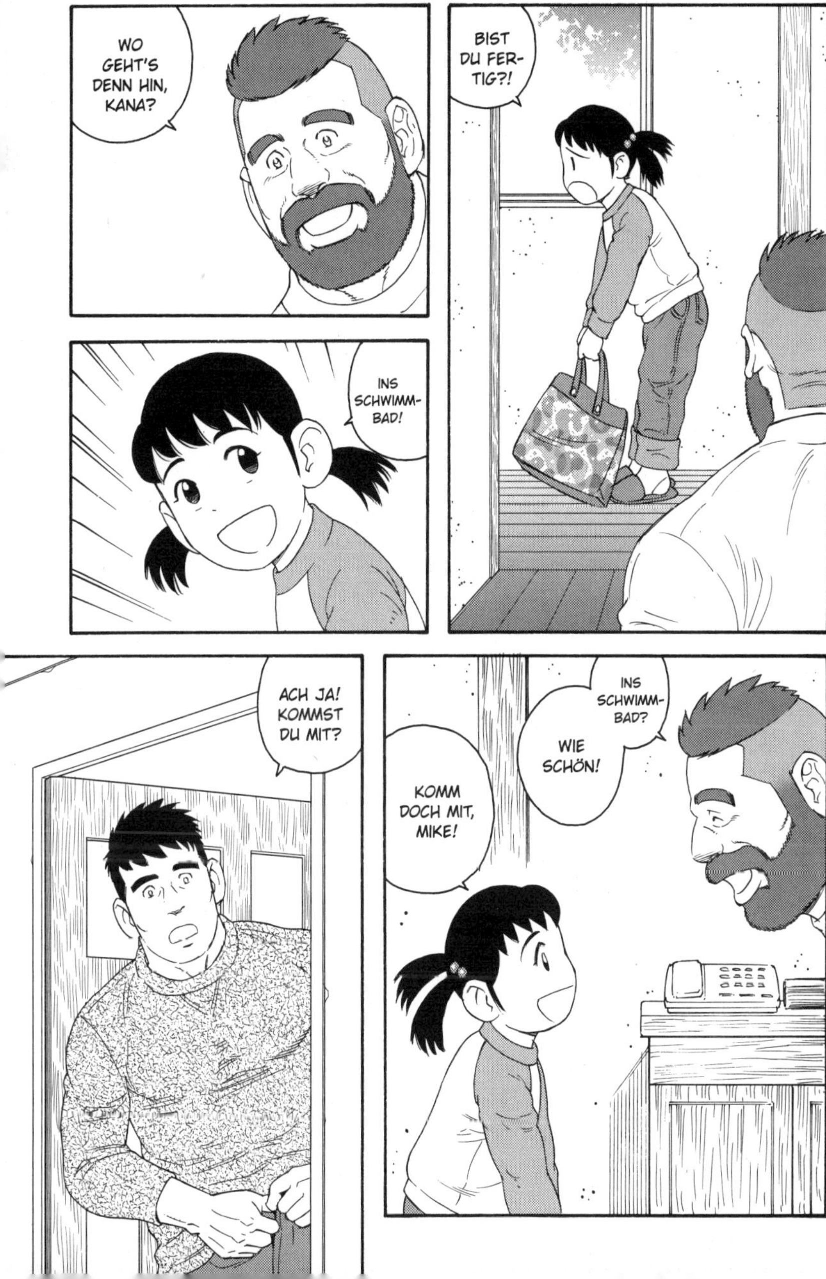
BIST DU FER-TIG?!
WO GEHT'S DENN HIN, KANA?
INS SCHWIMM-BAD!
INS SCHWIMM-BAD?
WIE SCHÖN!
KOMM DOCH MIT, MIKE!
ACH JA! KOMMST DU MIT?

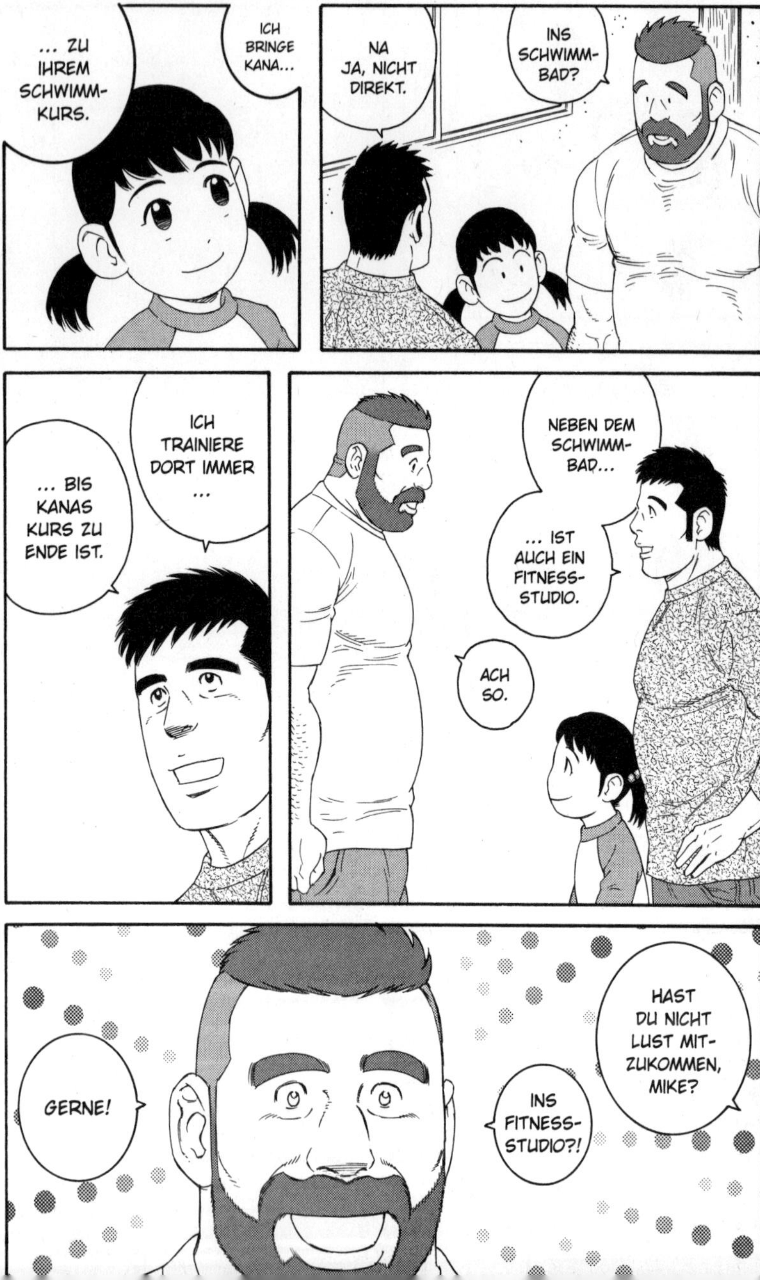

INS SCHWIMM-BAD?
NA JA, NICHT DIREKT.
ICH BRINGE KANA...
... ZU IHREM SCHWIMM-KURS.
NEBEN DEM SCHWIMM-BAD...
... IST AUCH EIN FITNESS-STUDIO.
ACH SO.
ICH TRAINIERE DORT IMMER ...
... BIS KANAS KURS ZU ENDE IST.
HAST DU NICHT LUST MIT-ZUKOMMEN, MIKE?
INS FITNESS-STUDIO?!
GERNE!

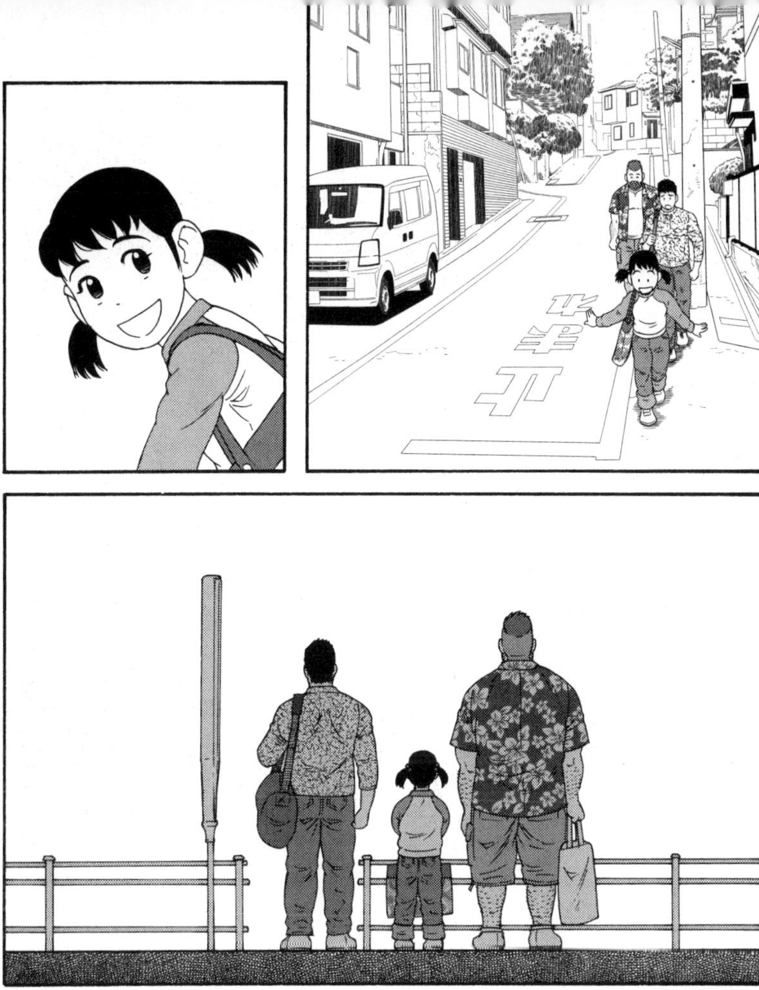

* Sportcenter

** Sensui Block 1

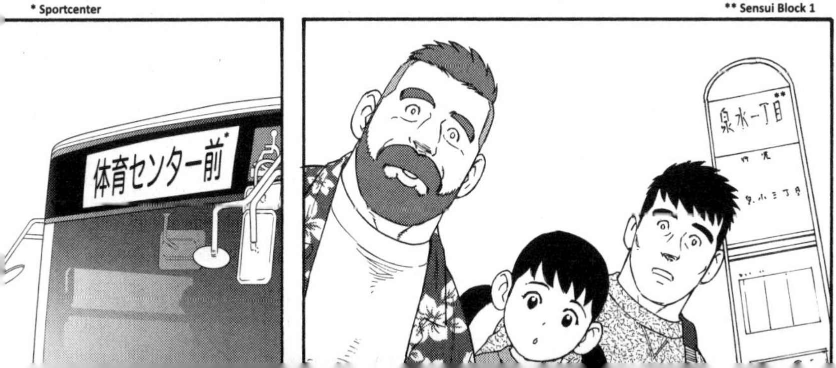

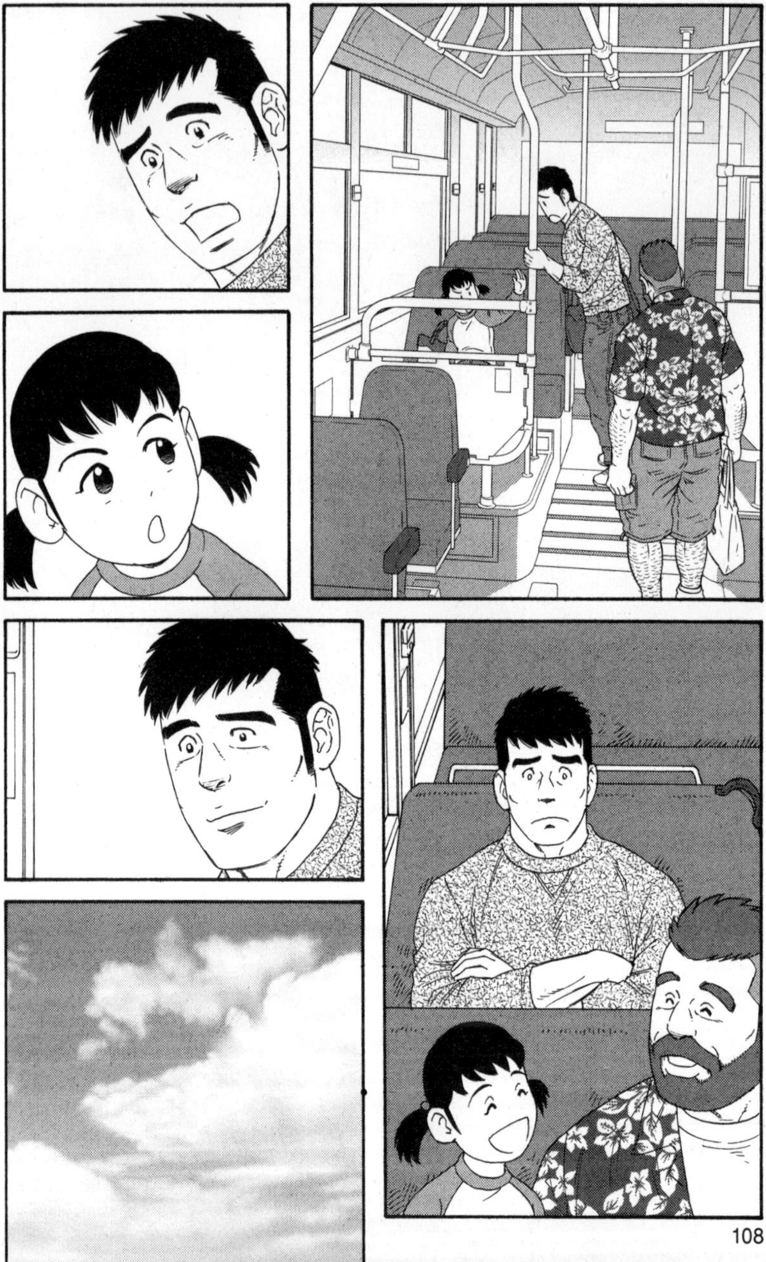

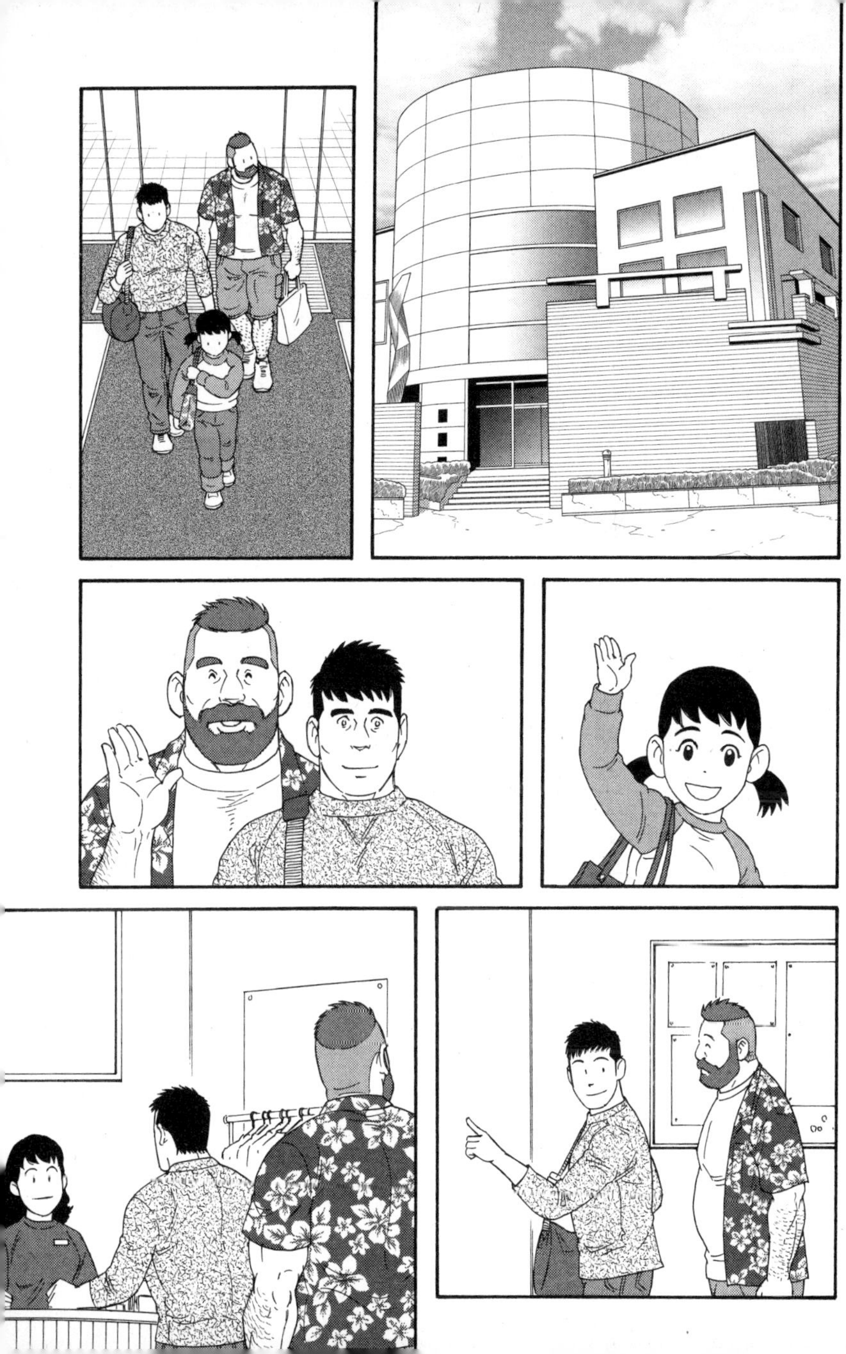

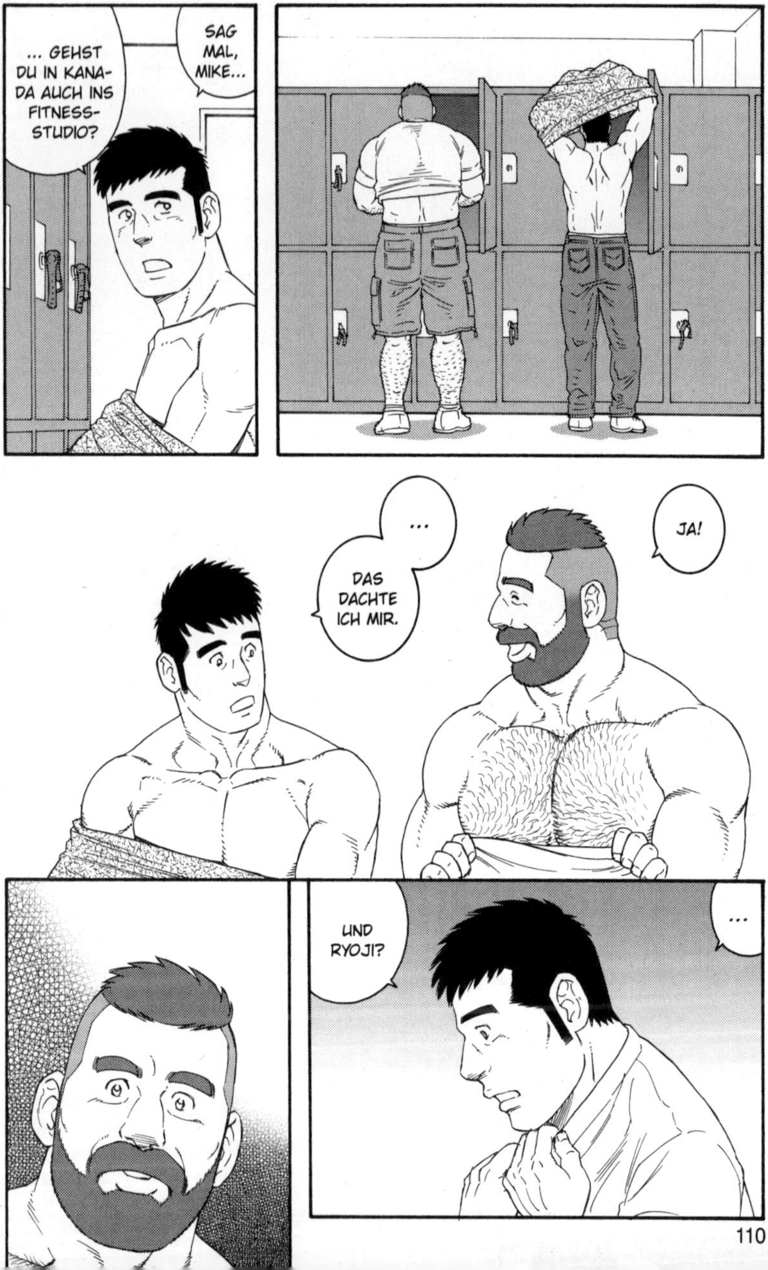
SAG MAL, MIKE...
... GEHST DU IN KANADA AUCH INS FITNESS-STUDIO?
JA!
...
DAS DACHTE ICH MIR.
...
UND RYOJI?

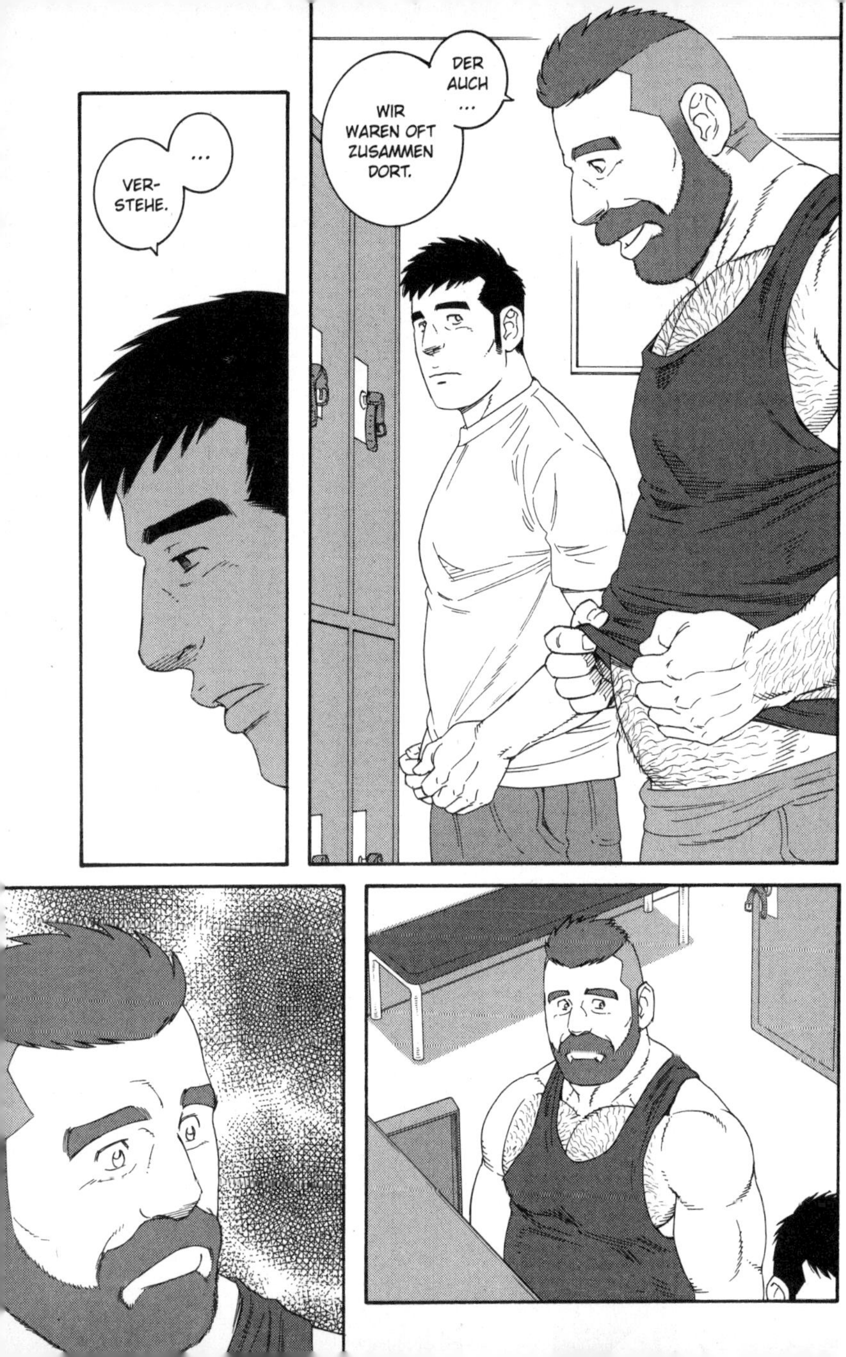
DER AUCH ...
WIR WAREN OFT ZUSAMMEN DORT.
... VER-STEHE.

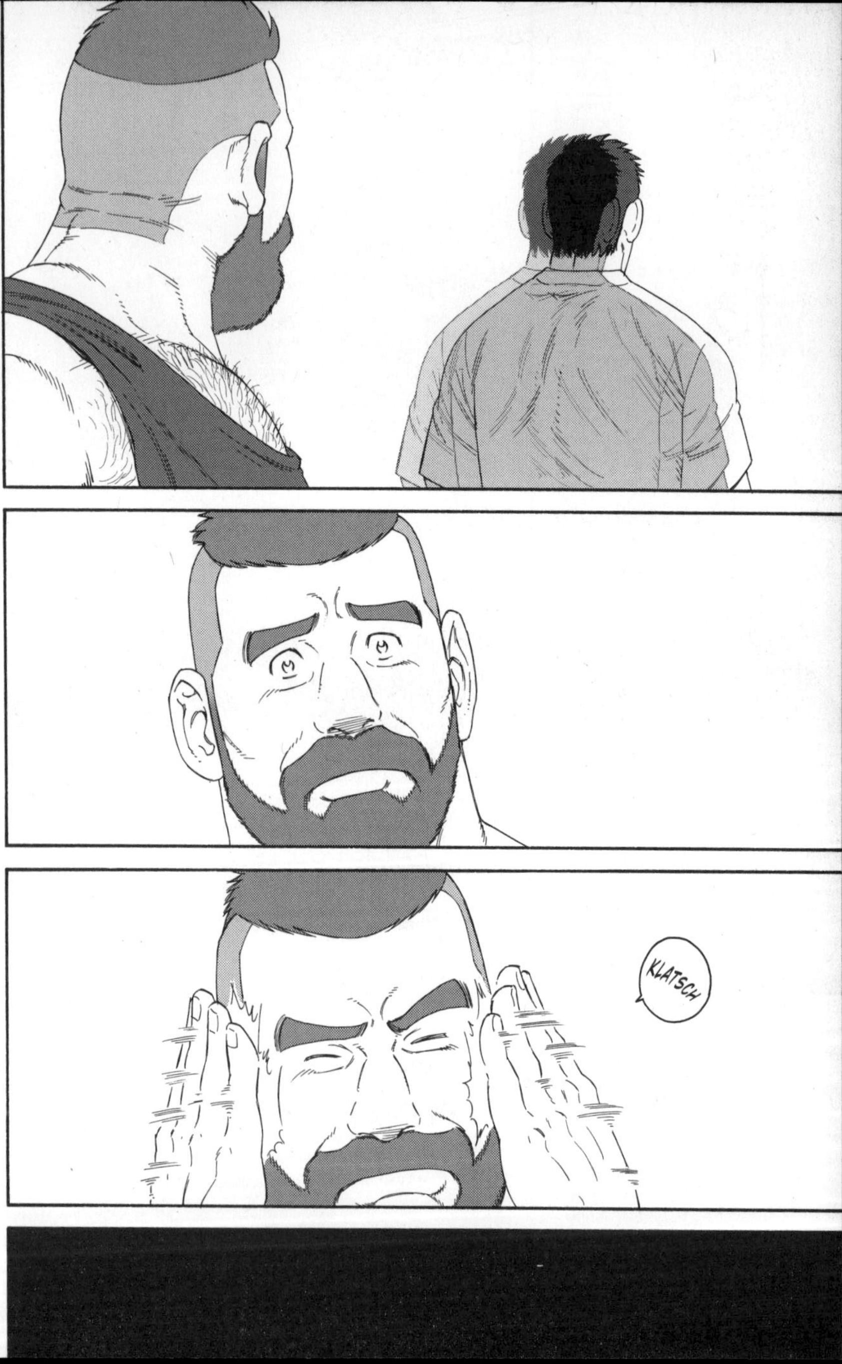
KLATSCH

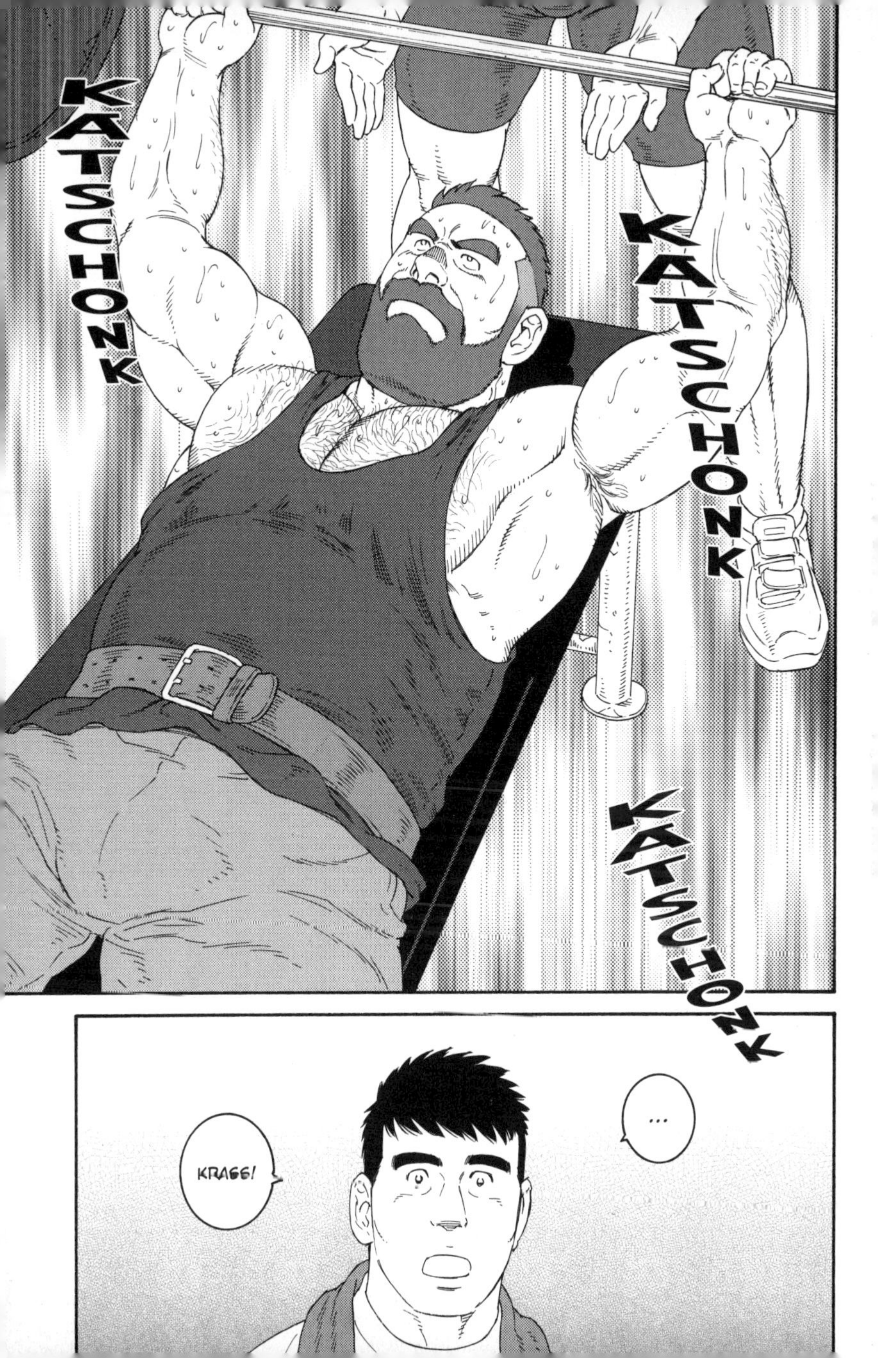
KATSCHONK
KATSCHONK
KATSCHONK
...
KRAGG!

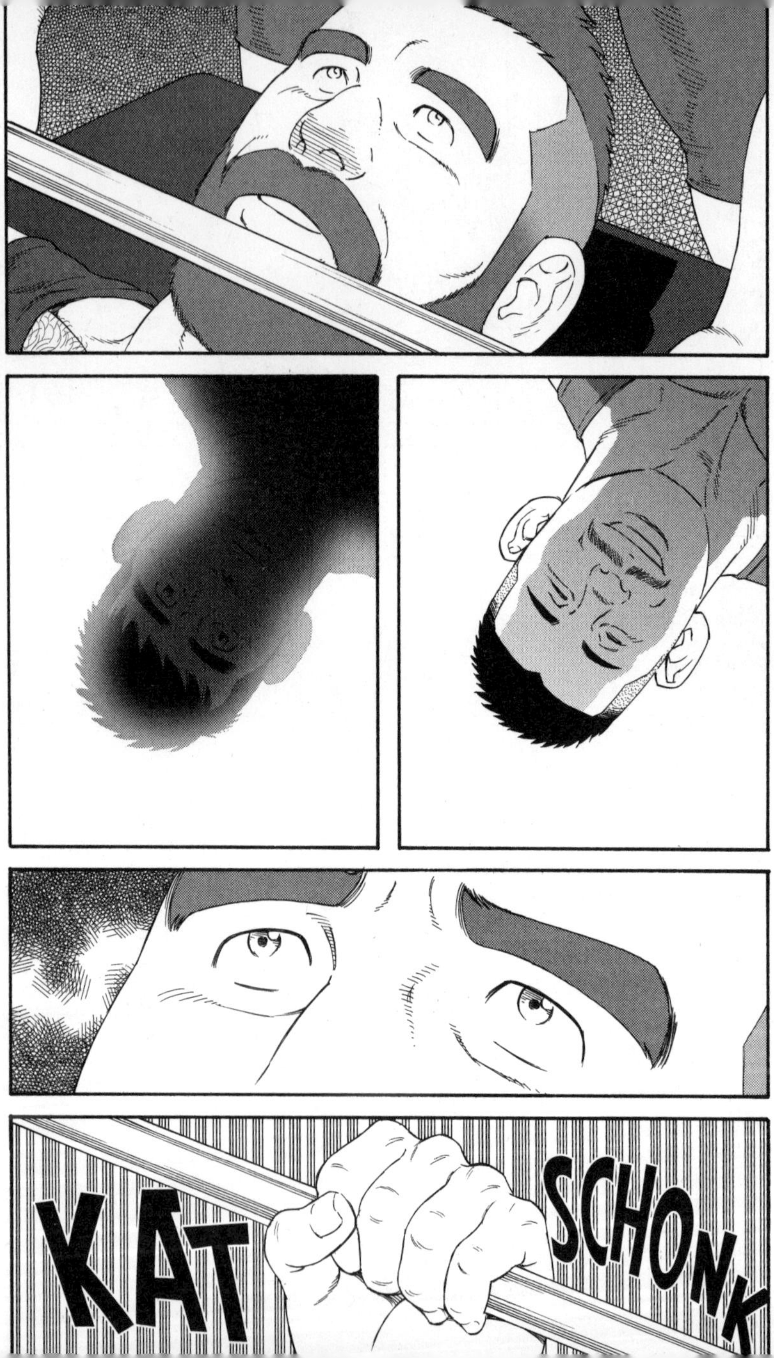
KAT
SCHONK

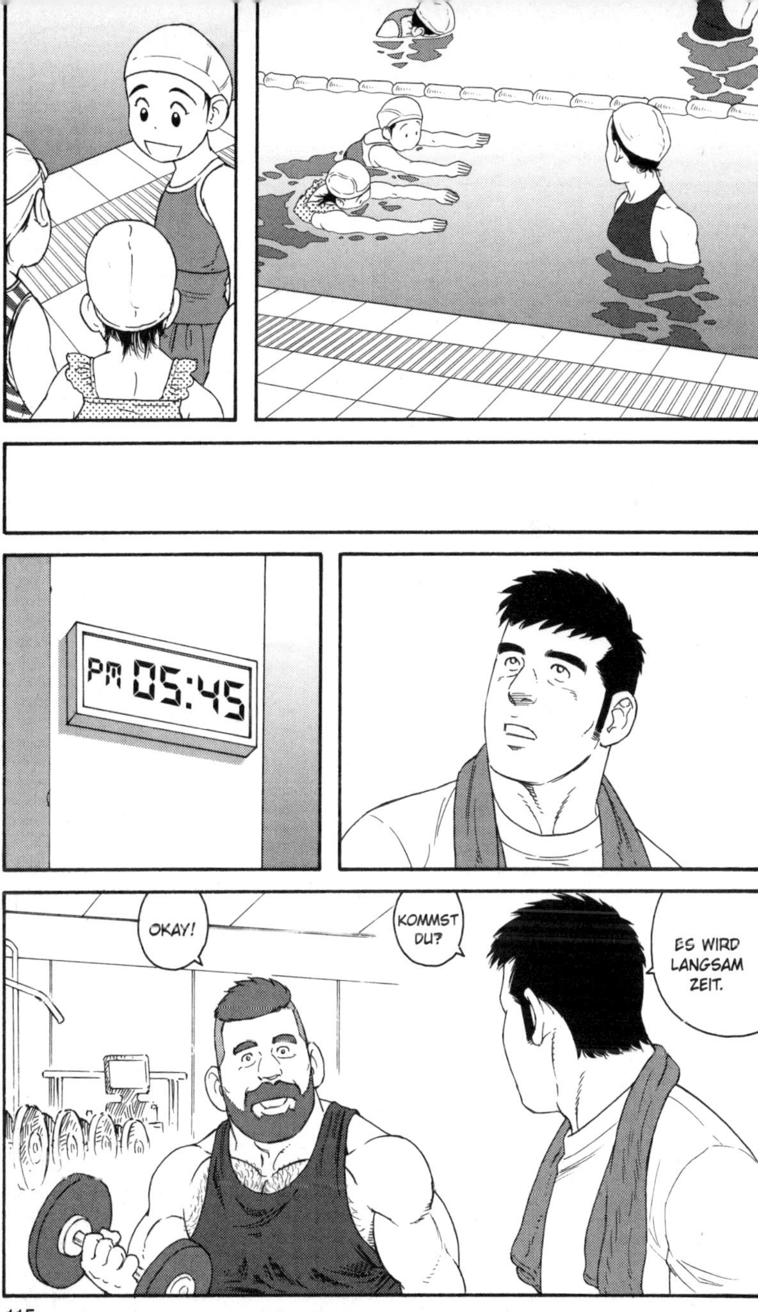
PM 05:45
ES WIRD LANGSAM ZEIT.
KOMMST DU?
OKAY!

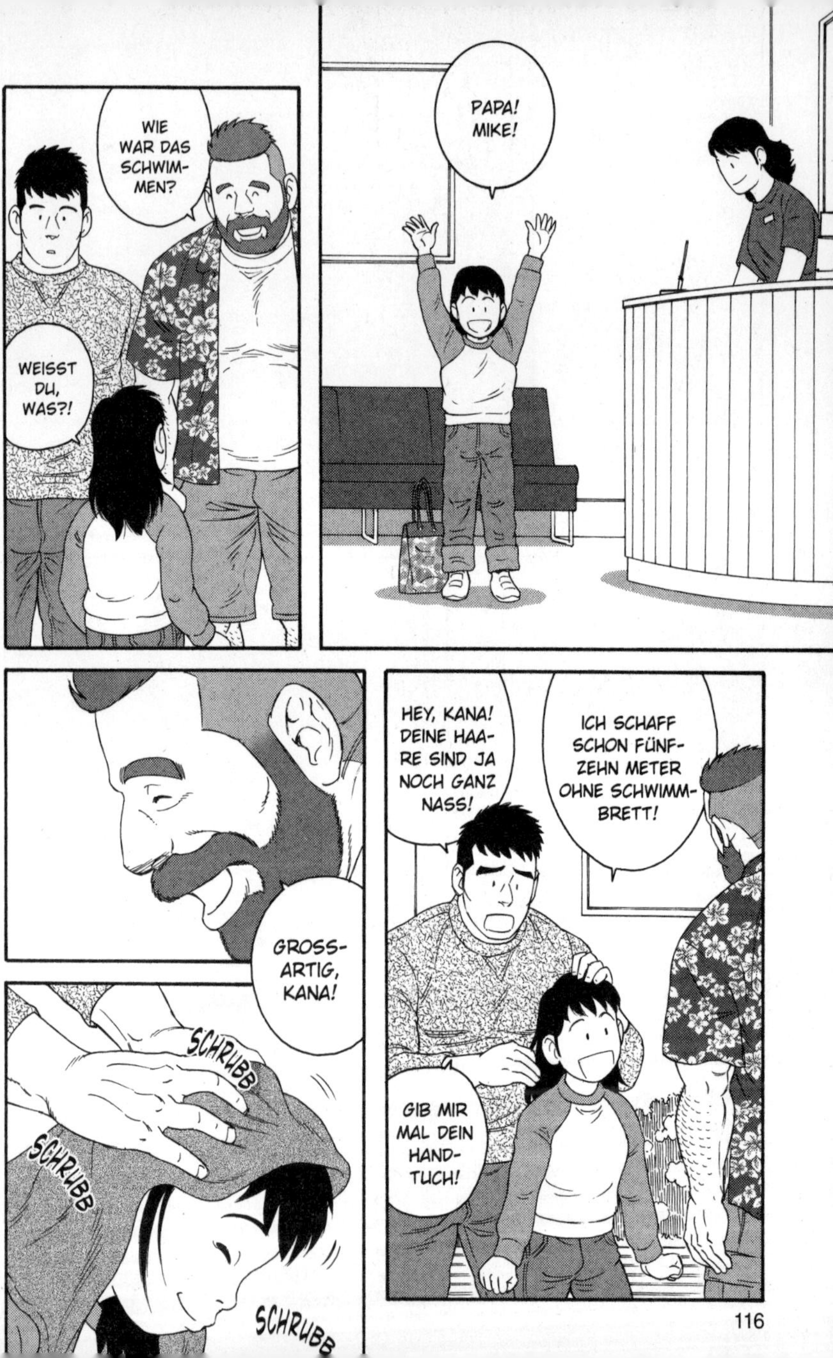
PAPA! MIKE!
WIE WAR DAS SCHWIMMEN?
WEISST DU, WAS?!
ICH SCHAFF SCHON FÜNFZEHN METER OHNE SCHWIMMBRETT!
HEY, KANA! DEINE HAARE SIND JA NOCH GANZ NASS!
GIB MIR MAL DEIN HANDTUCH!
GROSSARTIG, KANA!
SCHRUBB
SCHRUBB
SCHRUBB

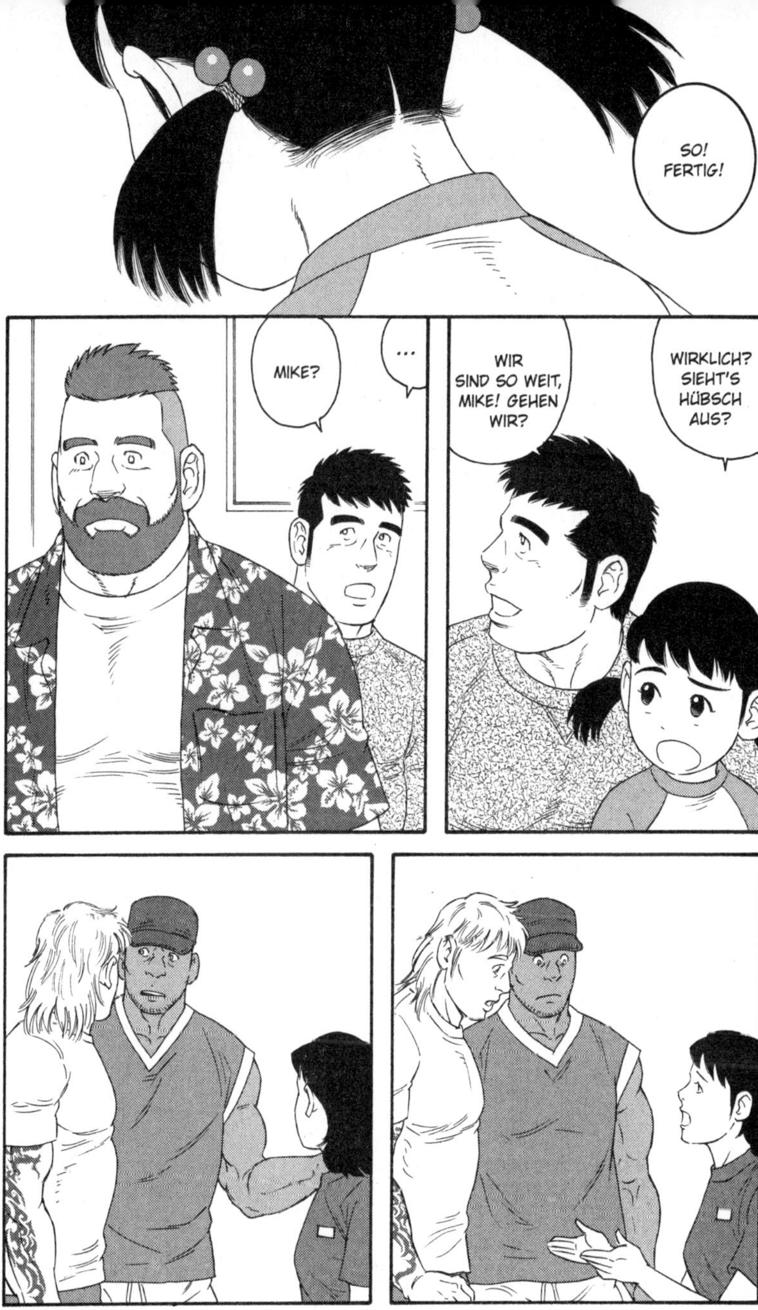
SO! FERTIG!
WIRKLICH? SIEHT'S HÜBSCH AUS?
WIR SIND SO WEIT, MIKE! GEHEN WIR?
...
MIKE?

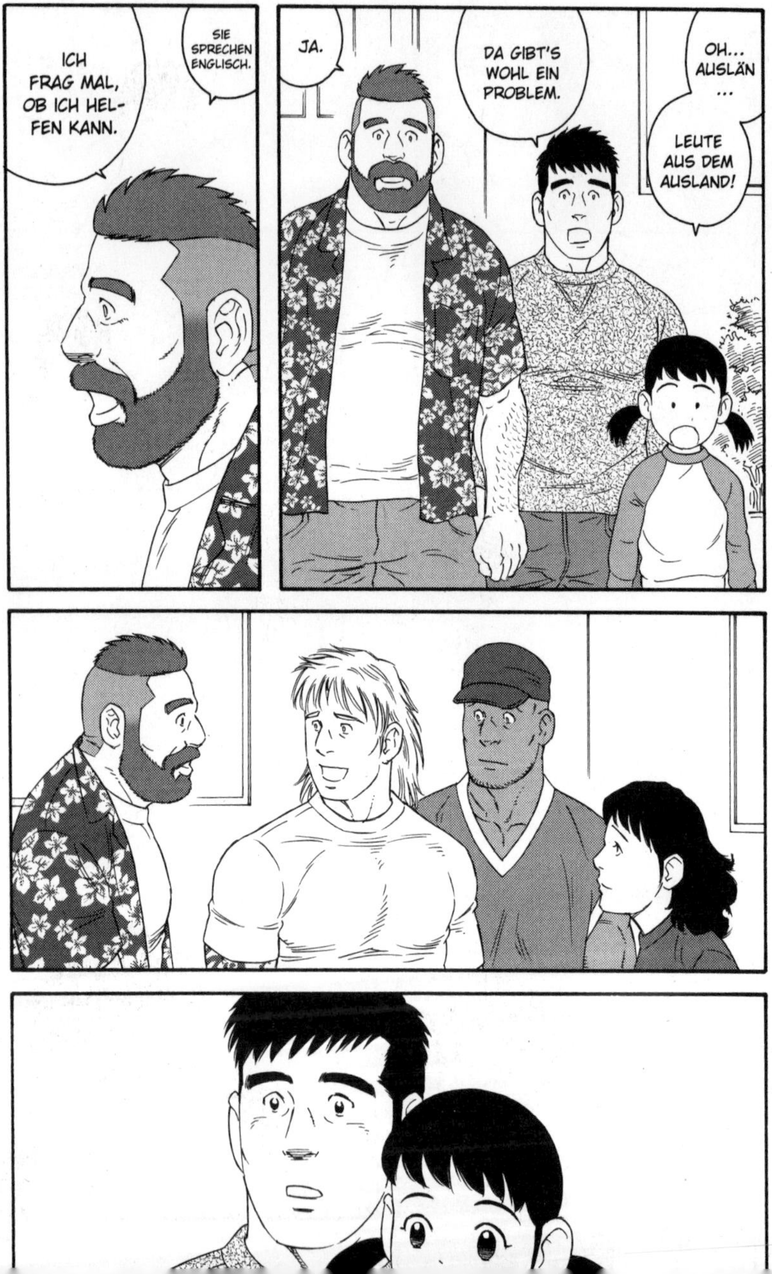
OH... AUSLÄN ...
LEUTE AUS DEM AUSLAND!
DA GIBT'S WOHL EIN PROBLEM.
JA.
SIE SPRECHEN ENGLISCH.
ICH FRAG MAL, OB ICH HEL-FEN KANN.

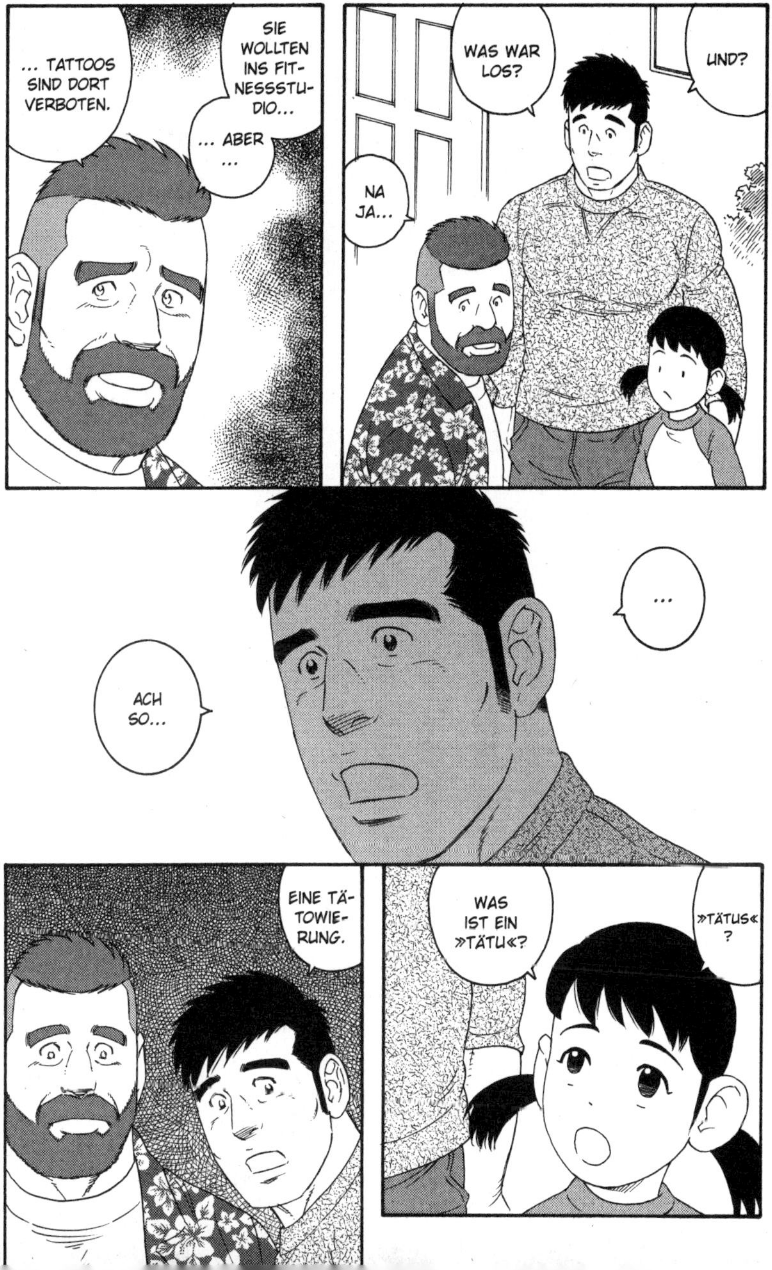
UND?
WAS WAR LOS?
NA JA…
SIE WOLLTEN INS FIT-NESSSTU-DIO…
… ABER …
… TATTOOS SIND DORT VERBOTEN.
…
ACH SO…
»TÄTUS« ?
WAS IST EIN »TÄTU«?
EINE TÄ-TOWIE-RUNG.

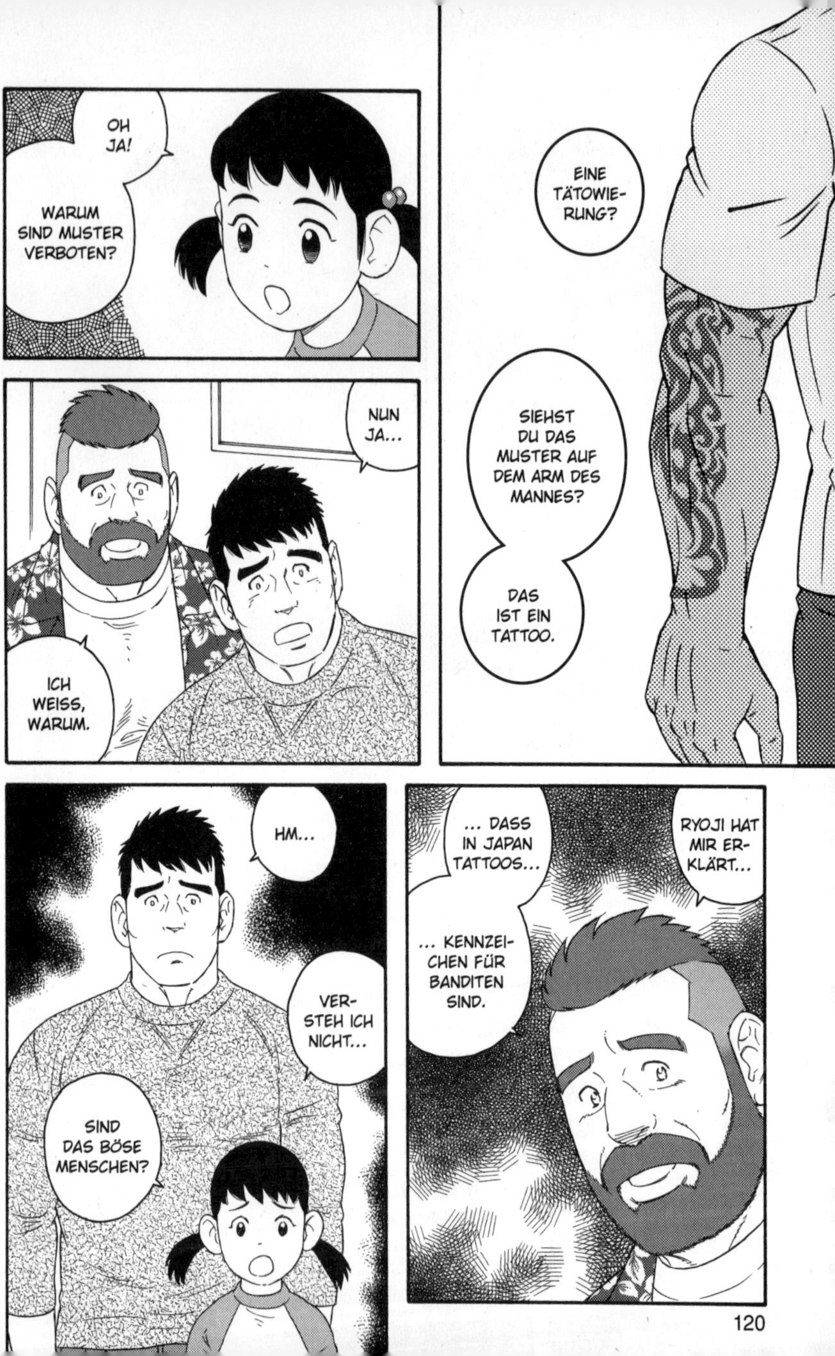
EINE TÄTOWIERUNG?
SIEHST DU DAS MUSTER AUF DEM ARM DES MANNES?
DAS IST EIN TATTOO.
OH JA!
WARUM SIND MUSTER VERBOTEN?
NUN JA…
ICH WEISS, WARUM.
RYOJI HAT MIR ERKLÄRT…
… DASS IN JAPAN TATTOOS…
… KENNZEICHEN FÜR BANDITEN SIND.
HM…
VERSTEH ICH NICHT…
SIND DAS BÖSE MENSCHEN?

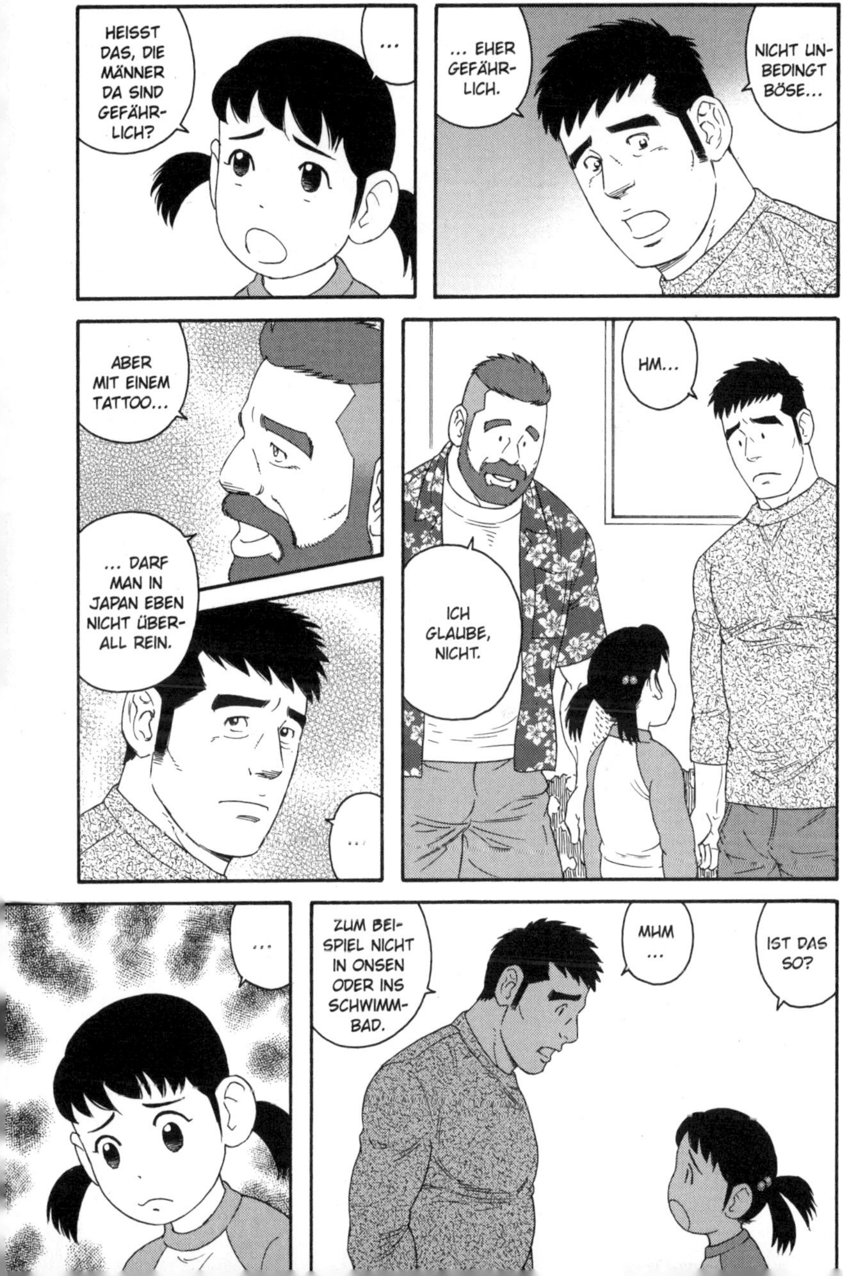

HEISST DAS, DIE MÄNNER DA SIND GEFÄHRLICH?
...
NICHT UNBEDINGT BÖSE...
... EHER GEFÄHRLICH.
HM...
ICH GLAUBE, NICHT.
ABER MIT EINEM TATTOO...
... DARF MAN IN JAPAN EBEN NICHT ÜBERALL REIN.
...
IST DAS SO?
MHM ...
ZUM BEISPIEL NICHT IN ONSEN ODER INS SCHWIMMBAD.
...

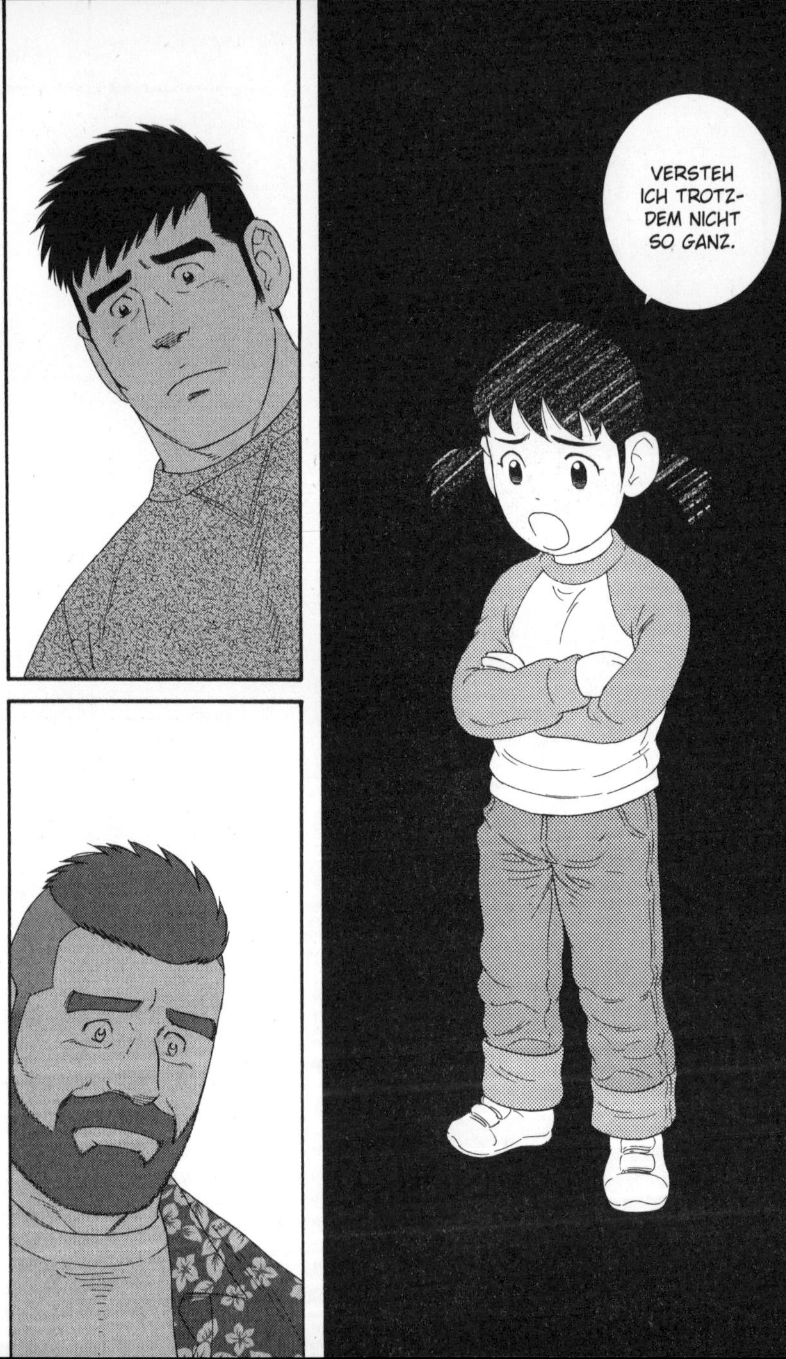
VERSTEH ICH TROTZ-DEM NICHT SO GANZ.

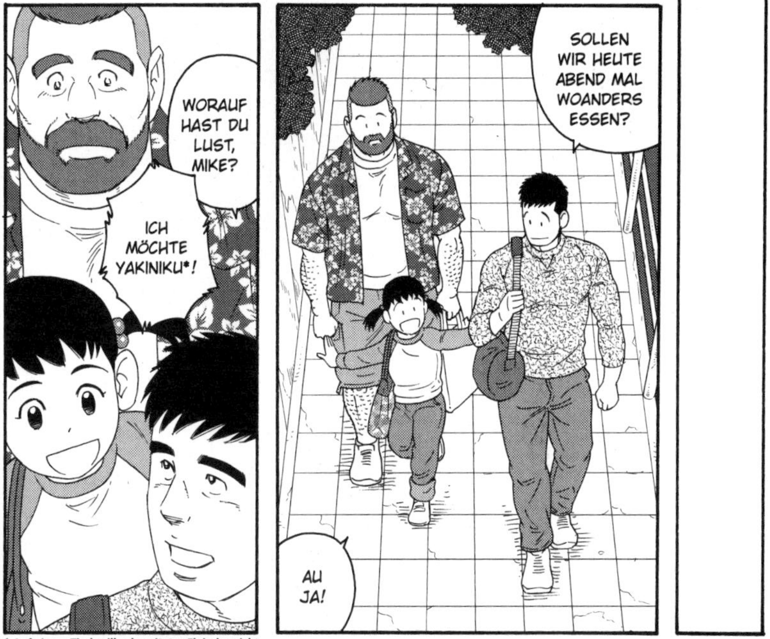

* Auf einem Tischgrill zubereitetes Fleischgericht

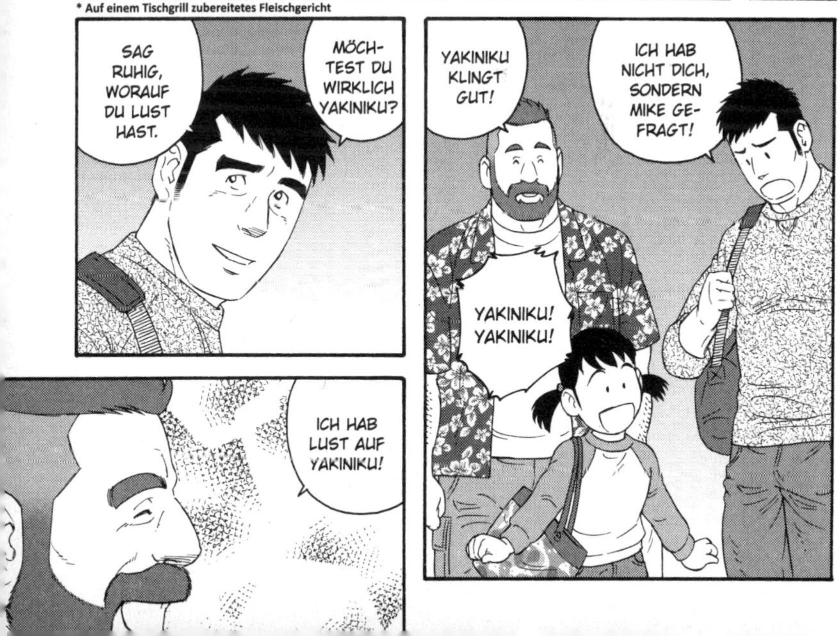

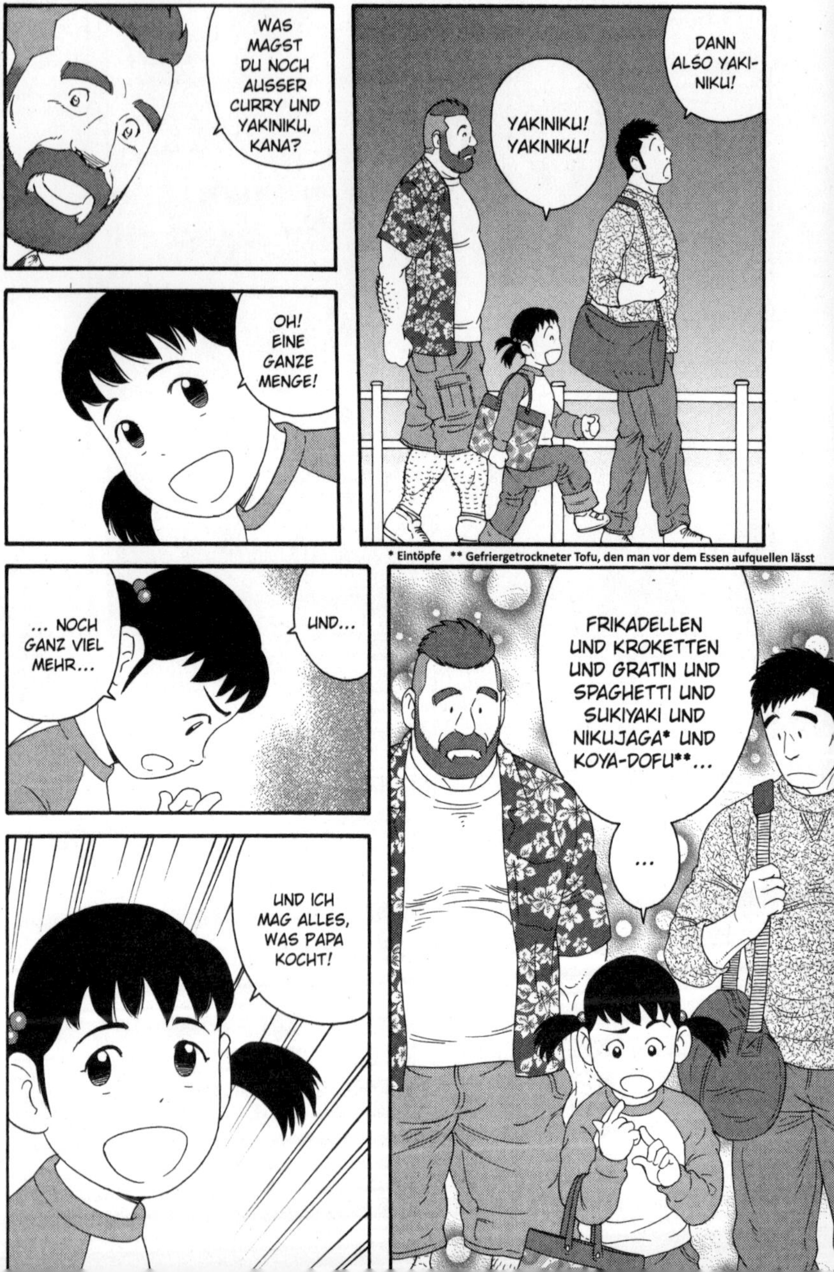

* Eintöpfe ** Gefriergetrockneter Tofu, den man vor dem Essen aufquellen lässt

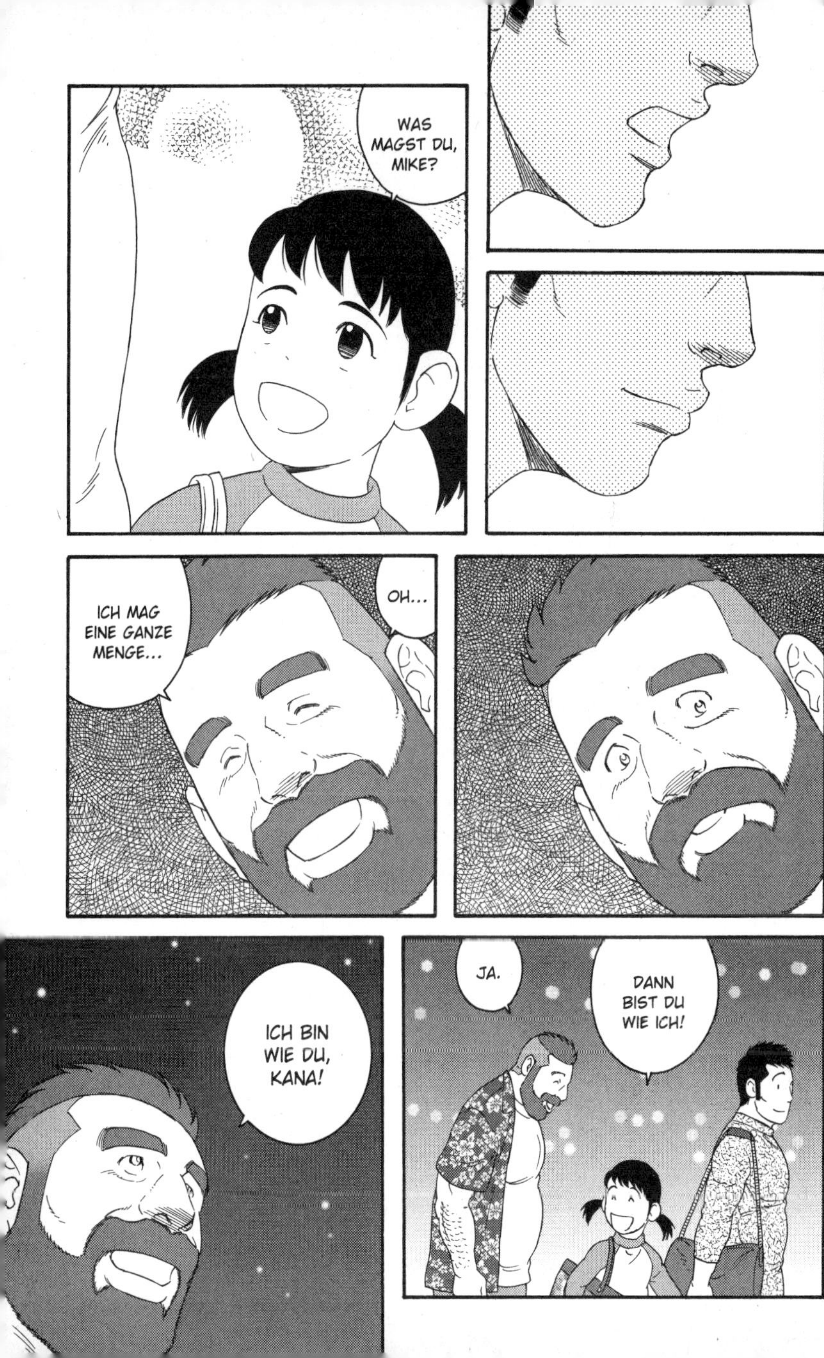
WAS MAGST DU, MIKE?
OH...
ICH MAG EINE GANZE MENGE...
DANN BIST DU WIE ICH!
JA.
ICH BIN WIE DU, KANA!

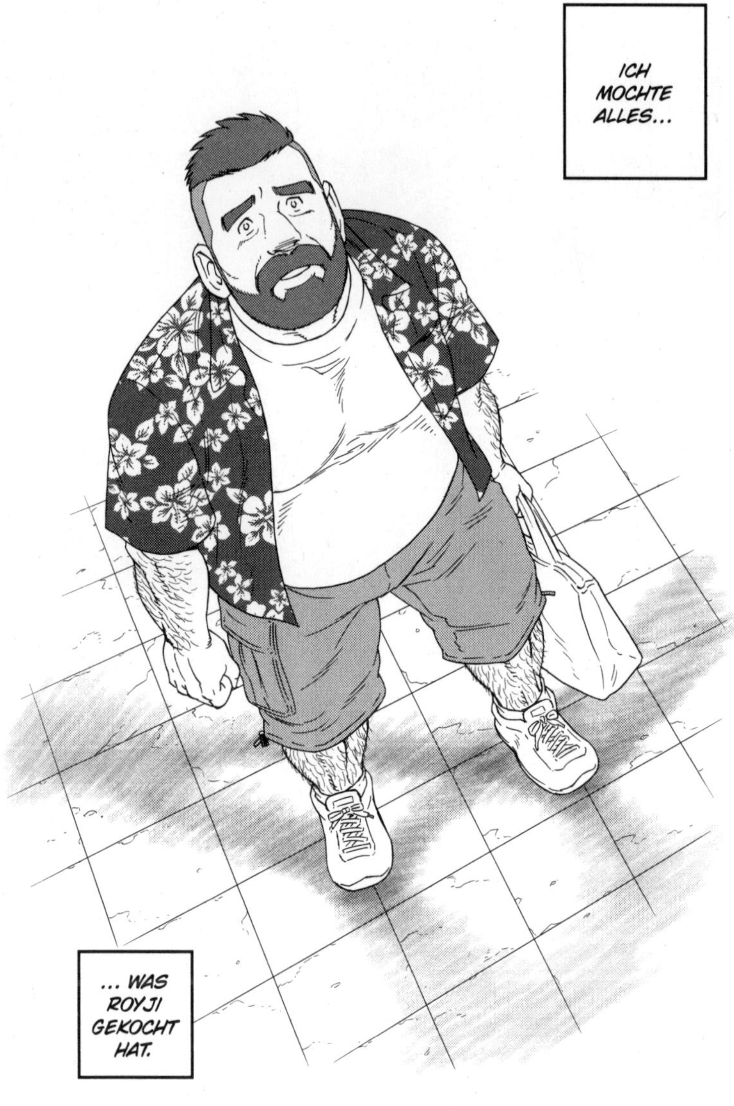

ENDE VON KAPITEL 12

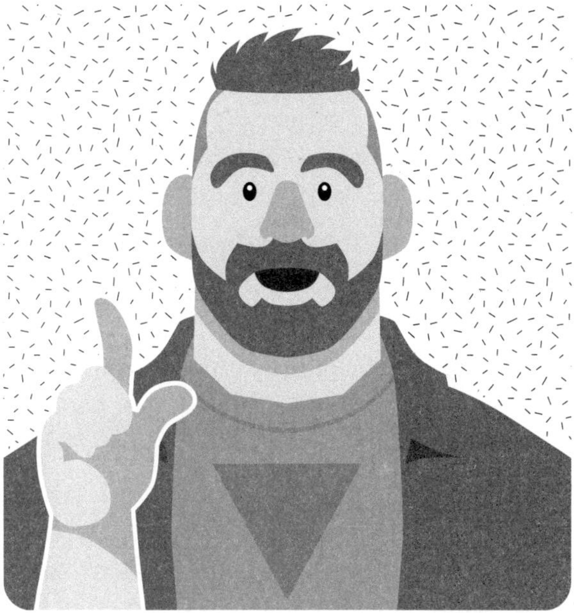

Mike's Gay Culture – Kurs 5

Coming-out

»Coming-out« ist ursprünglich die Kurzform des Ausdrucks »Coming out of the closet« und bedeutet, den »closet« (also das Ding zum Verstauen von Kleidern etc.) zu verlassen. Doch was ist dieser »closet«? Um es kurz zu machen, es handelt sich dabei um ein »Versteck«.

Lange galt die gleichgeschlechtliche Liebe als etwas, für das man »sich schämen müsse«.

Und auch heute denken das leider immer noch manche Menschen. Als Folge verstecken sich Homosexuelle im »closet«. Einerseits um der Diskriminierung zu entkommen, andererseits weil sie aufgrund ihrer gesellschaftlichen Prägung glauben, sich wegen ihrer Sexualität schämen zu müssen. Das Coming-out bedeutet, diese dunkle Kammer zu verlassen und sich nicht mehr aus Angst vor Diskriminierung oder Scham in einem Versteck zu verkriechen, sondern sich stolz und selbstbewusst der Gesellschaft zu zeigen. Falls es Menschen gibt, die im Coming-out einfach nur das »Gestehen eines Geheimnisses« sehen, möchte ich sie darüber informieren, dass dies nicht ganz zutreffend ist.

Aufgrund dieser Herkunftsgeschichte ist eine Übersetzung des Ausdrucks schwierig. Das Wort »Geständnis« (jap. »kokuhaku«) trifft es schon mal gar nicht. »Öffentliche Bekanntmachung« (jap. »kouhyou«) ist schon nah dran und würde auf Prominente – etwa bei einer Pressekonferenz – zutreffen, doch wenn ich dir gegenüber etwas »öffentlich bekannt mache«, kommt mir die Wendung irgendwie unnatürlich vor. Vielleicht wäre »es nicht zu verstecken« (jap. »kakusanai koto«) eine annähernd angemessene und alltagstaugliche Übersetzung.

Kapitel 13

Heiße Schokolade

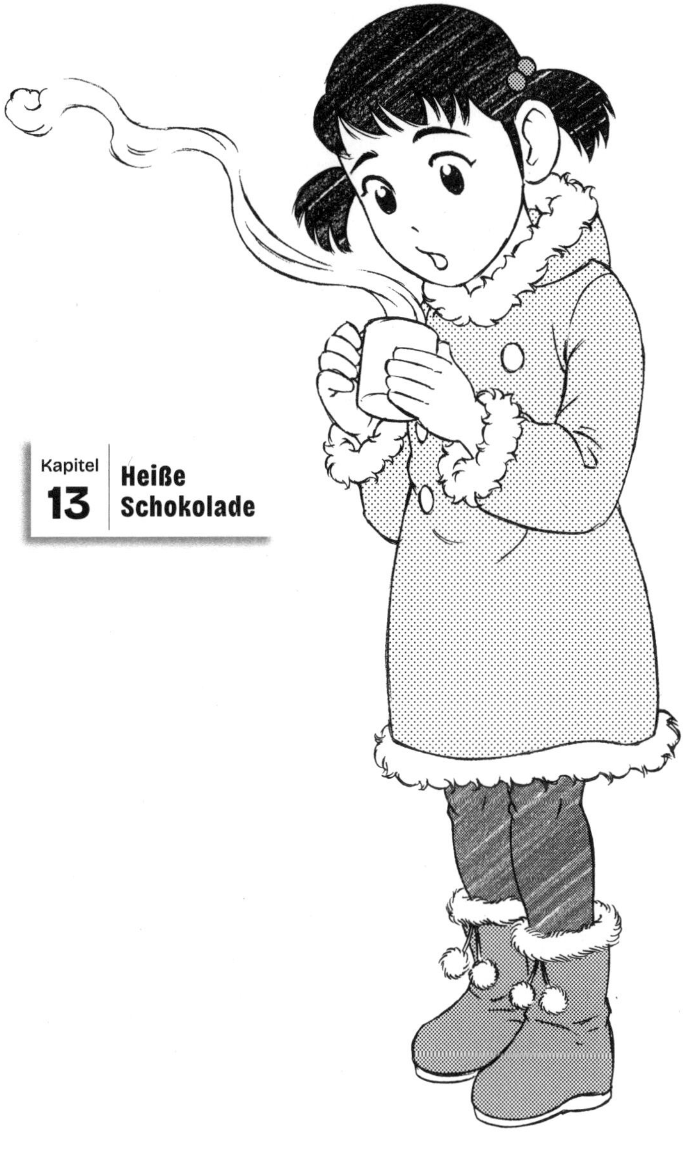

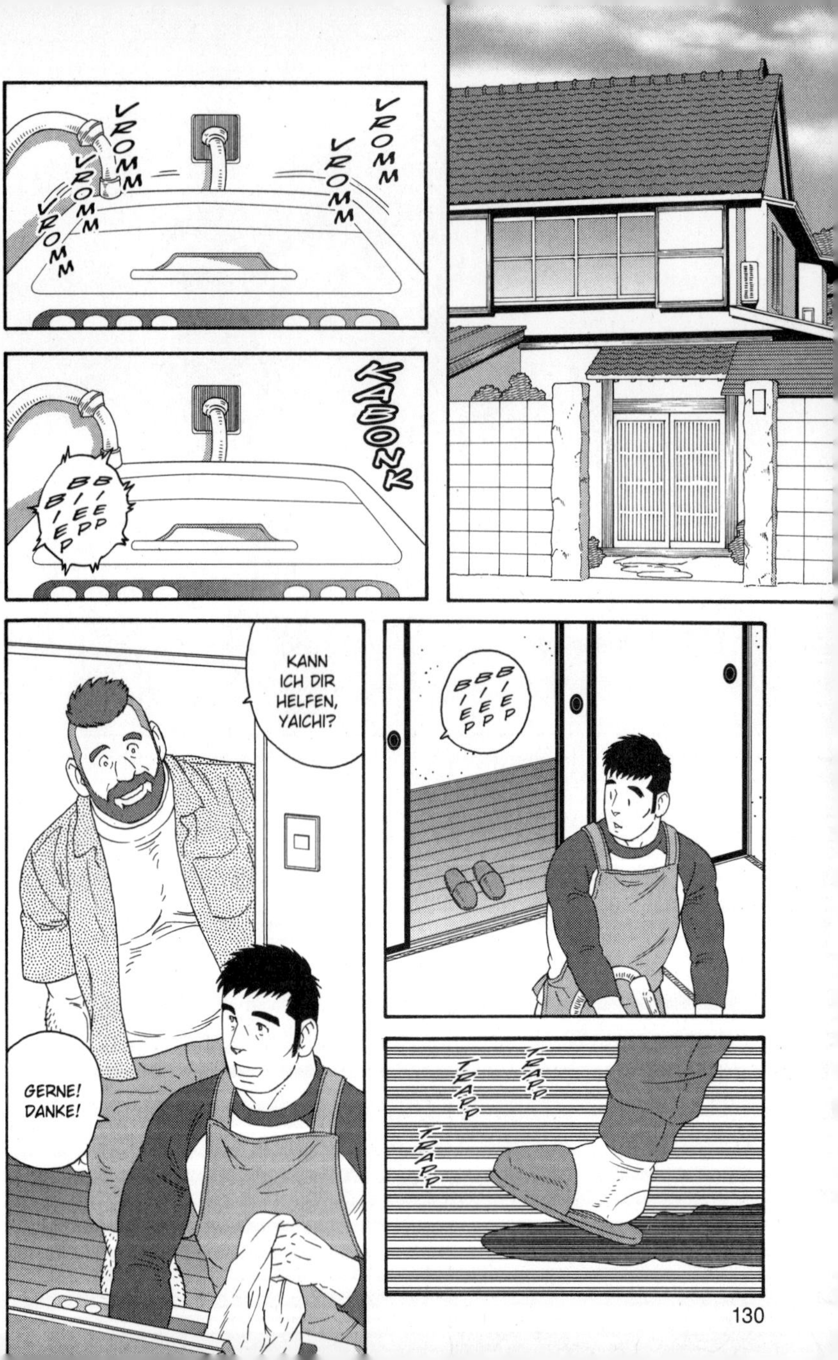
VROMM VROMM
VROMM VROMM
BBIEEP
KABONK
BBIEEP
TRAPP TRAPP TRAPP
KANN ICH DIR HELFEN, YAICHI?
GERNE! DANKE!

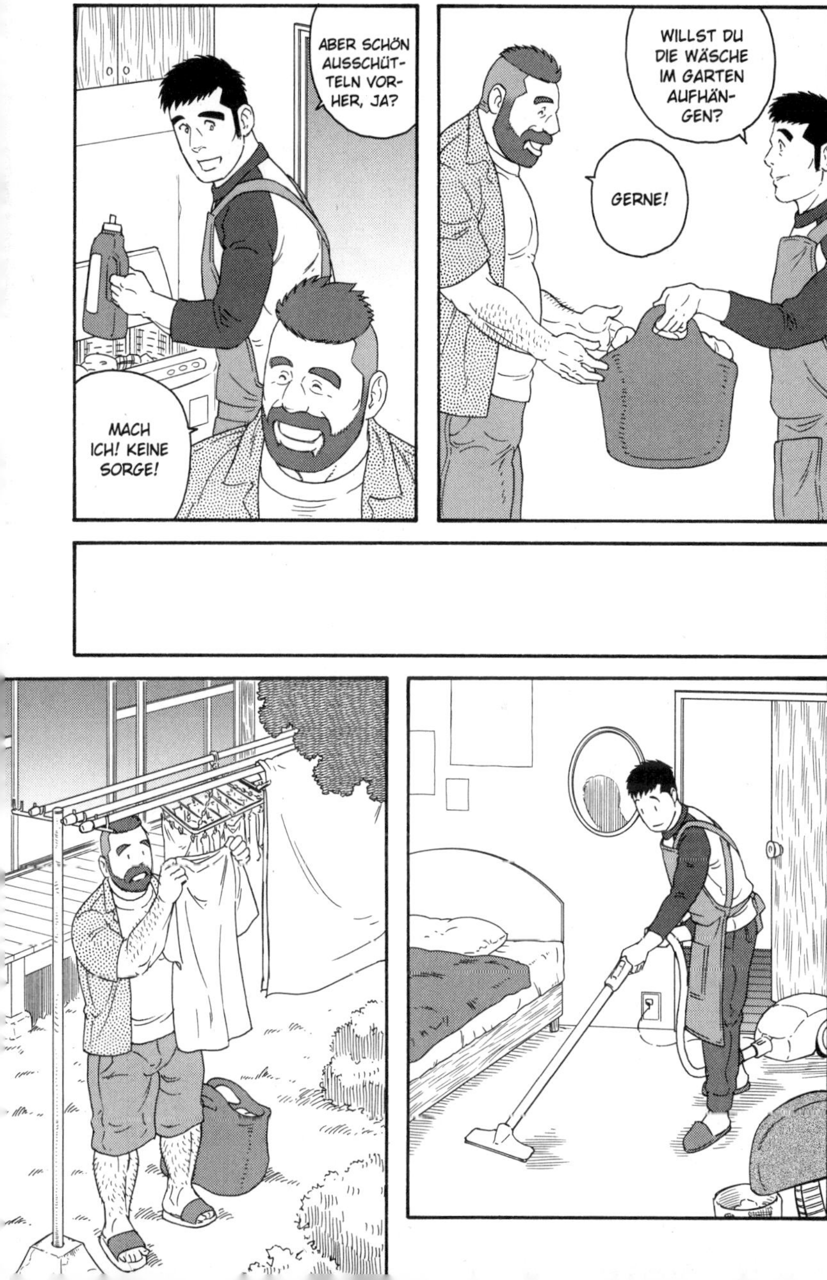
WILLST DU DIE WÄSCHE IM GARTEN AUFHÄN-GEN?
GERNE!
ABER SCHÖN AUSSCHÜT-TELN VOR-HER, JA?
MACH ICH! KEINE SORGE!

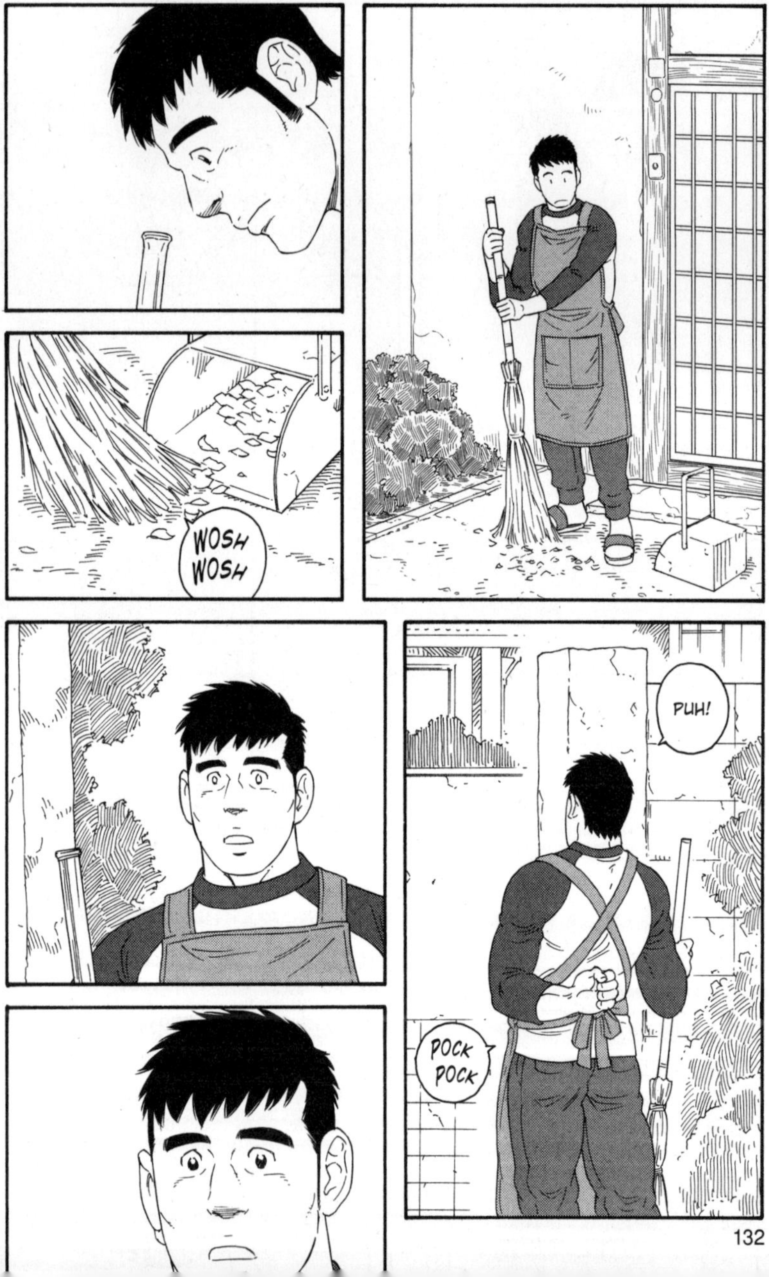
WOSH WOSH
PUH!
POCK POCK

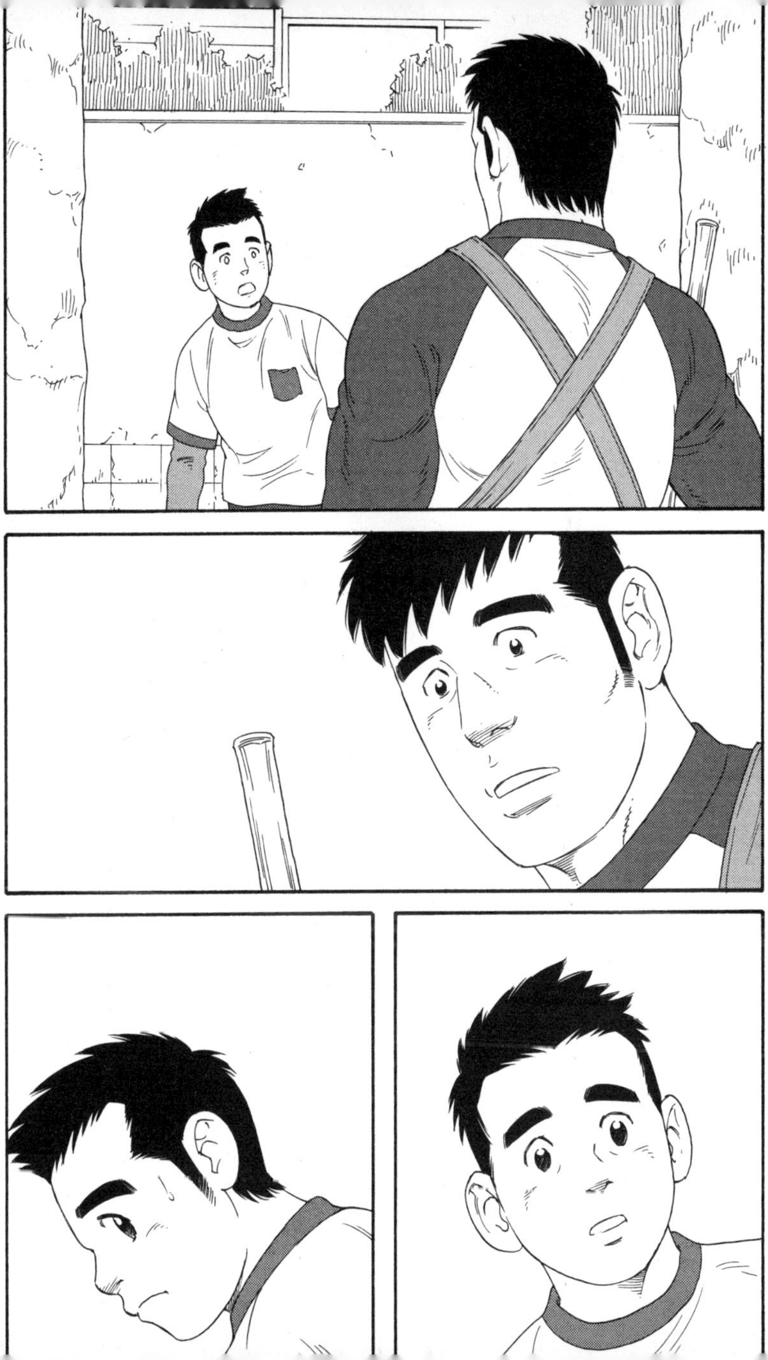

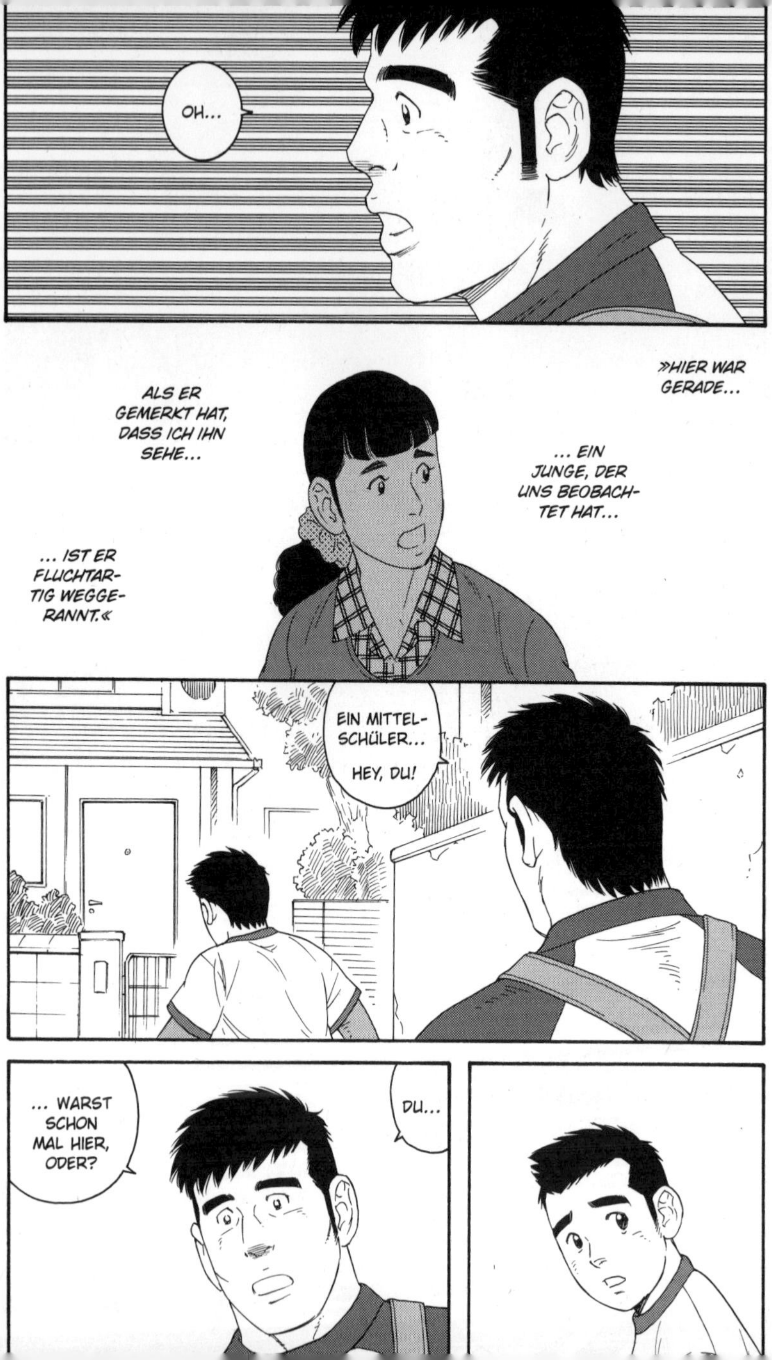
OH...
»HIER WAR GERADE...
... EIN JUNGE, DER UNS BEOBACHTET HAT...
ALS ER GEMERKT HAT, DASS ICH IHN SEHE...
... IST ER FLUCHTARTIG WEGGERANNT.«
EIN MITTELSCHÜLER...
HEY, DU!
DU...
... WARST SCHON MAL HIER, ODER?

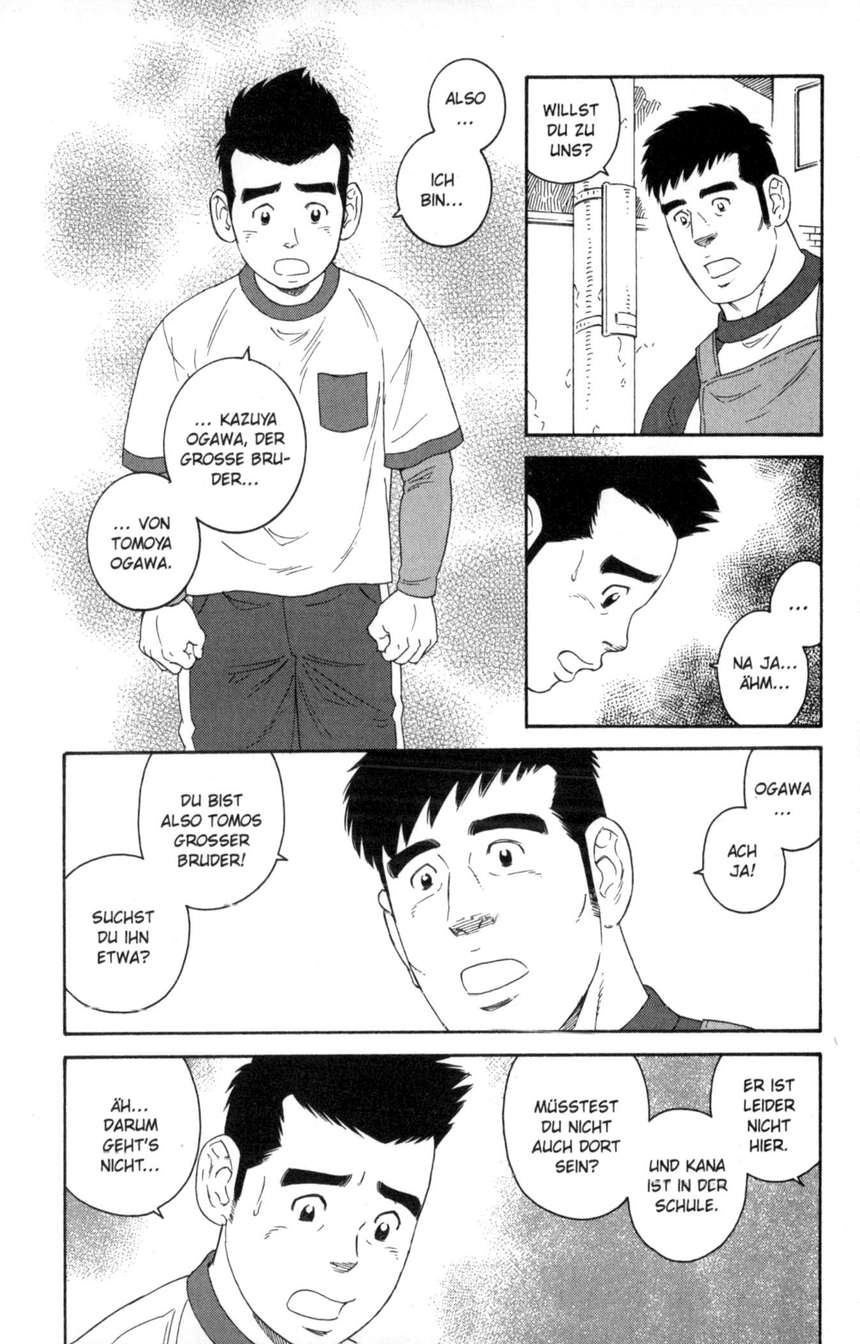
WILLST DU ZU UNS?
ALSO ... ICH BIN...
... KAZUYA OGAWA, DER GROSSE BRU- DER...
... VON TOMOYA OGAWA.
...
NA JA... ÄHM...
OGAWA ...
ACH JA!
DU BIST ALSO TOMOS GROSSER BRUDER!
SUCHST DU IHN ETWA?
ER IST LEIDER NICHT HIER.
UND KANA IST IN DER SCHULE.
MÜSSTEST DU NICHT AUCH DORT SEIN?
ÄH... DARUM GEHT'S NICHT...

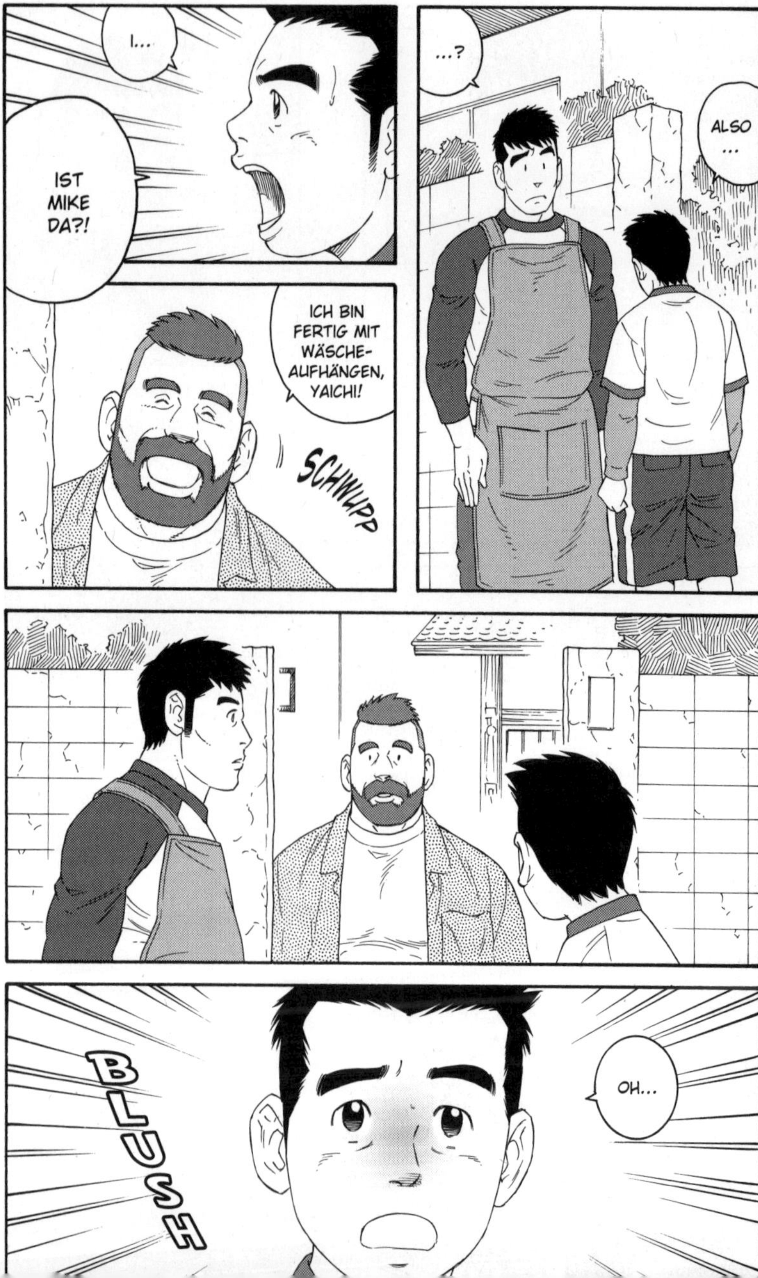
ALSO ...
...?
I...
IST MIKE DA?!
ICH BIN FERTIG MIT WÄSCHE-AUFHÄNGEN, YAICHI!
SCHWUPP
OH...
BLUSH

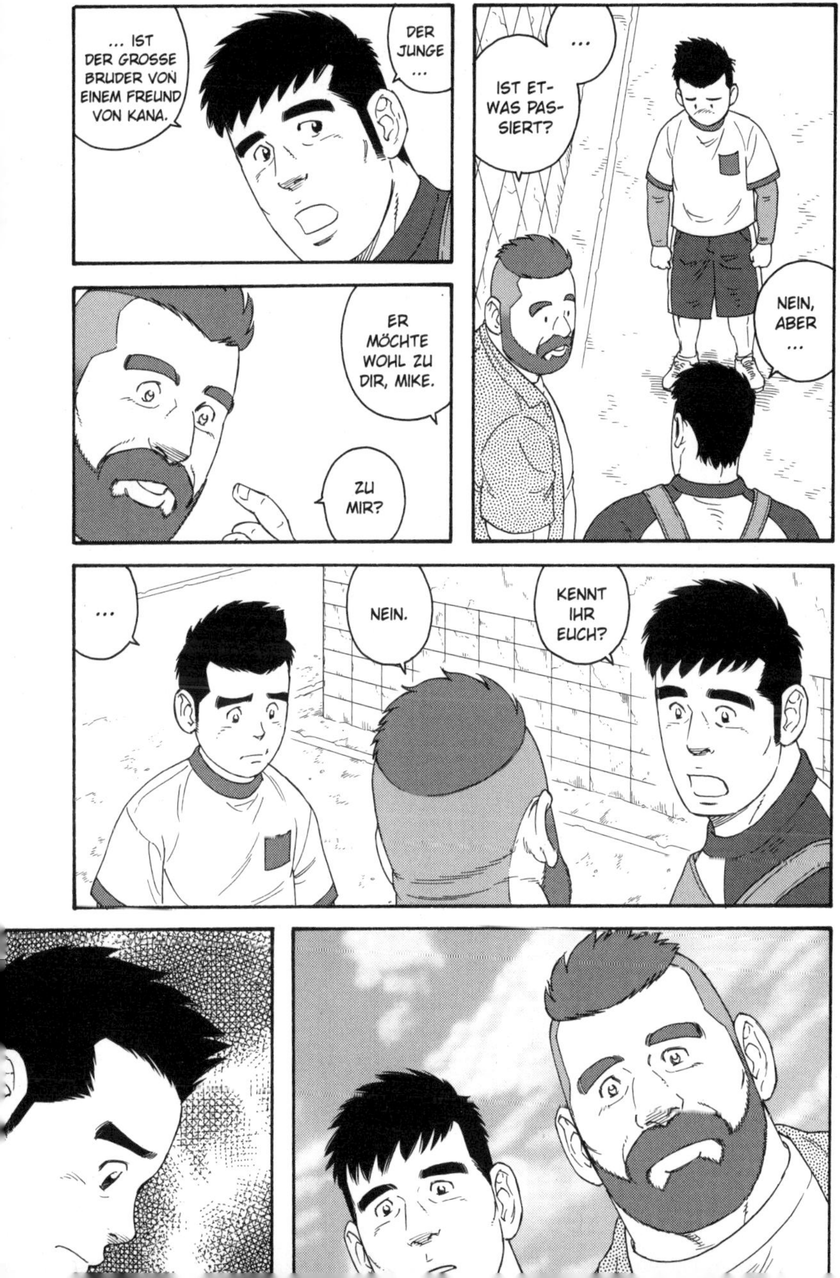
...
IST ETWAS PASSIERT?
NEIN, ABER ...
DER JUNGE ...
... IST DER GROSSE BRUDER VON EINEM FREUND VON KANA.
ER MÖCHTE WOHL ZU DIR, MIKE.
ZU MIR?
KENNT IHR EUCH?
NEIN.
...

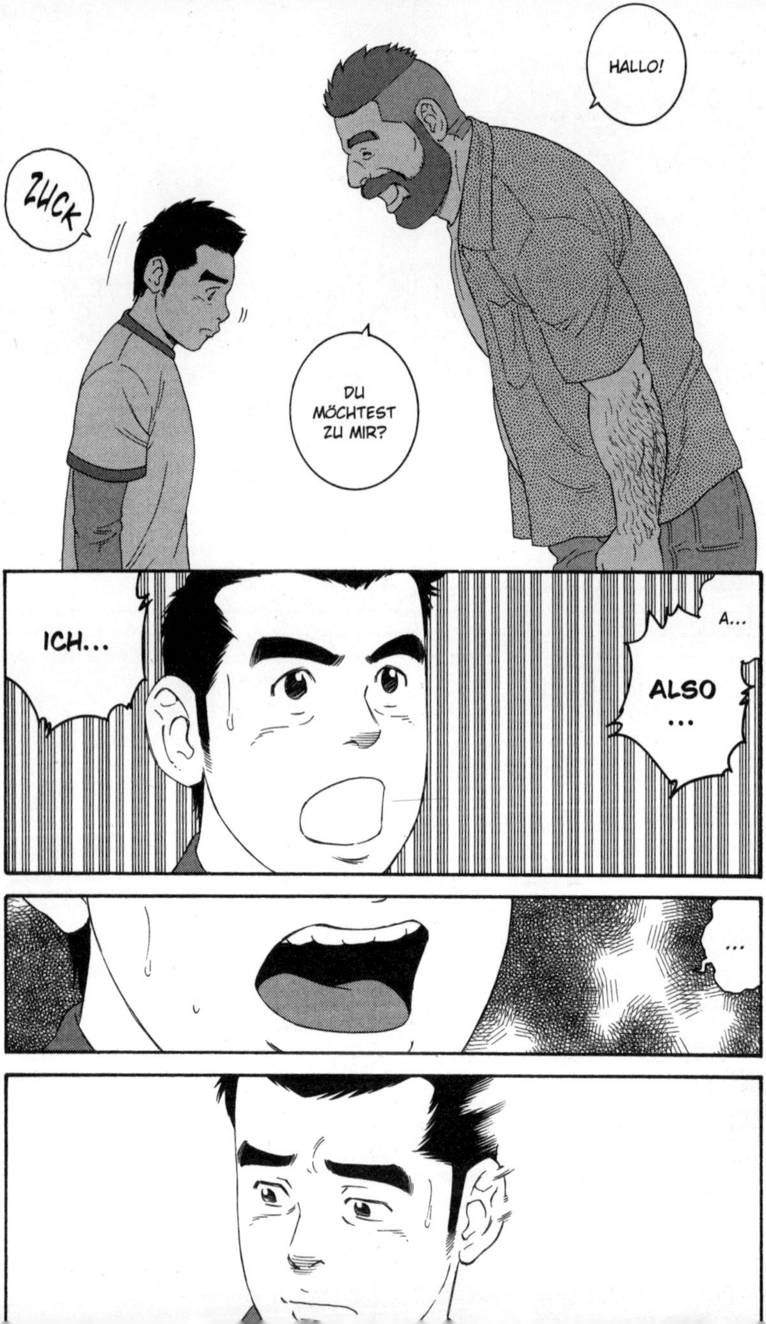
HALLO!
ZUCK
DU MÖCHTEST ZU MIR?
A...
ALSO ...
ICH...
...

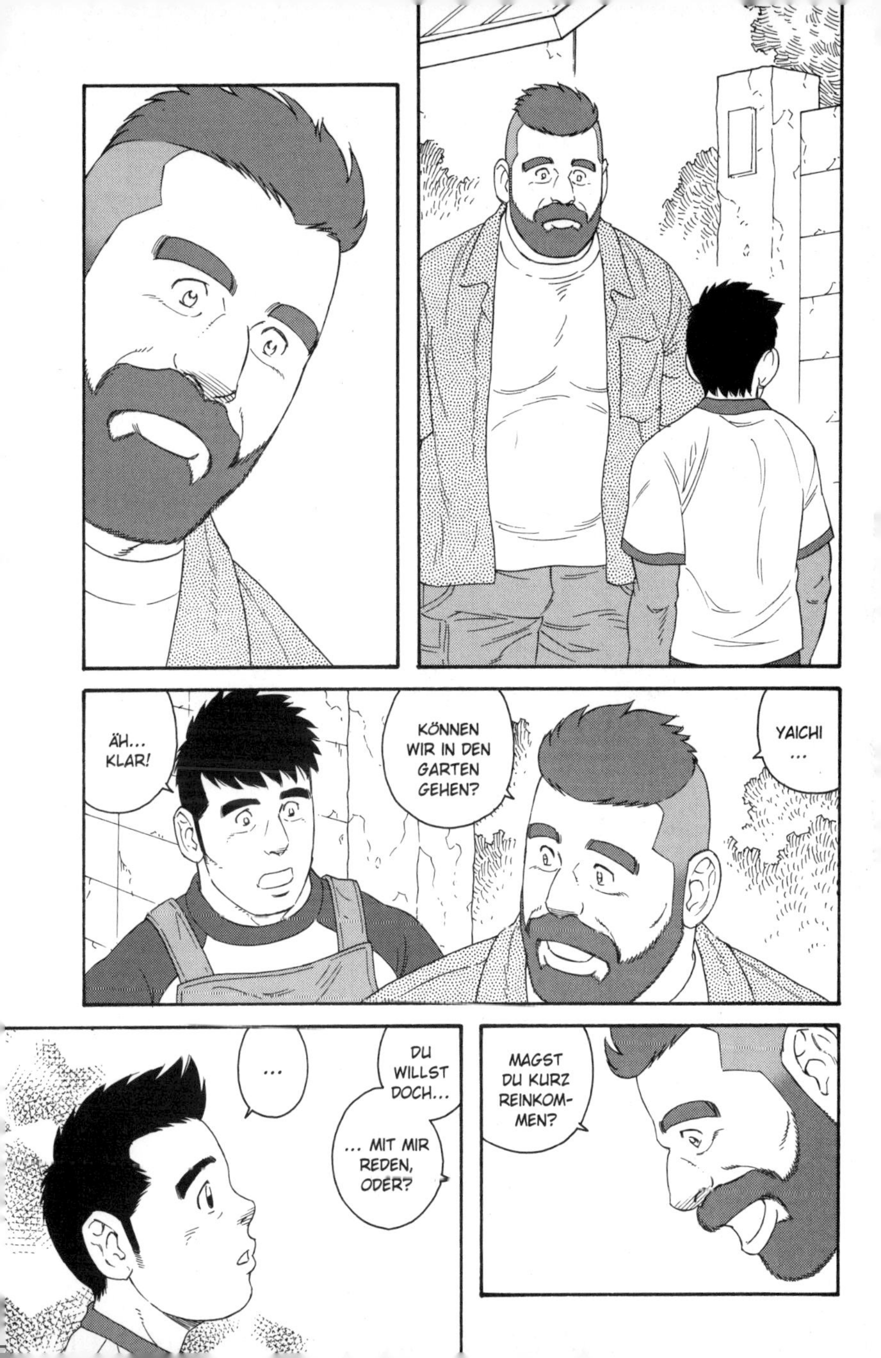
YAICHI …
KÖNNEN WIR IN DEN GARTEN GEHEN?
ÄH… KLAR!
MAGST DU KURZ REINKOM-MEN?
DU WILLST DOCH…
… MIT MIR REDEN, ODER?
…

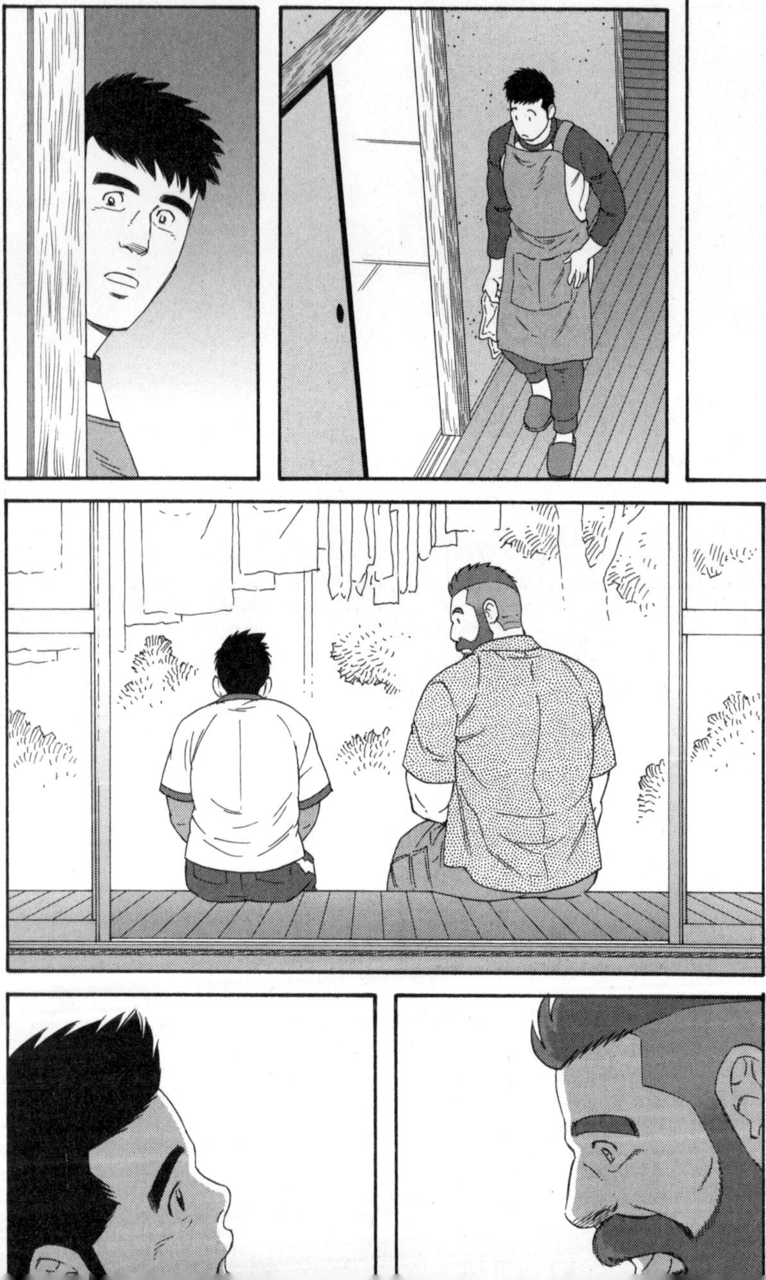

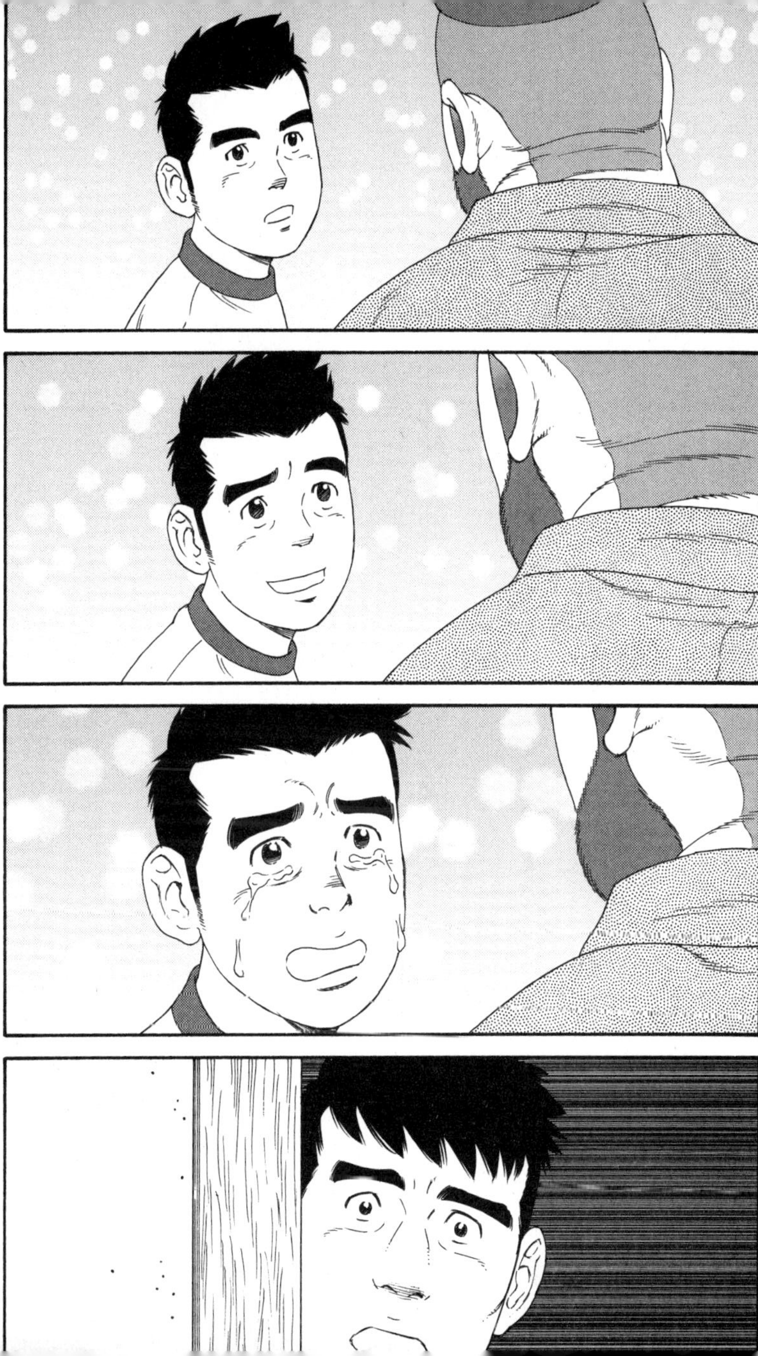

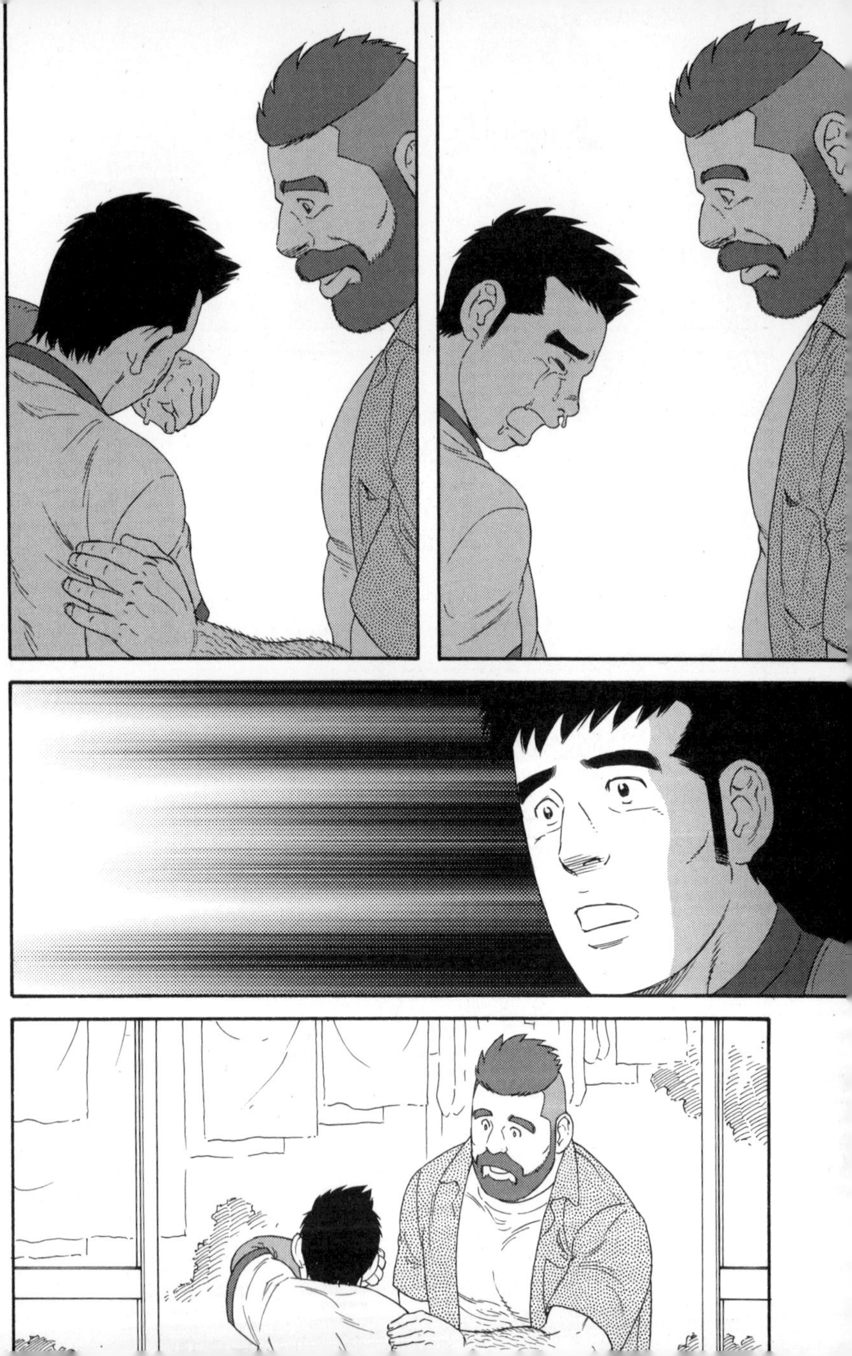

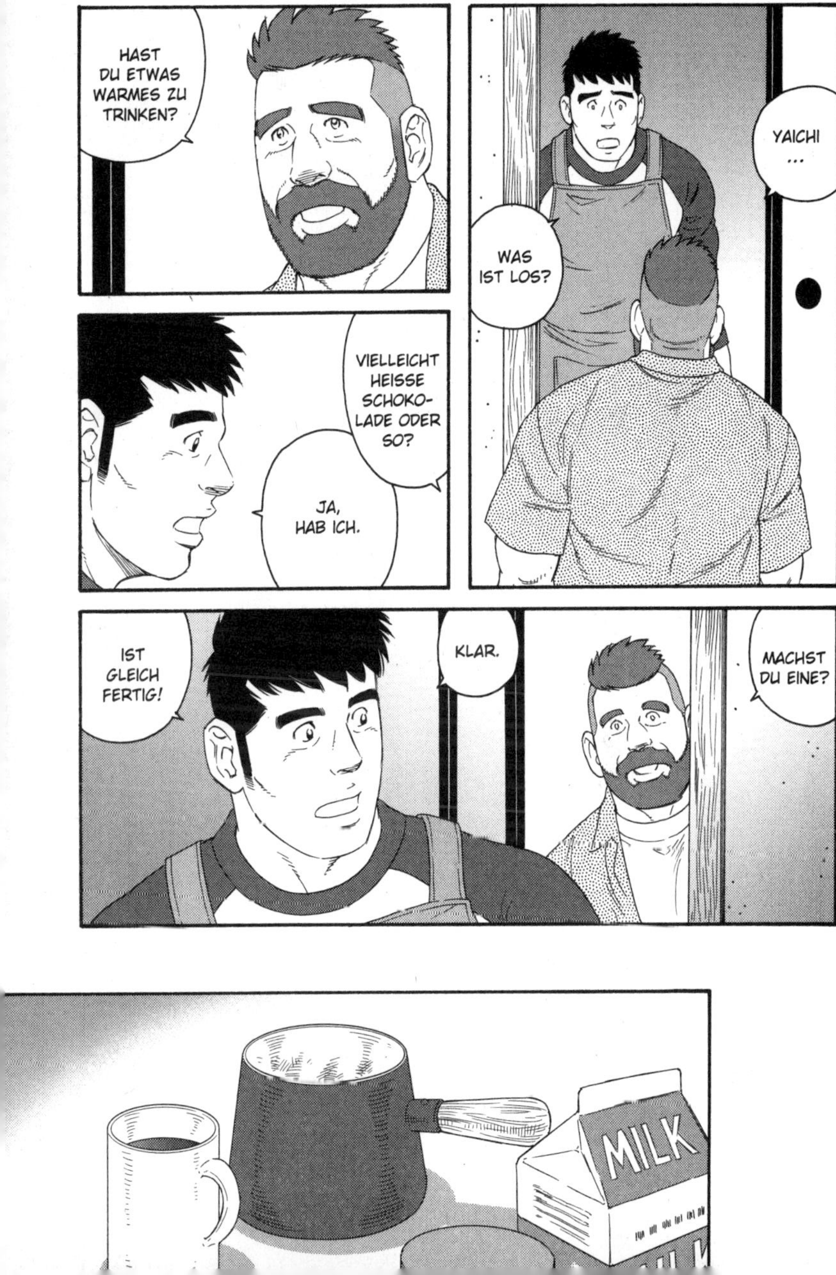

YAICHI ...
WAS IST LOS?
HAST DU ETWAS WARMES ZU TRINKEN?
VIELLEICHT HEISSE SCHOKOLADE ODER SO?
JA, HAB ICH.
MACHST DU EINE?
KLAR.
IST GLEICH FERTIG!
MILK

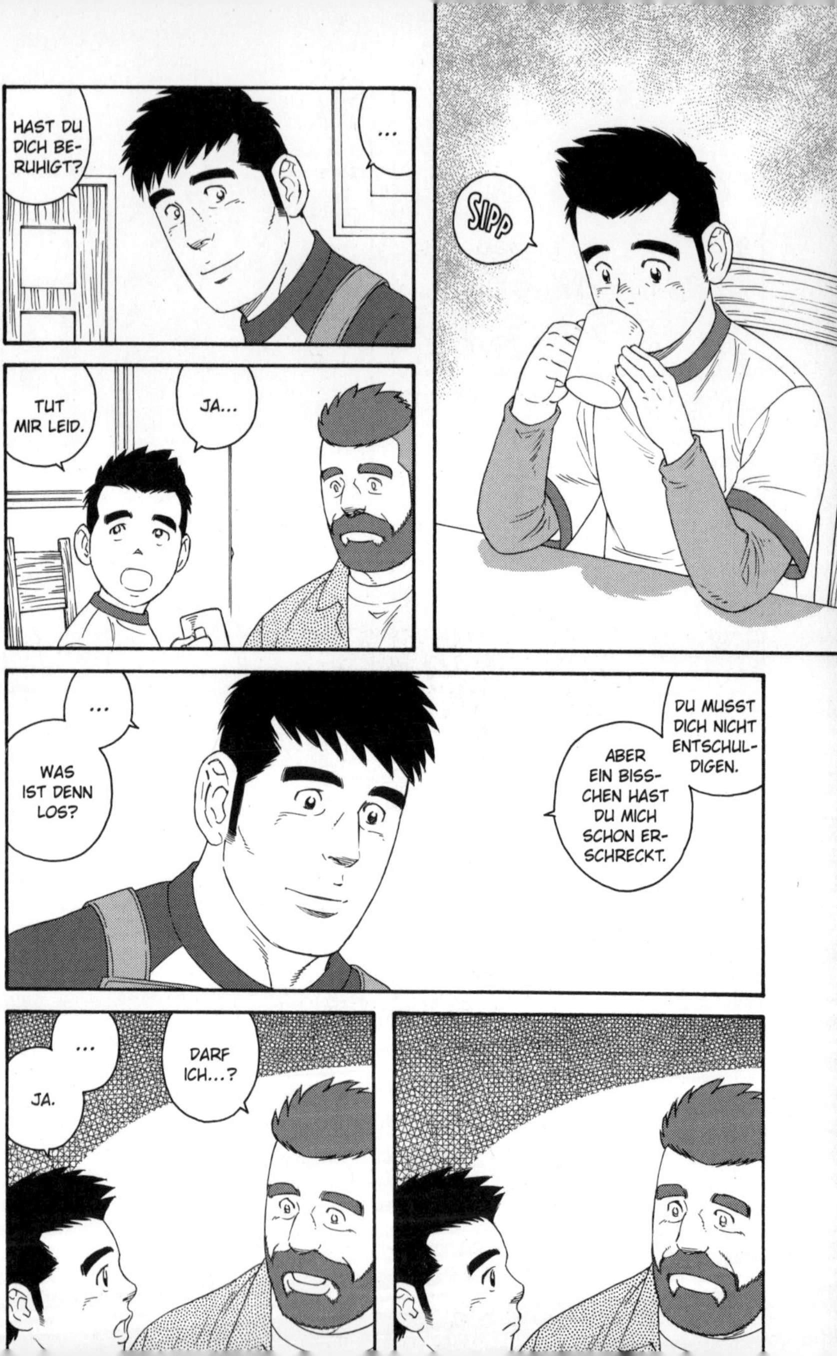
SIPP
...
HAST DU DICH BE-RUHIGT?
JA...
TUT MIR LEID.
DU MUSST DICH NICHT ENTSCHUL-DIGEN.
ABER EIN BISS-CHEN HAST DU MICH SCHON ER-SCHRECKT.
...
WAS IST DENN LOS?
DARF ICH...?
...
JA.

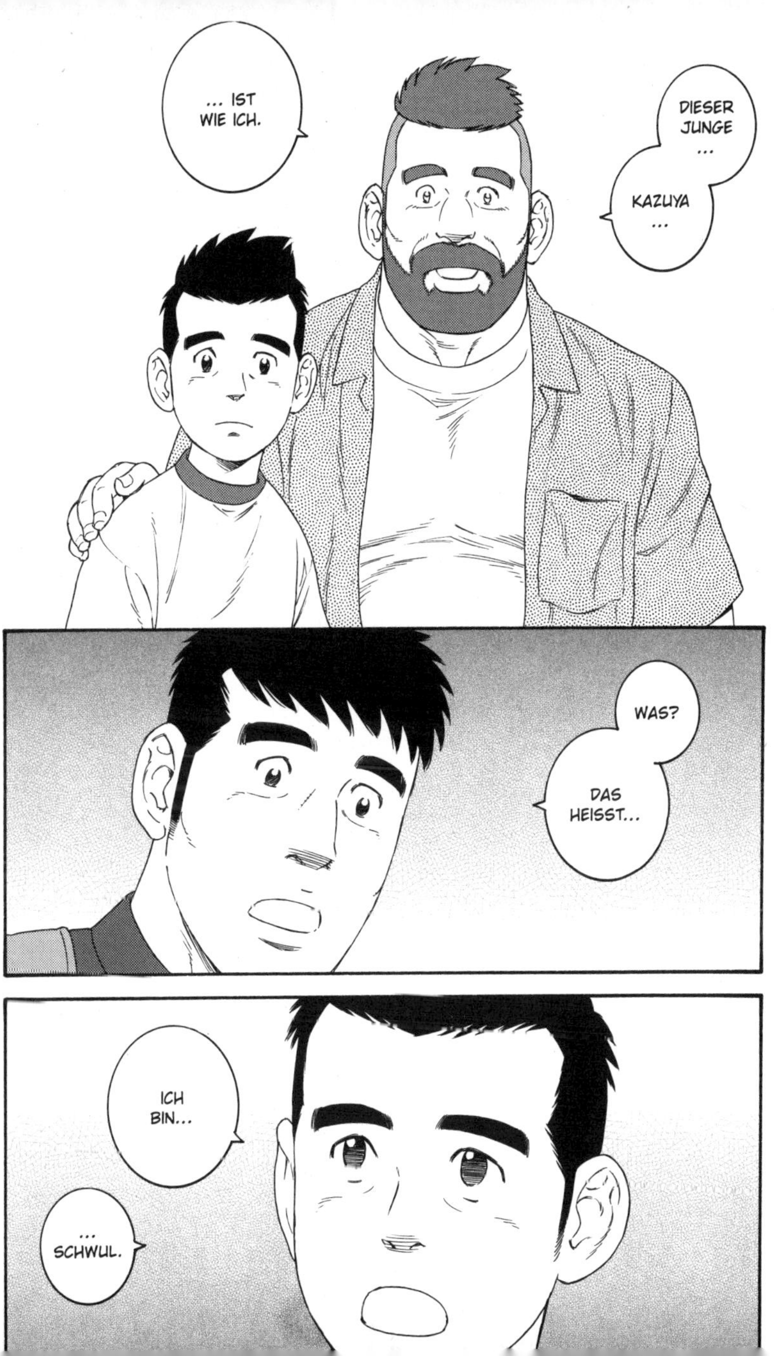
DIESER JUNGE ...
KAZUYA ...
... IST WIE ICH.
WAS?
DAS HEISST...
ICH BIN...
... SCHWUL.

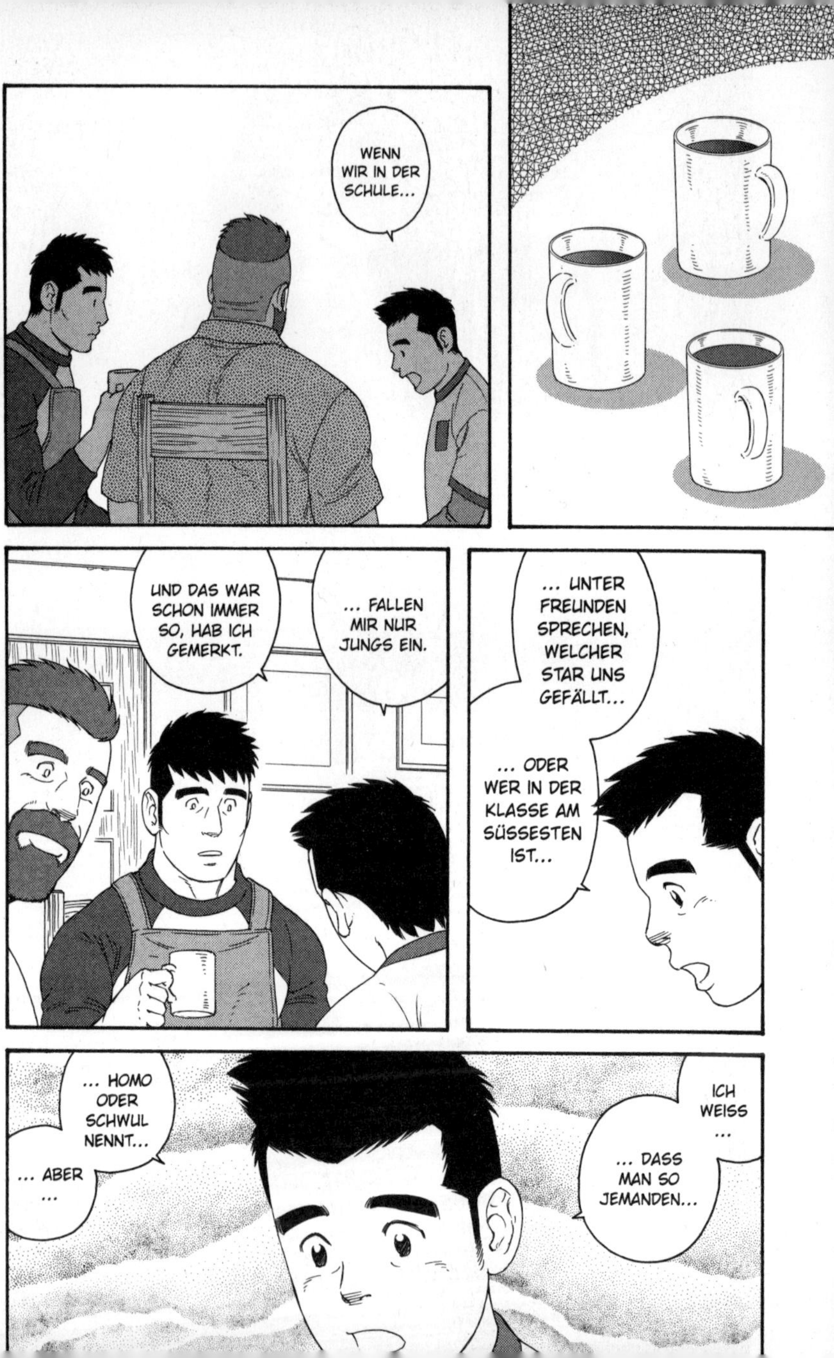
WENN WIR IN DER SCHULE...
... UNTER FREUNDEN SPRECHEN, WELCHER STAR UNS GEFÄLLT...
... ODER WER IN DER KLASSE AM SÜSSESTEN IST...
... FALLEN MIR NUR JUNGS EIN.
UND DAS WAR SCHON IMMER SO, HAB ICH GEMERKT.
ICH WEISS ...
... DASS MAN SO JEMANDEN...
... HOMO ODER SCHWUL NENNT...
... ABER ...

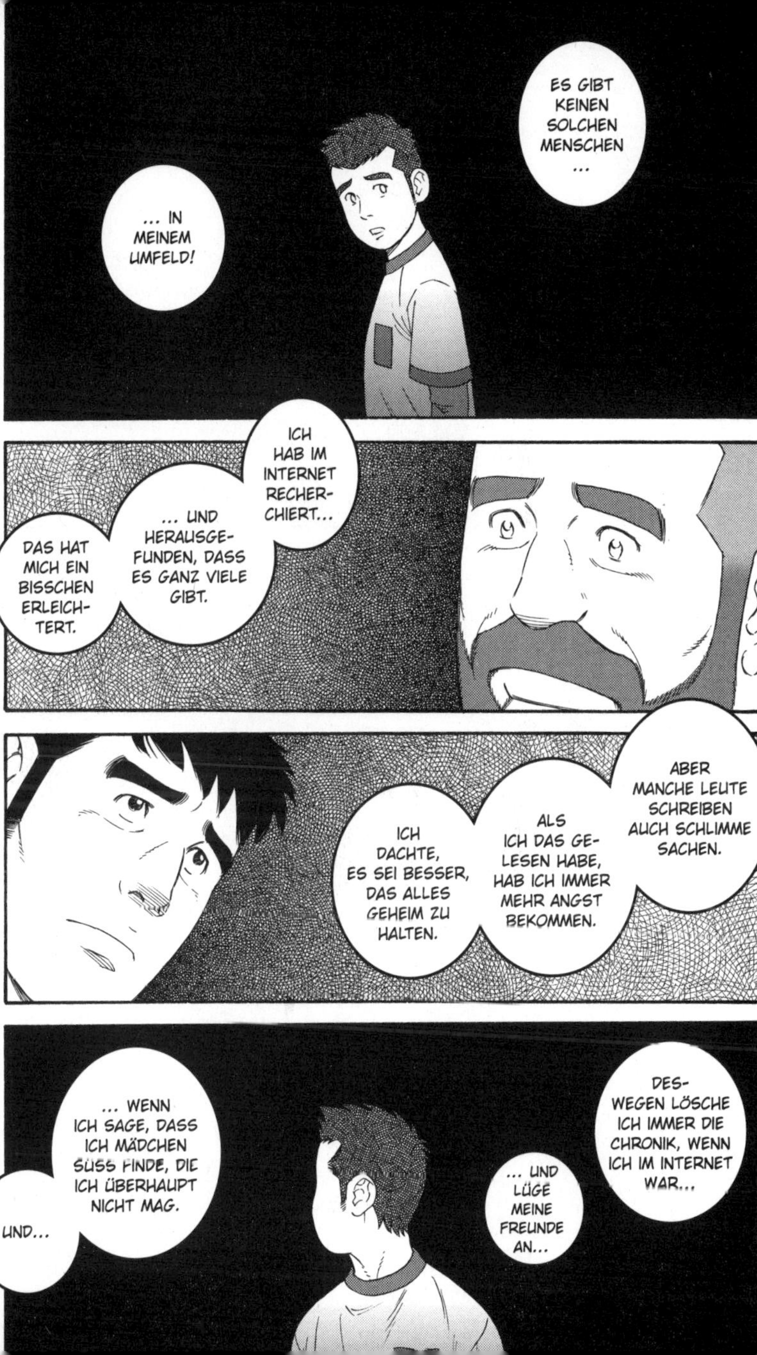
ES GIBT KEINEN SOLCHEN MENSCHEN ...
... IN MEINEM UMFELD!
ICH HAB IM INTERNET RECHERCHIERT...
... UND HERAUSGEFUNDEN, DASS ES GANZ VIELE GIBT.
DAS HAT MICH EIN BISSCHEN ERLEICHTERT.
ABER MANCHE LEUTE SCHREIBEN AUCH SCHLIMME SACHEN.
ALS ICH DAS GELESEN HABE, HAB ICH IMMER MEHR ANGST BEKOMMEN.
ICH DACHTE, ES SEI BESSER, DAS ALLES GEHEIM ZU HALTEN.
DESWEGEN LÖSCHE ICH IMMER DIE CHRONIK, WENN ICH IM INTERNET WAR...
... UND LÜGE MEINE FREUNDE AN...
UND...
... WENN ICH SAGE, DASS ICH MÄDCHEN SÜSS FINDE, DIE ICH ÜBERHAUPT NICHT MAG.

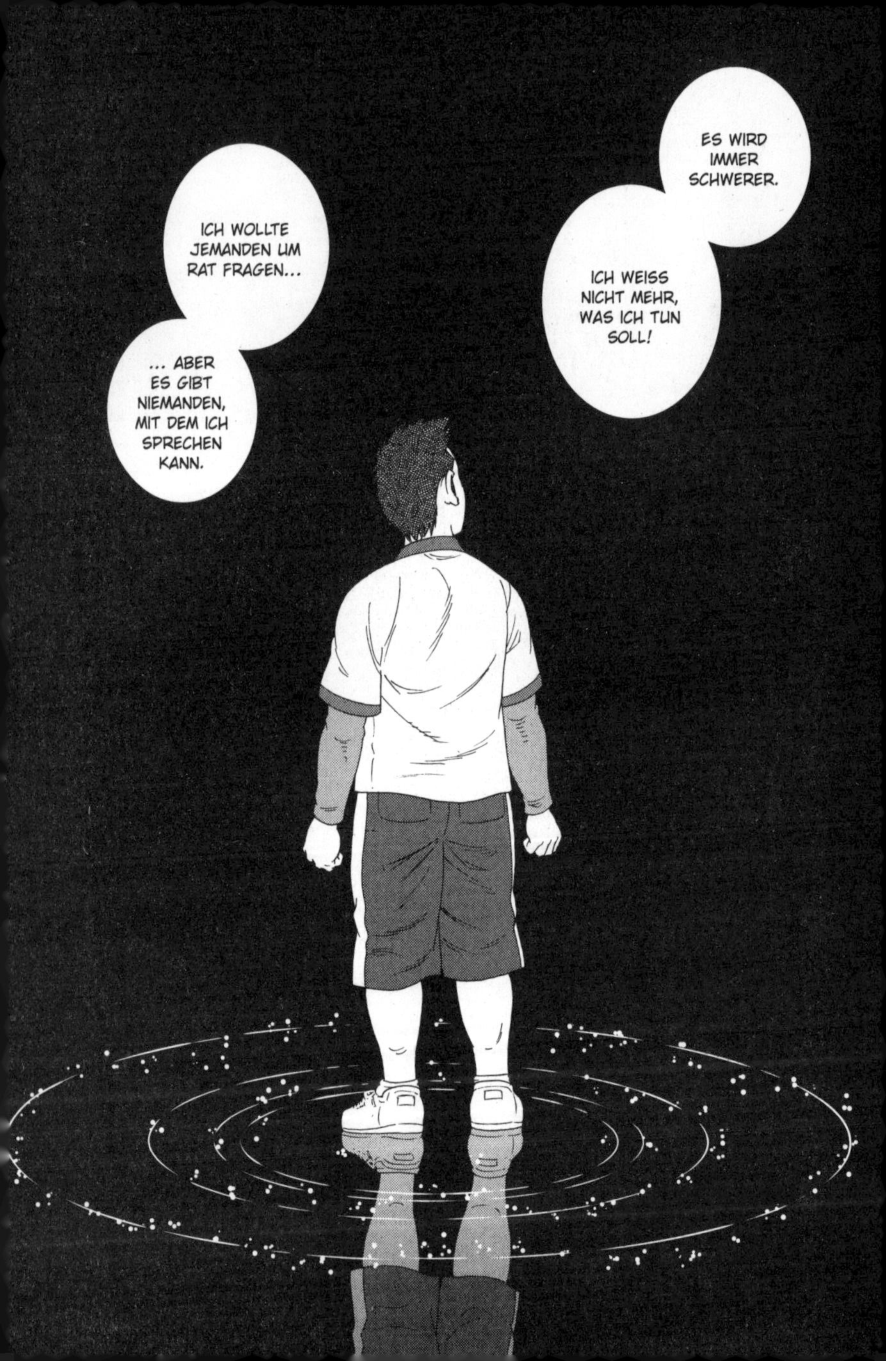
ES WIRD IMMER SCHWERER.
ICH WEISS NICHT MEHR, WAS ICH TUN SOLL!
ICH WOLLTE JEMANDEN UM RAT FRAGEN...
... ABER ES GIBT NIEMANDEN, MIT DEM ICH SPRECHEN KANN.

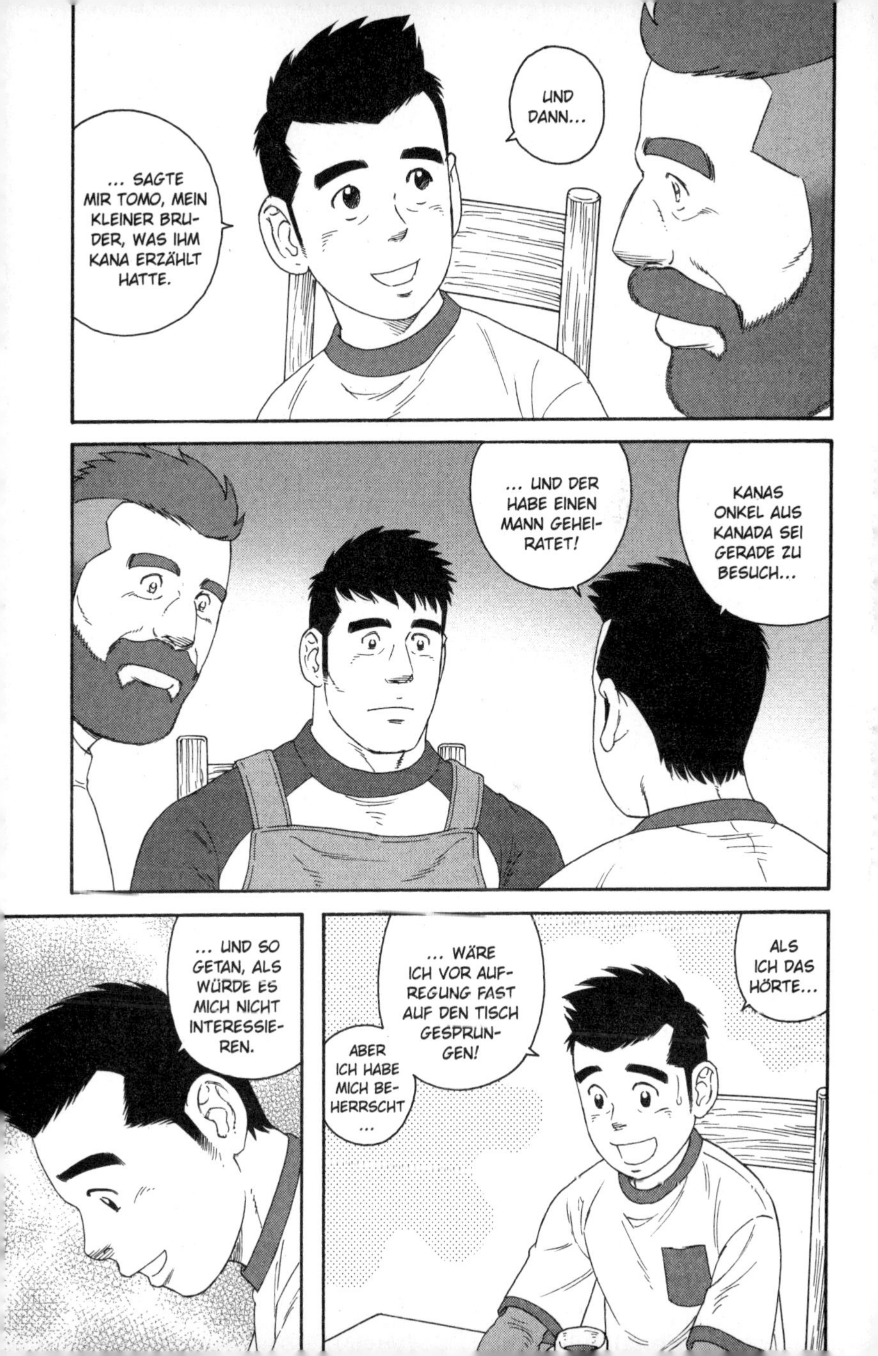
UND DANN...
... SAGTE MIR TOMO, MEIN KLEINER BRUDER, WAS IHM KANA ERZÄHLT HATTE.
KANAS ONKEL AUS KANADA SEI GERADE ZU BESUCH...
... UND DER HABE EINEN MANN GEHEIRATET!
ALS ICH DAS HÖRTE...
... WÄRE ICH VOR AUFREGUNG FAST AUF DEN TISCH GESPRUNGEN!
ABER ICH HABE MICH BEHERRSCHT ...
... UND SO GETAN, ALS WÜRDE ES MICH NICHT INTERESSIEREN.

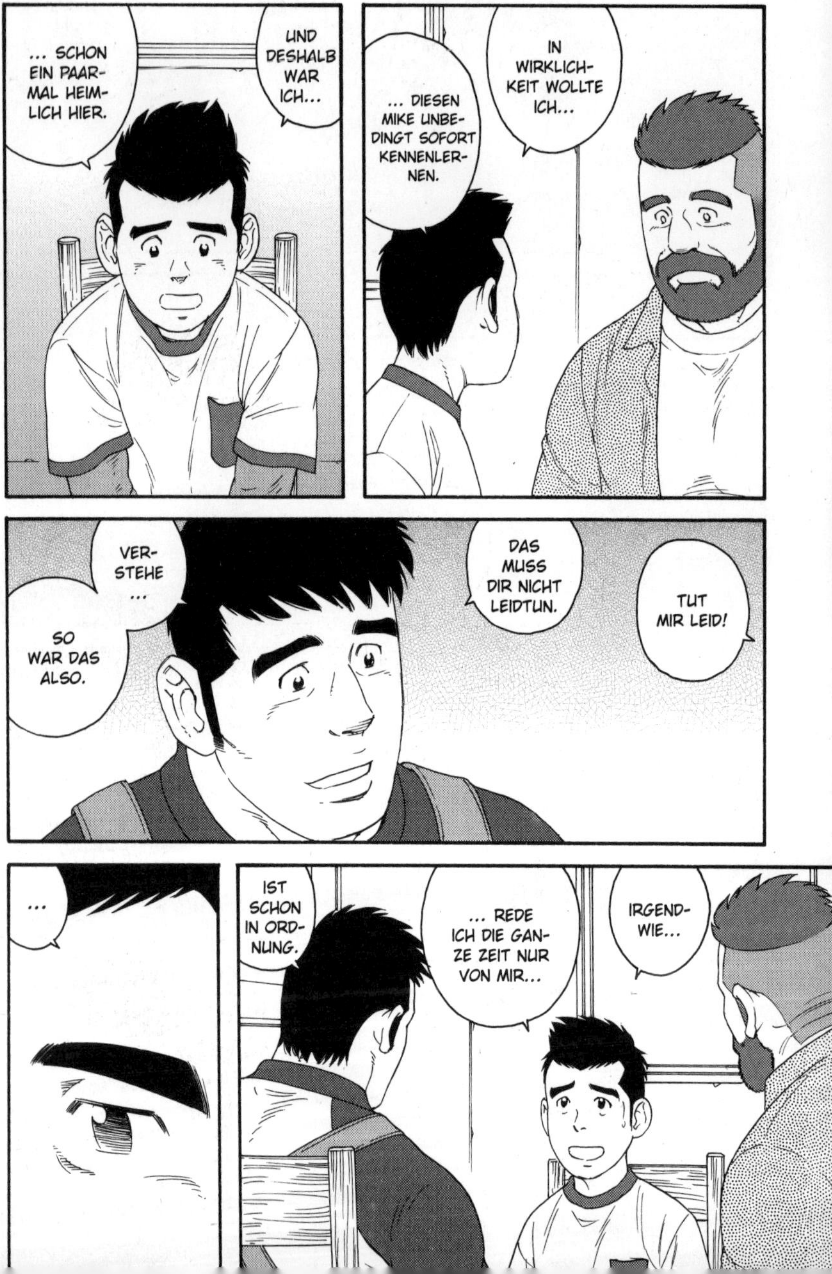

IN WIRKLICHKEIT WOLLTE ICH...
... DIESEN MIKE UNBEDINGT SOFORT KENNENLERNEN.
UND DESHALB WAR ICH...
... SCHON EIN PAARMAL HEIMLICH HIER.
TUT MIR LEID!
DAS MUSS DIR NICHT LEIDTUN.
VERSTEHE ...
SO WAR DAS ALSO.
IRGENDWIE...
... REDE ICH DIE GANZE ZEIT NUR VON MIR...
IST SCHON IN ORDNUNG.
...

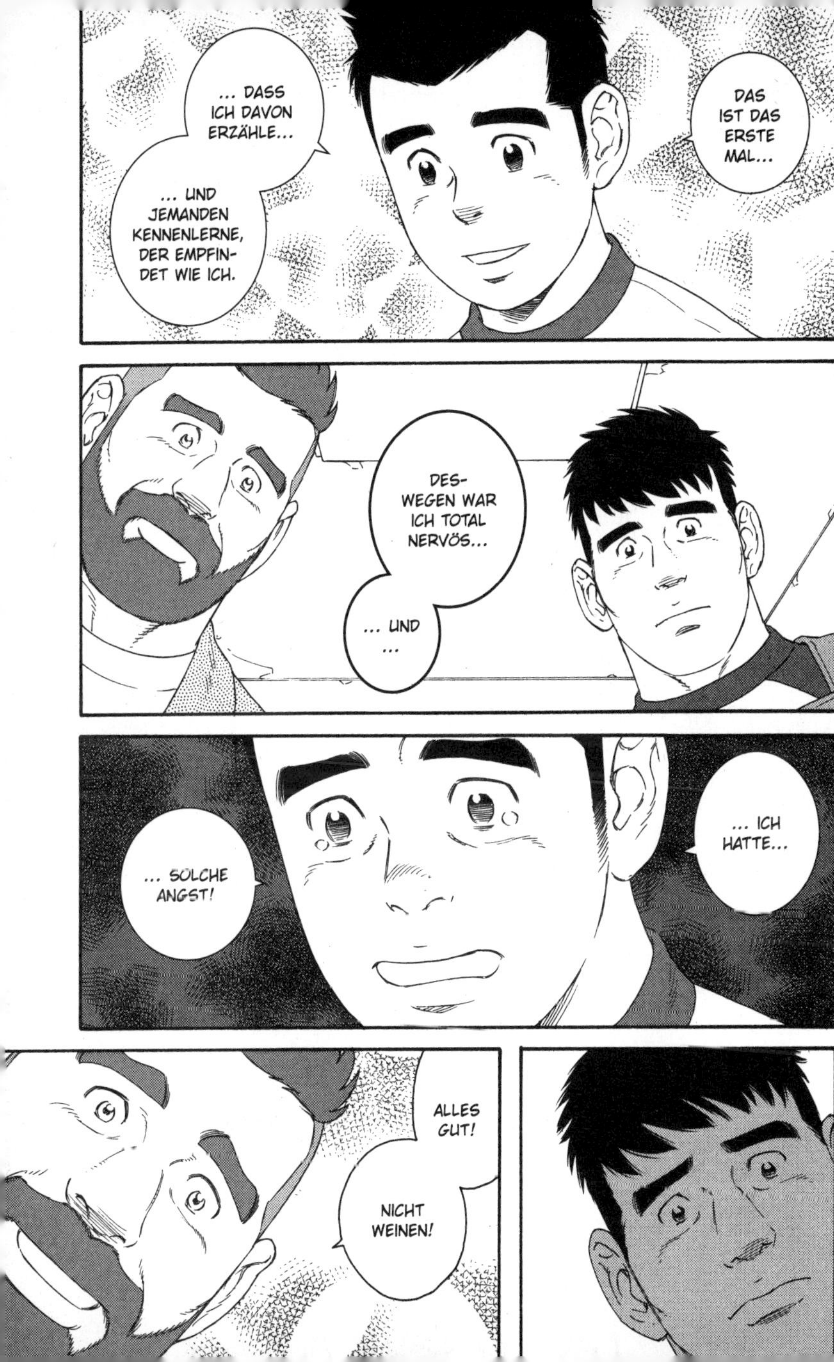
DAS IST DAS ERSTE MAL...
... DASS ICH DAVON ERZÄHLE...
... UND JEMANDEN KENNENLERNE, DER EMPFIN-DET WIE ICH.
DES-WEGEN WAR ICH TOTAL NERVÖS...
... UND ...
... ICH HATTE...
... SOLCHE ANGST!
ALLES GUT!
NICHT WEINEN!

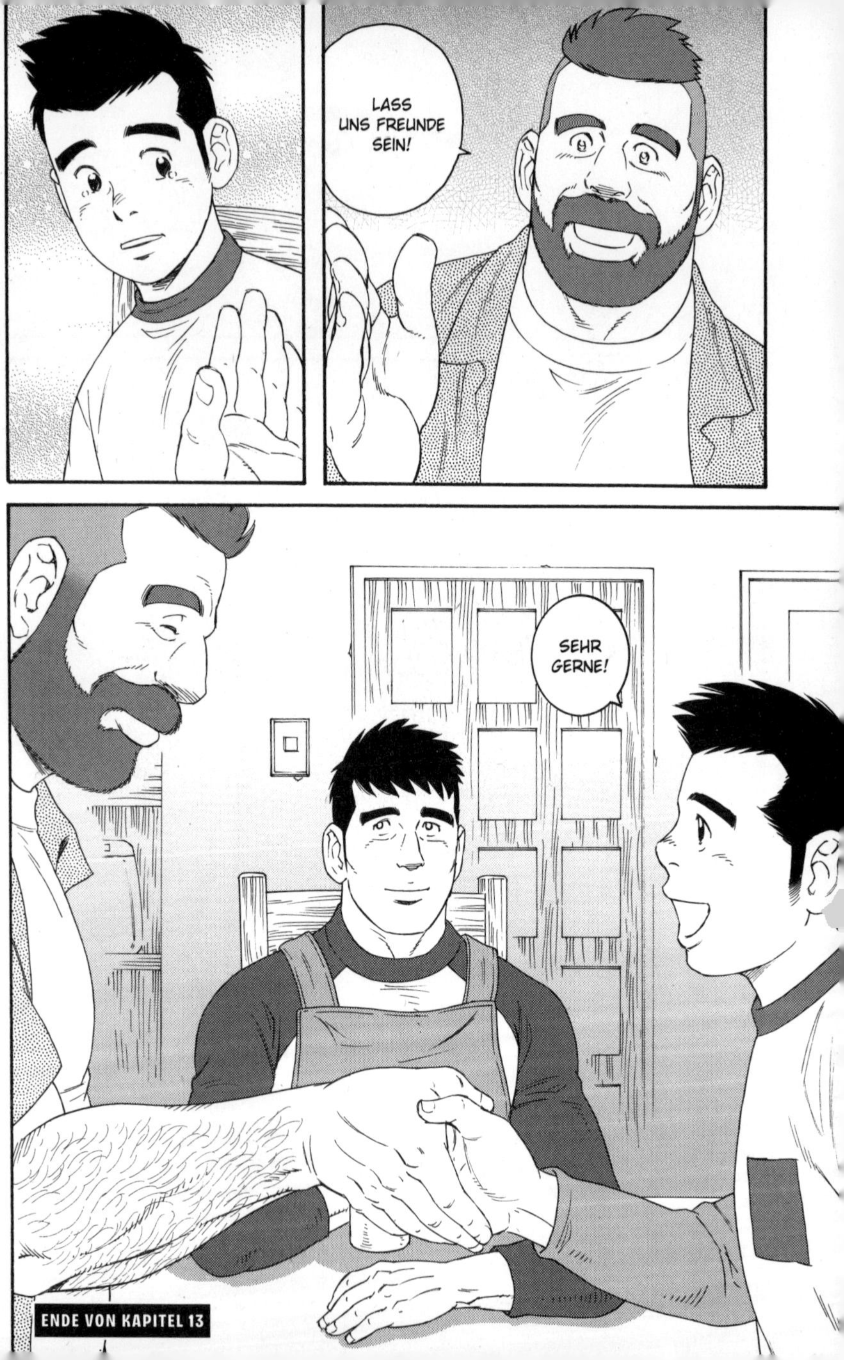
LASS UNS FREUNDE SEIN!
SEHR GERNE!
ENDE VON KAPITEL 13

Kapitel

14 Ramen

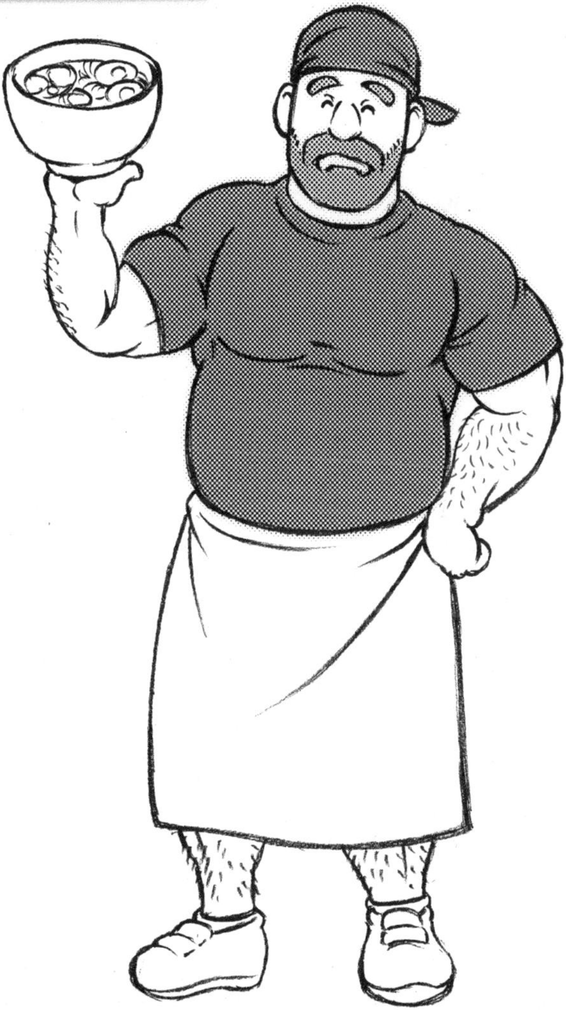

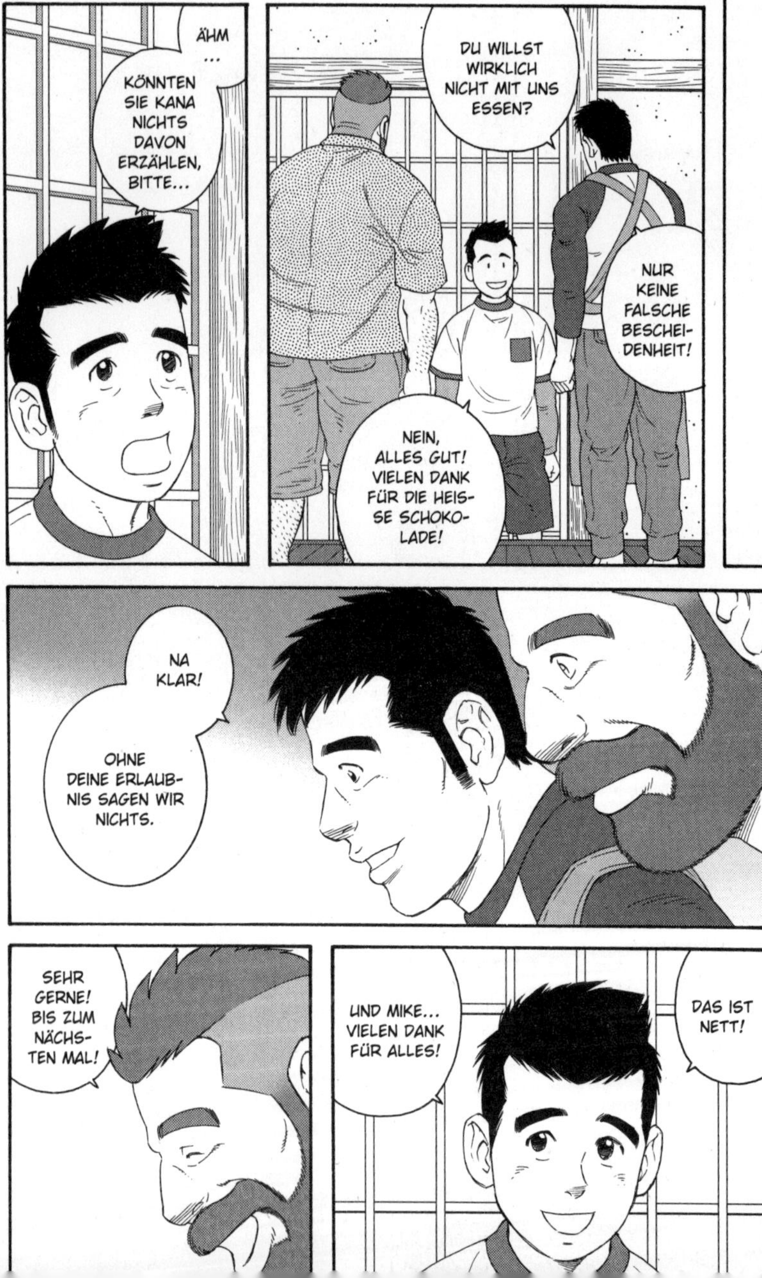
DU WILLST WIRKLICH NICHT MIT UNS ESSEN?
NUR KEINE FALSCHE BESCHEI-DENHEIT!
NEIN, ALLES GUT! VIELEN DANK FÜR DIE HEIS-SE SCHOKO-LADE!
ÄHM ...
KÖNNTEN SIE KANA NICHTS DAVON ERZÄHLEN, BITTE...
NA KLAR!
OHNE DEINE ERLAUB-NIS SAGEN WIR NICHTS.
DAS IST NETT!
UND MIKE... VIELEN DANK FÜR ALLES!
SEHR GERNE! BIS ZUM NÄCHS-TEN MAL!

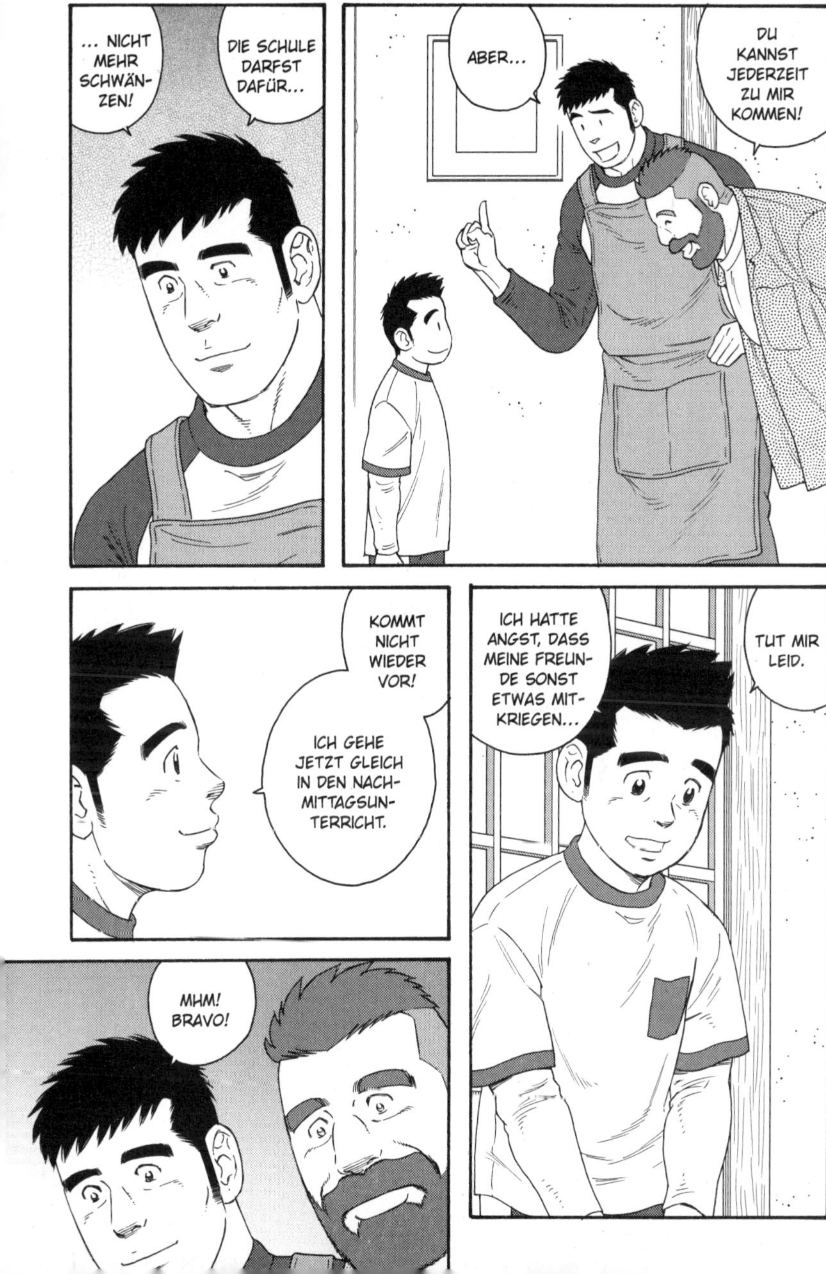
DU KANNST JEDERZEIT ZU MIR KOMMEN!
ABER…
DIE SCHULE DARFST DAFÜR…
… NICHT MEHR SCHWÄN-ZEN!
TUT MIR LEID.
ICH HATTE ANGST, DASS MEINE FREUN-DE SONST ETWAS MIT-KRIEGEN…
KOMMT NICHT WIEDER VOR!
ICH GEHE JETZT GLEICH IN DEN NACH-MITTAGSUN-TERRICHT.
MHM! BRAVO!

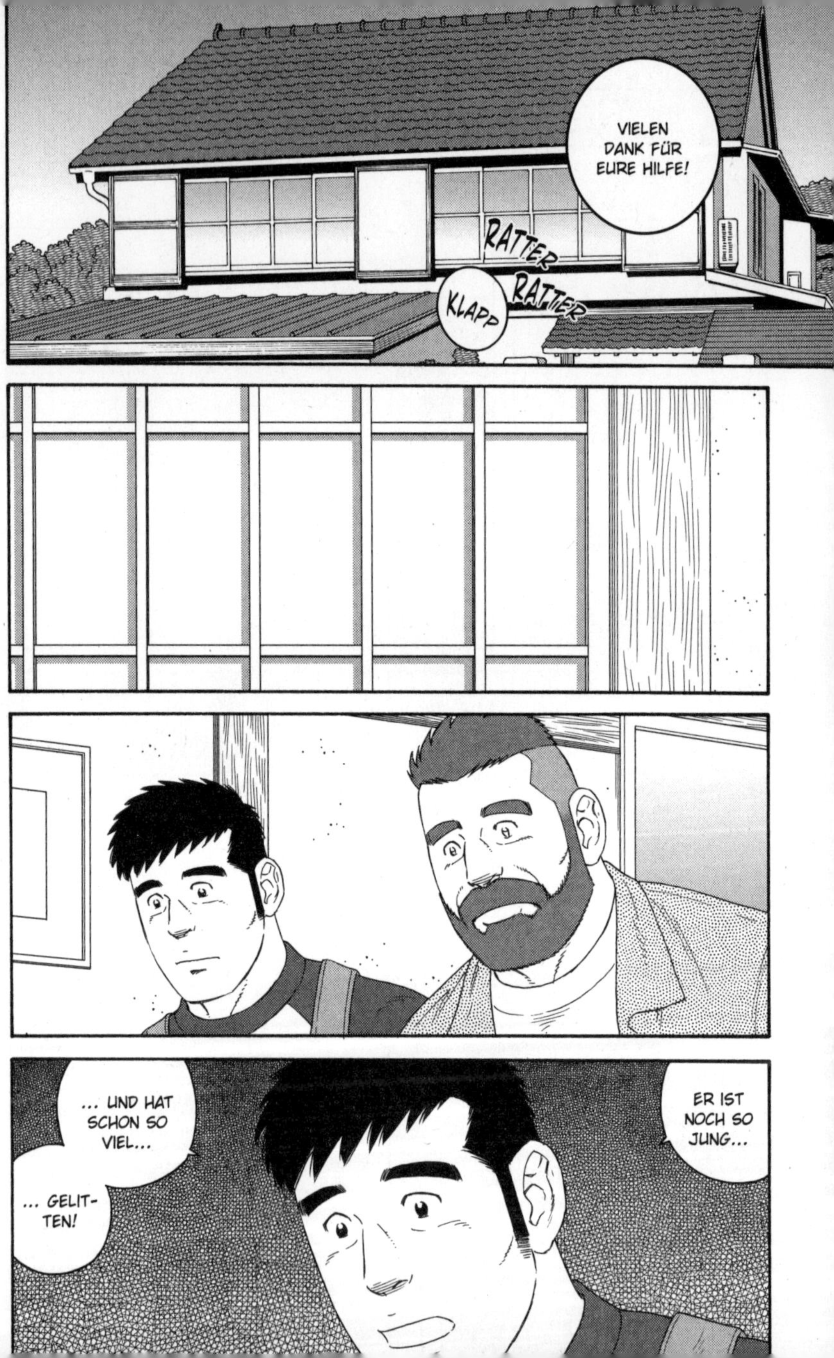
VIELEN DANK FÜR EURE HILFE!
RATTER
RATTER
KLAPP
ER IST NOCH SO JUNG...
... UND HAT SCHON SO VIEL...
... GELIT-TEN!

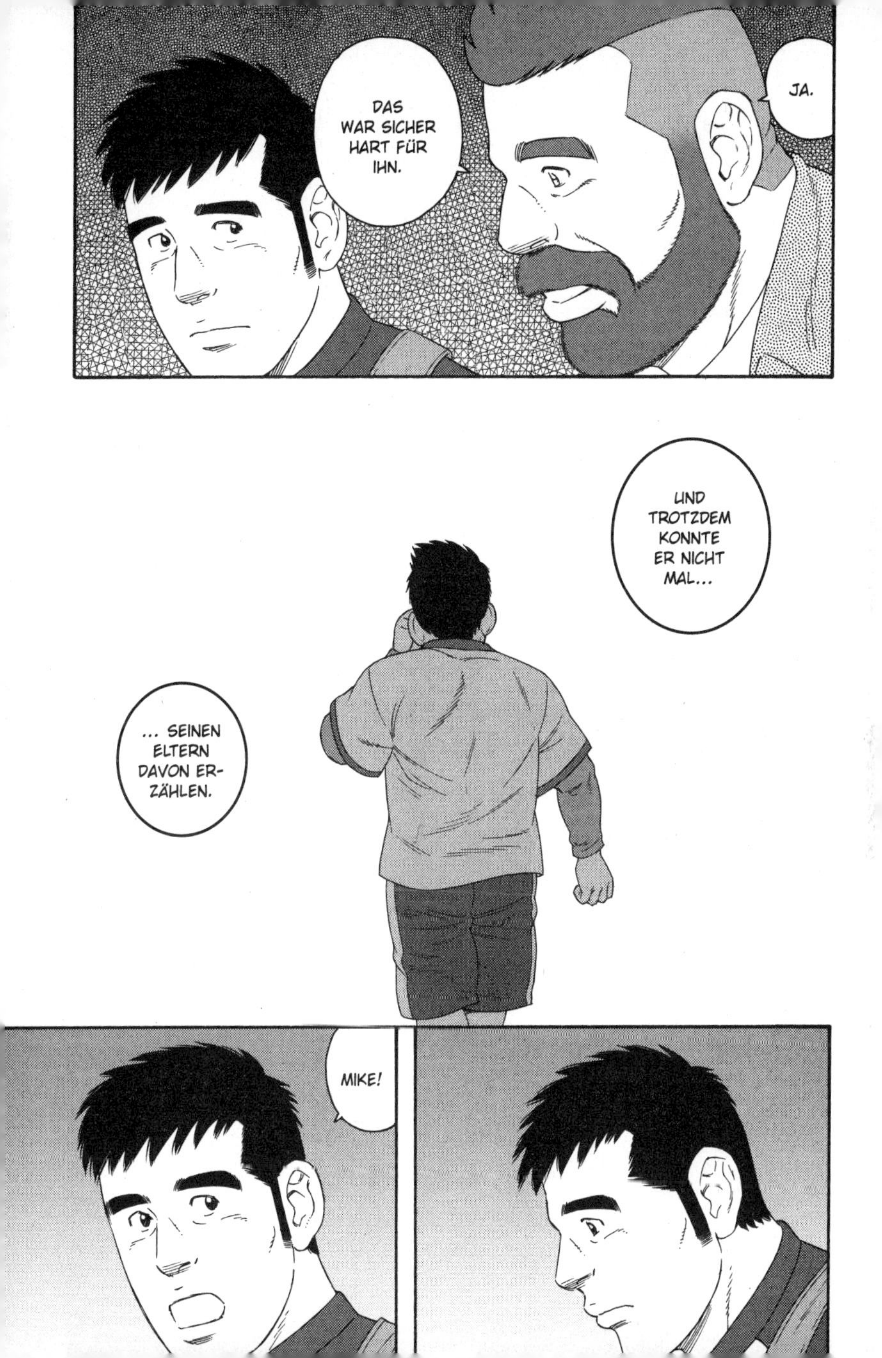
DAS WAR SICHER HART FÜR IHN.
JA.
UND TROTZDEM KONNTE ER NICHT MAL...
... SEINEN ELTERN DAVON ERZÄHLEN.
MIKE!

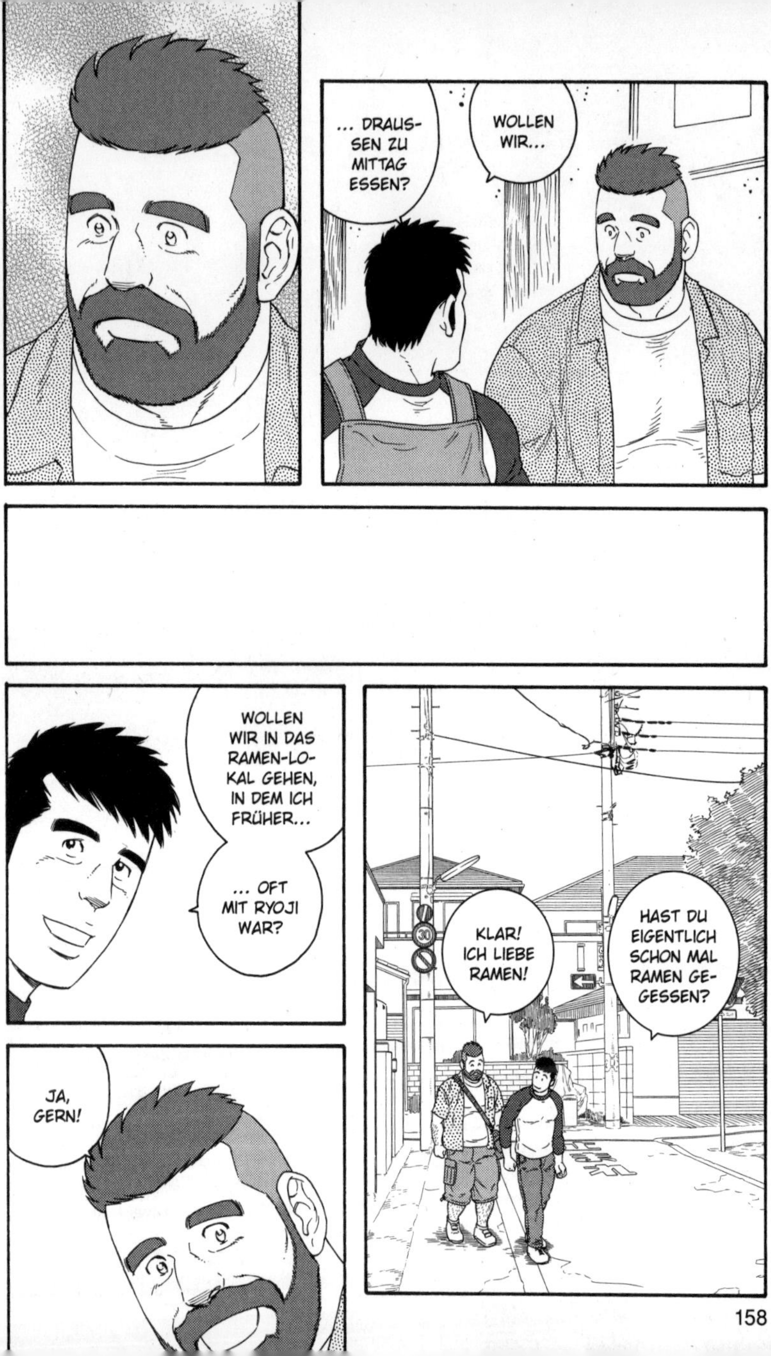
WOLLEN WIR...
... DRAUS-SEN ZU MITTAG ESSEN?
HAST DU EIGENTLICH SCHON MAL RAMEN GE-GESSEN?
KLAR! ICH LIEBE RAMEN!
WOLLEN WIR IN DAS RAMEN-LO-KAL GEHEN, IN DEM ICH FRÜHER...
... OFT MIT RYOJI WAR?
JA, GERN!

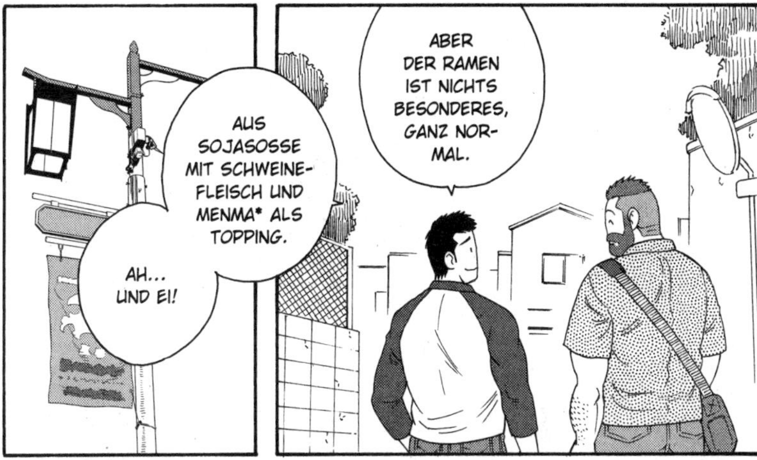

* Fermentierte Bambussprossen

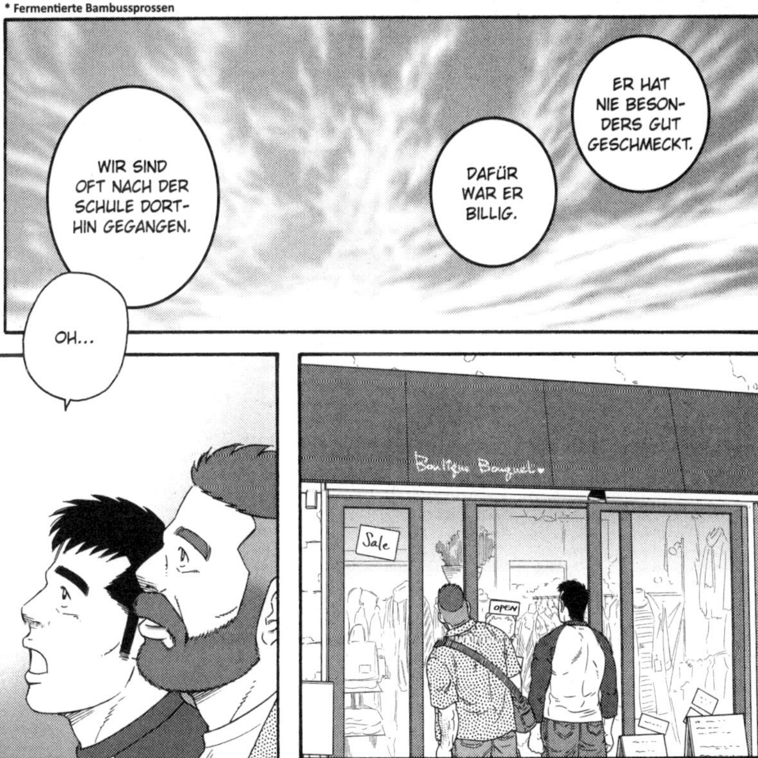

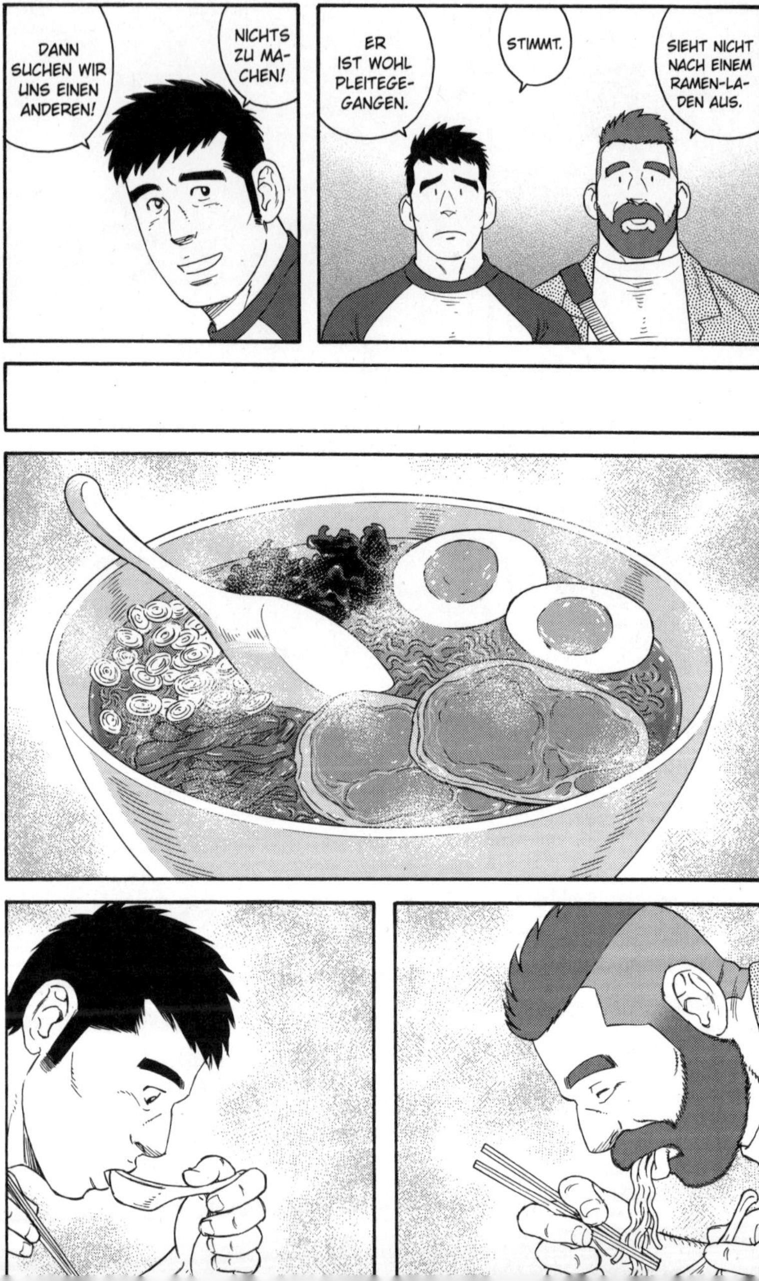
SIEHT NICHT NACH EINEM RAMEN-LADEN AUS.
STIMMT.
ER IST WOHL PLEITEGEGANGEN.
NICHTS ZU MACHEN!
DANN SUCHEN WIR UNS EINEN ANDEREN!

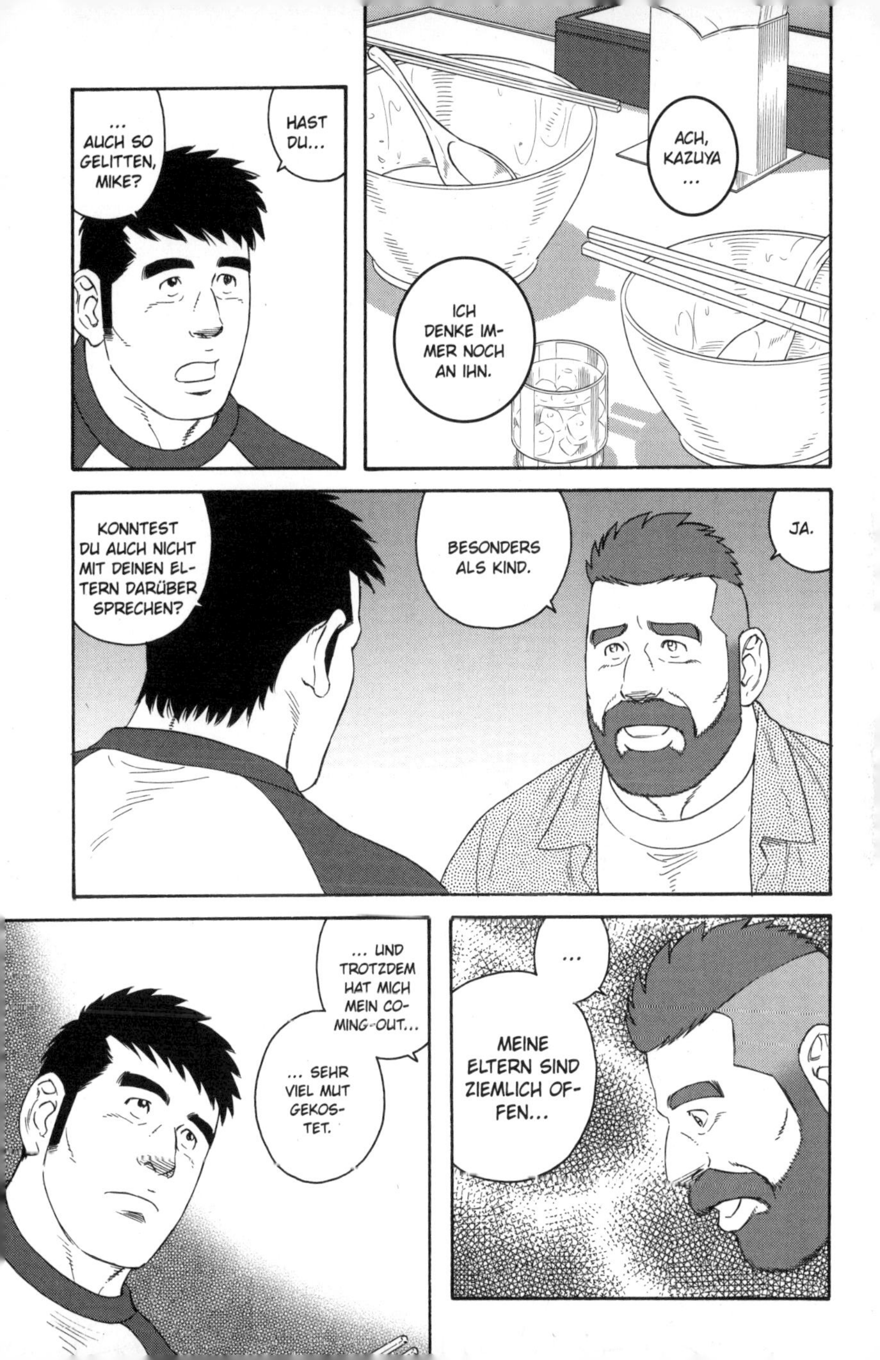
ACH, KAZUYA ...
ICH DENKE IMMER NOCH AN IHN.
HAST DU...
... AUCH SO GELITTEN, MIKE?
JA.
BESONDERS ALS KIND.
KONNTEST DU AUCH NICHT MIT DEINEN ELTERN DARÜBER SPRECHEN?
...
MEINE ELTERN SIND ZIEMLICH OFFEN...
... UND TROTZDEM HAT MICH MEIN COMING-OUT...
... SEHR VIEL MUT GEKOSTET.

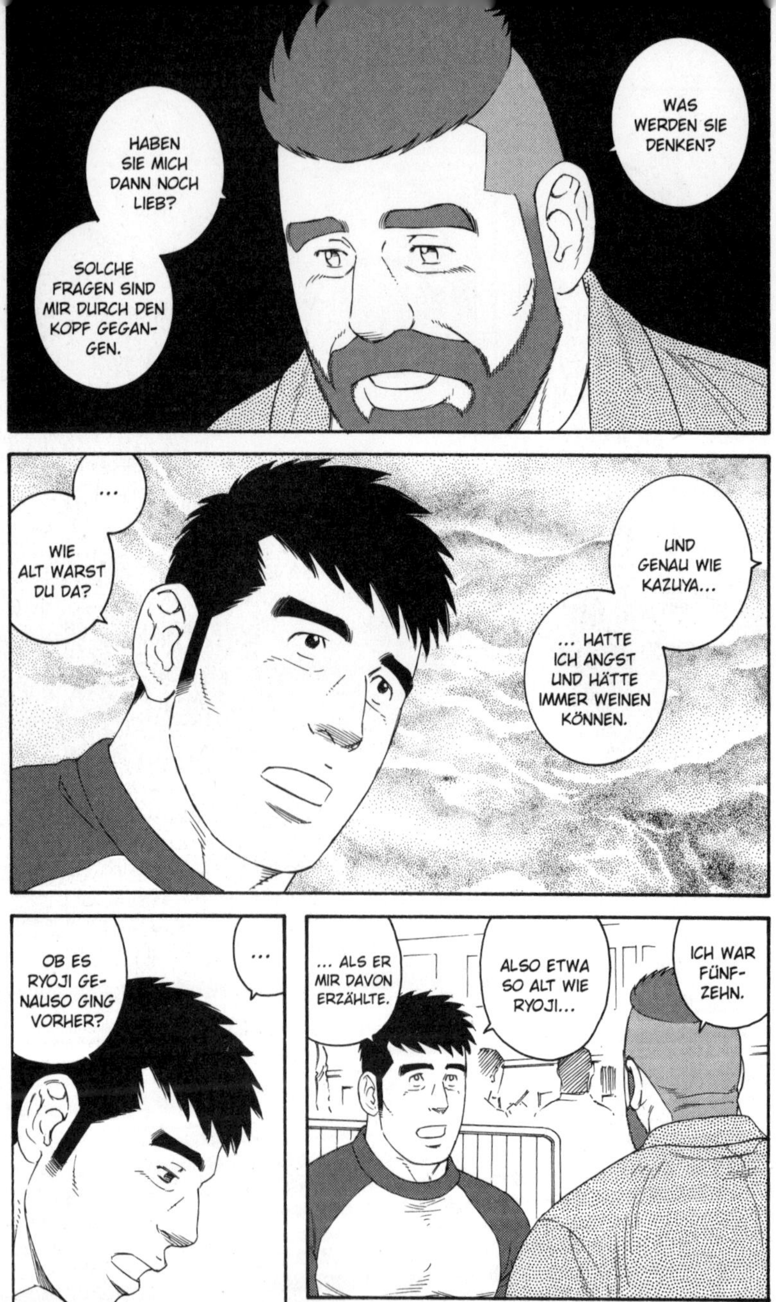
WAS WERDEN SIE DENKEN?
HABEN SIE MICH DANN NOCH LIEB?
SOLCHE FRAGEN SIND MIR DURCH DEN KOPF GEGAN-GEN.
UND GENAU WIE KAZUYA...
... HATTE ICH ANGST UND HÄTTE IMMER WEINEN KÖNNEN.
...
WIE ALT WARST DU DA?
ICH WAR FÜNF-ZEHN.
ALSO ETWA SO ALT WIE RYOJI...
... ALS ER MIR DAVON ERZÄHLTE.
...
OB ES RYOJI GE-NAUSO GING VORHER?

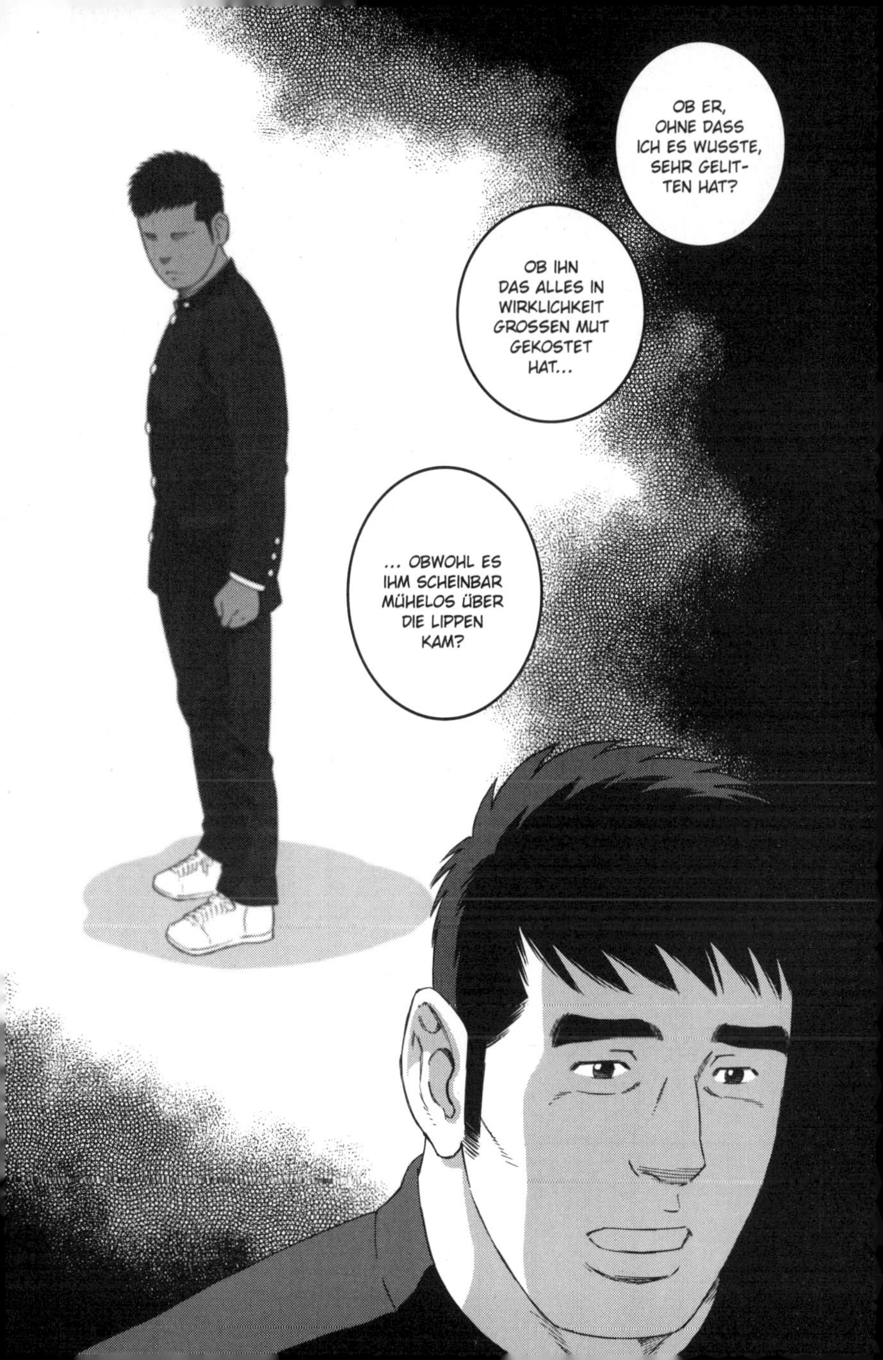
OB ER, OHNE DASS ICH ES WUSSTE, SEHR GELITTEN HAT?
OB IHN DAS ALLES IN WIRKLICHKEIT GROSSEN MUT GEKOSTET HAT…
… OBWOHL ES IHM SCHEINBAR MÜHELOS ÜBER DIE LIPPEN KAM?

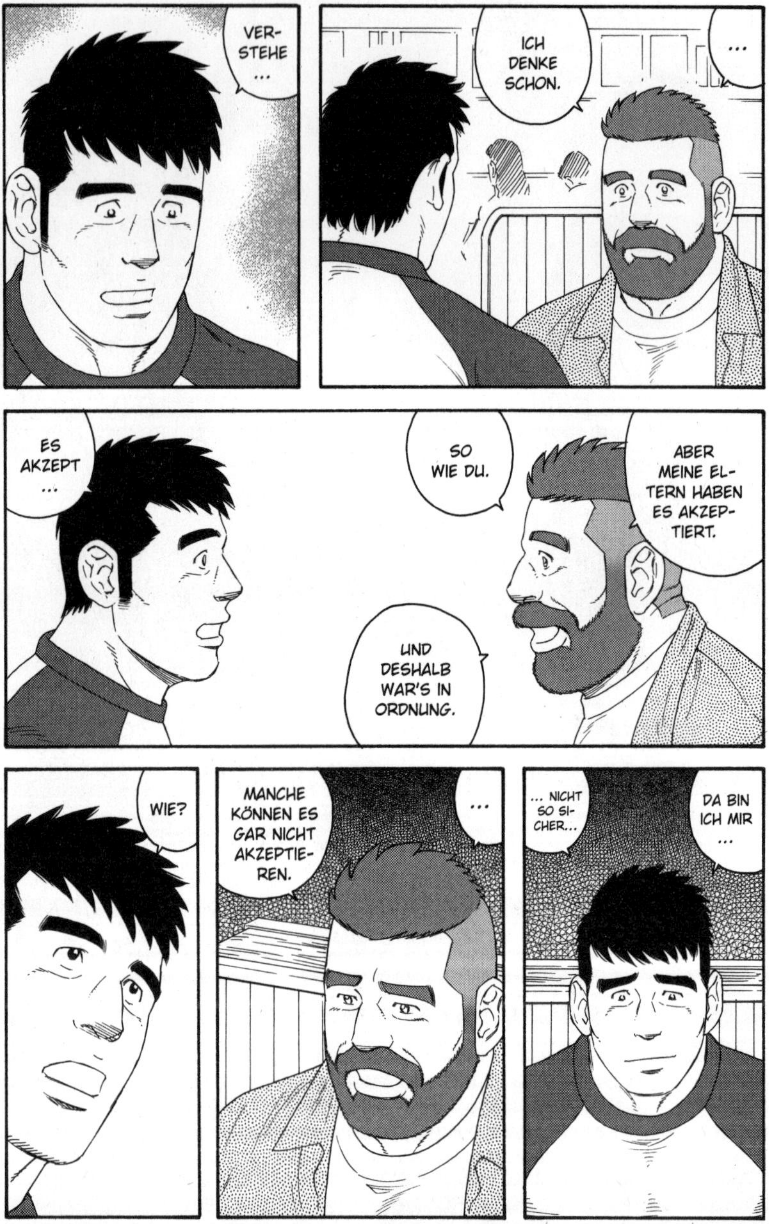
...
ICH DENKE SCHON.
VERSTEHE ...
ABER MEINE ELTERN HABEN ES AKZEPTIERT.
SO WIE DU.
UND DESHALB WAR'S IN ORDNUNG.
ES AKZEPT ...
DA BIN ICH MIR ...
... NICHT SO SICHER...
...
MANCHE KÖNNEN ES GAR NICHT AKZEPTIEREN.
WIE?

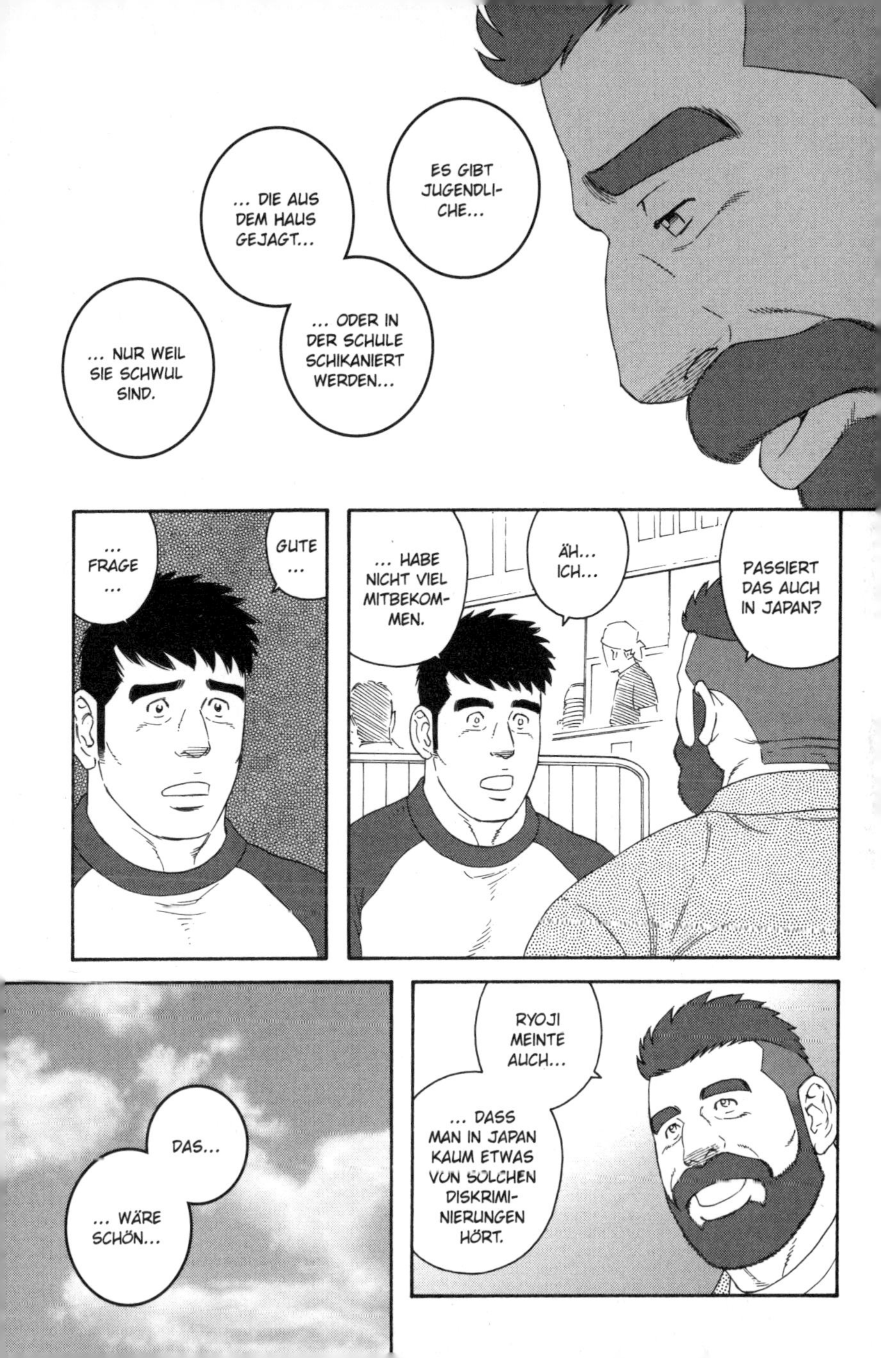
ES GIBT JUGENDLICHE...
... DIE AUS DEM HAUS GEJAGT...
... ODER IN DER SCHULE SCHIKANIERT WERDEN...
... NUR WEIL SIE SCHWUL SIND.
PASSIERT DAS AUCH IN JAPAN?
ÄH... ICH...
... HABE NICHT VIEL MITBEKOMMEN.
GUTE ...
... FRAGE ...
RYOJI MEINTE AUCH...
... DASS MAN IN JAPAN KAUM ETWAS VON SOLCHEN DISKRIMINIERUNGEN HÖRT.
DAS...
... WÄRE SCHÖN...

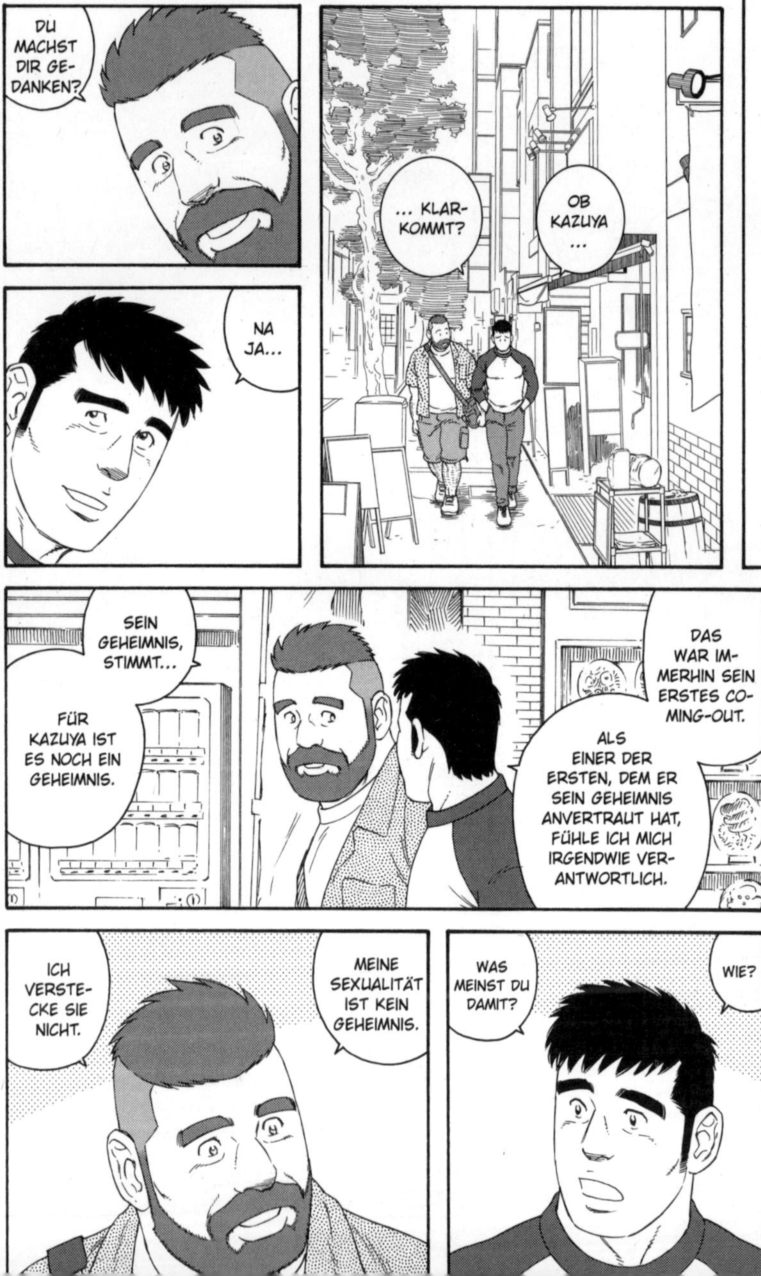

OB KAZUYA ...
... KLARKOMMT?
DU MACHST DIR GEDANKEN?
NA JA...
DAS WAR IMMERHIN SEIN ERSTES COMING-OUT.
ALS EINER DER ERSTEN, DEM ER SEIN GEHEIMNIS ANVERTRAUT HAT, FÜHLE ICH MICH IRGENDWIE VERANTWORTLICH.
SEIN GEHEIMNIS, STIMMT...
FÜR KAZUYA IST ES NOCH EIN GEHEIMNIS.
WIE?
WAS MEINST DU DAMIT?
MEINE SEXUALITÄT IST KEIN GEHEIMNIS.
ICH VERSTECKE SIE NICHT.

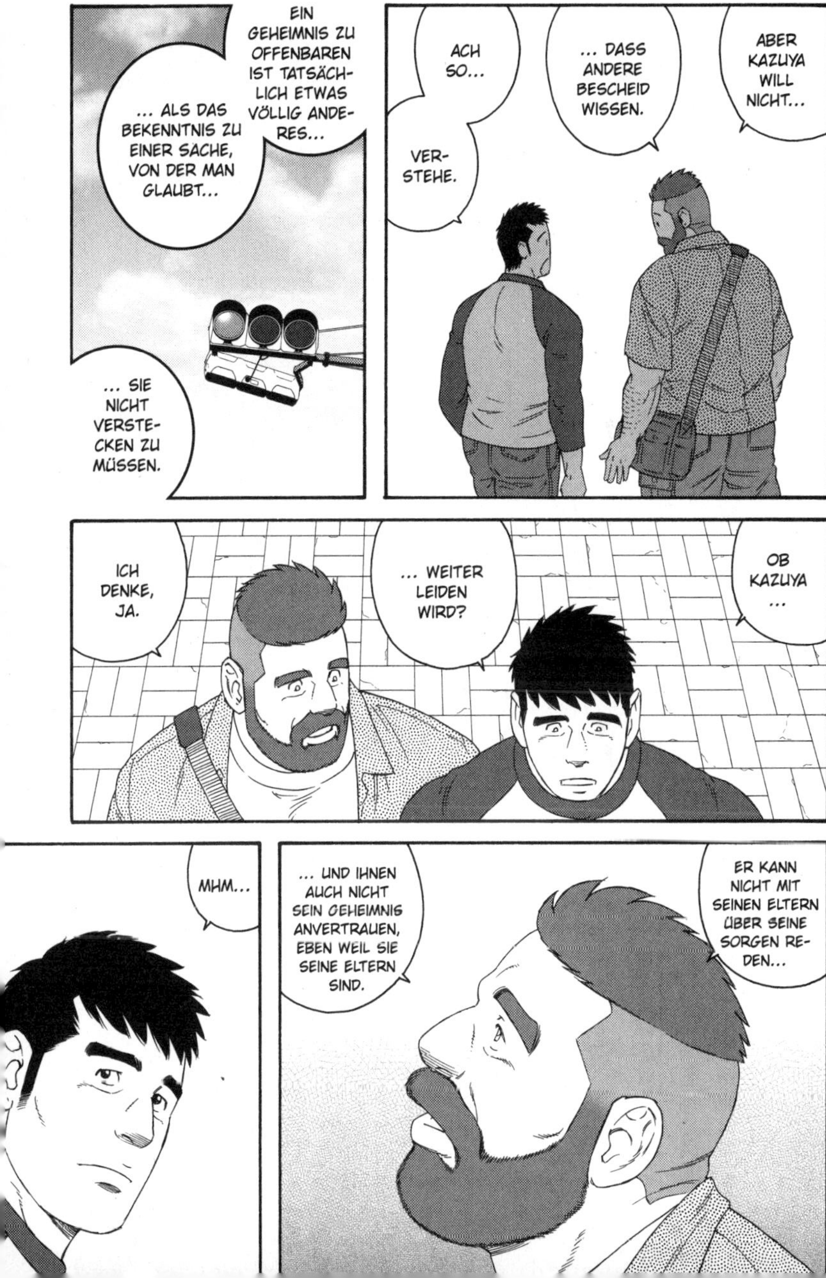
ABER KAZUYA WILL NICHT…
… DASS ANDERE BESCHEID WISSEN.
ACH SO…
VER-STEHE.
EIN GEHEIMNIS ZU OFFENBAREN IST TATSÄCH-LICH ETWAS VÖLLIG ANDE-RES…
… ALS DAS BEKENNTNIS ZU EINER SACHE, VON DER MAN GLAUBT…
… SIE NICHT VERSTE-CKEN ZU MÜSSEN.
OB KAZUYA …
… WEITER LEIDEN WIRD?
ICH DENKE, JA.
ER KANN NICHT MIT SEINEN ELTERN ÜBER SEINE SORGEN RE-DEN…
… UND IHNEN AUCH NICHT SEIN GEHEIMNIS ANVERTRAUEN, EBEN WEIL SIE SEINE ELTERN SIND.
MHM…

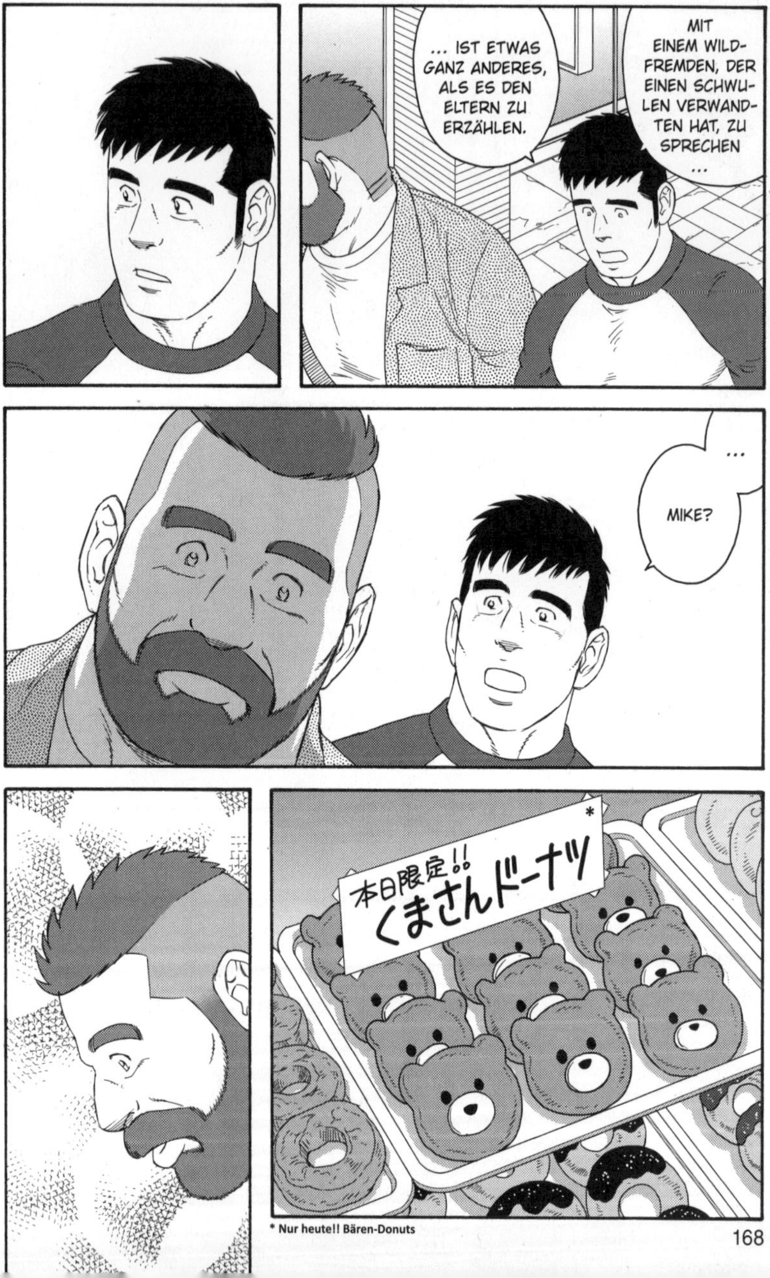

* Nur heute!! Bären-Donuts

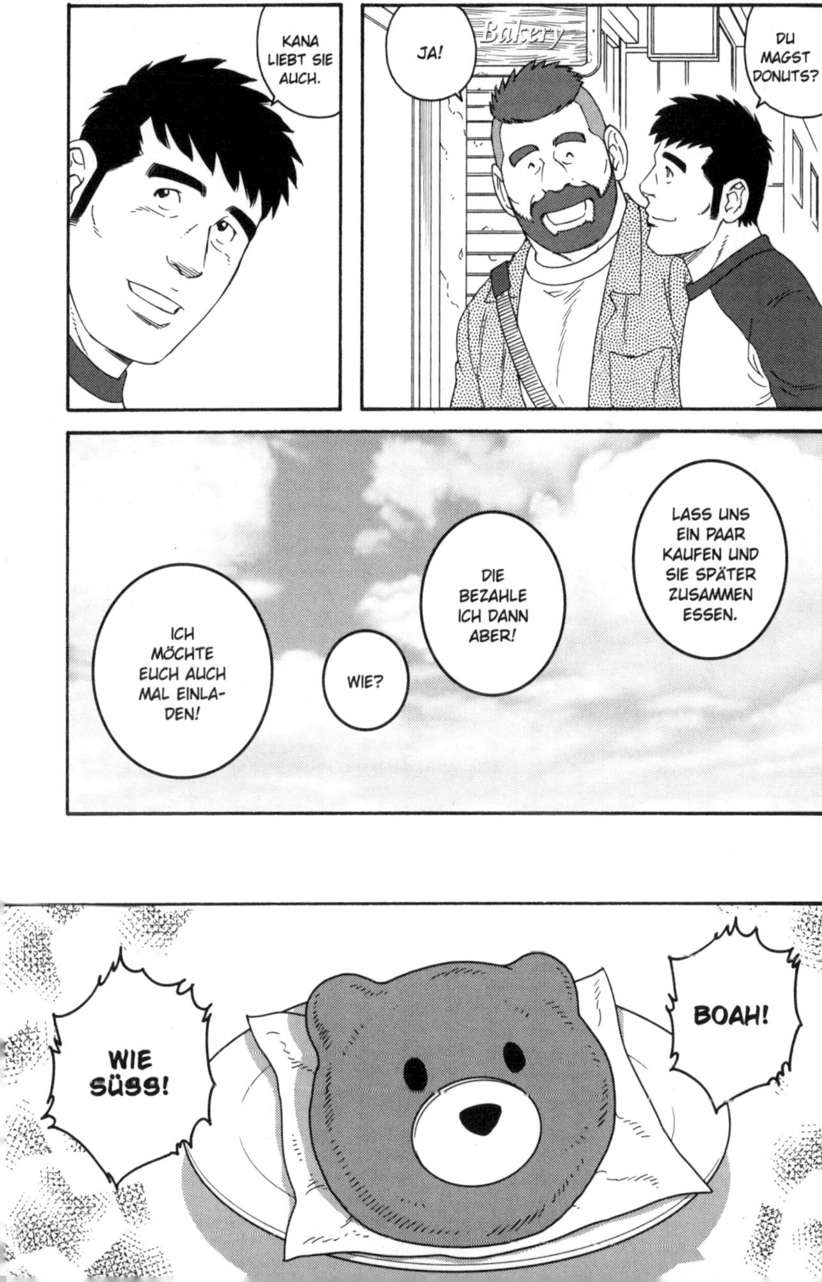

DU MAGST DONUTS?
JA!
Bakery
KANA LIEBT SIE AUCH.
LASS UNS EIN PAAR KAUFEN UND SIE SPÄTER ZUSAMMEN ESSEN.
DIE BEZAHLE ICH DANN ABER!
WIE?
ICH MÖCHTE EUCH AUCH MAL EINLA-DEN!
BOAH!
WIE SÜSS!

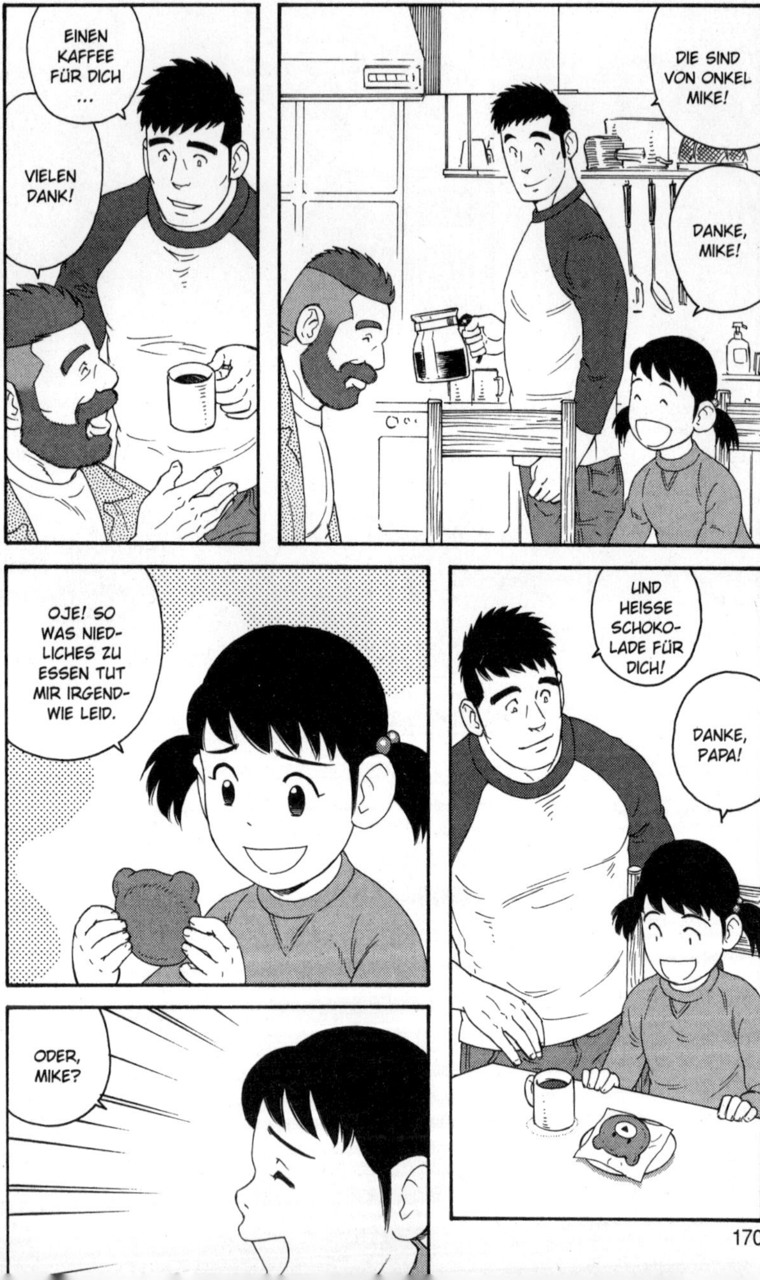
DIE SIND VON ONKEL MIKE!
DANKE, MIKE!
EINEN KAFFEE FÜR DICH ...
VIELEN DANK!
UND HEISSE SCHOKO-LADE FÜR DICH!
DANKE, PAPA!
OJE! SO WAS NIED-LICHES ZU ESSEN TUT MIR IRGEND-WIE LEID.
ODER, MIKE?

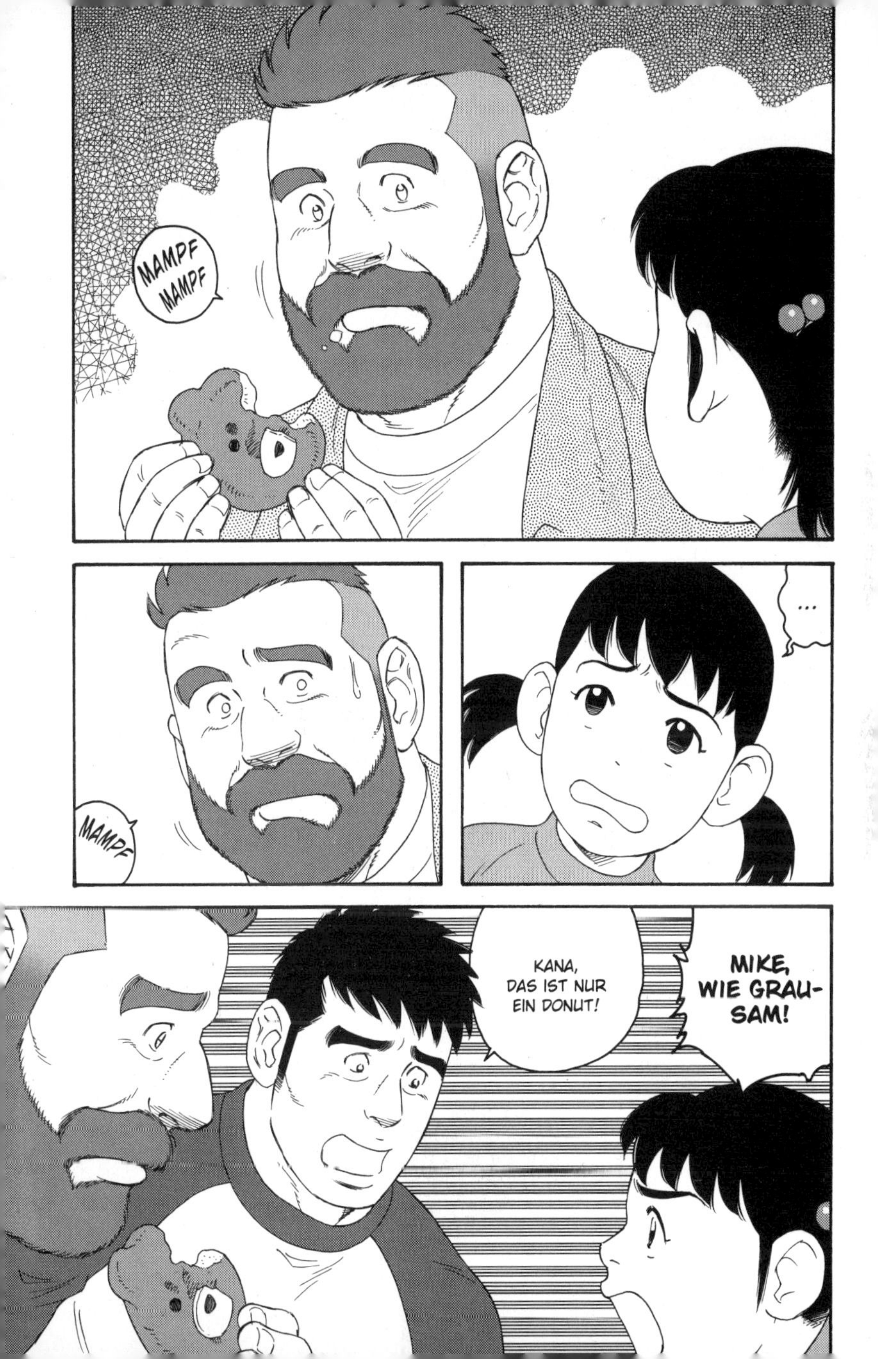
MAMPF
MAMPF
MAMPF
...
MIKE, WIE GRAU-SAM!
KANA, DAS IST NUR EIN DONUT!

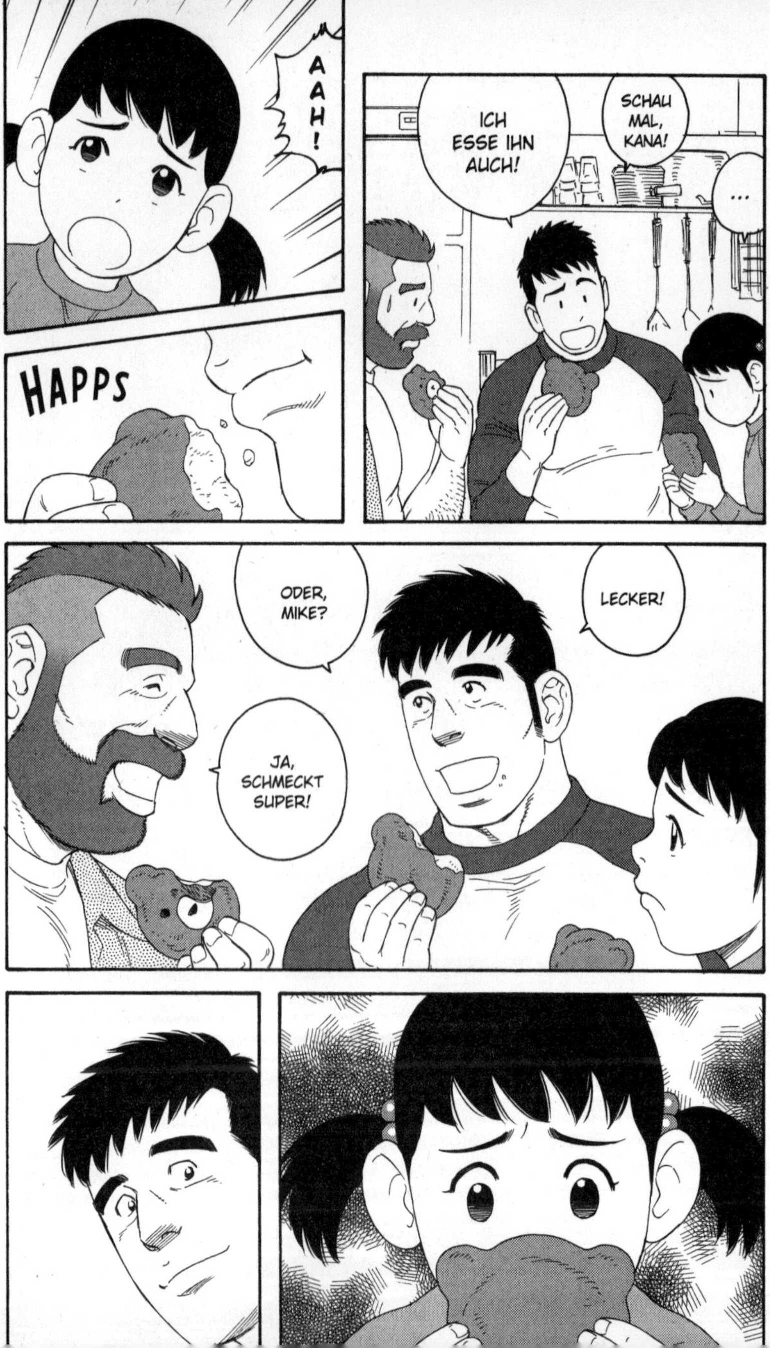

...
SCHAU MAL, KANA!
ICH ESSE IHN AUCH!
AAH!
HAPPS
LECKER!
ODER, MIKE?
JA, SCHMECKT SUPER!

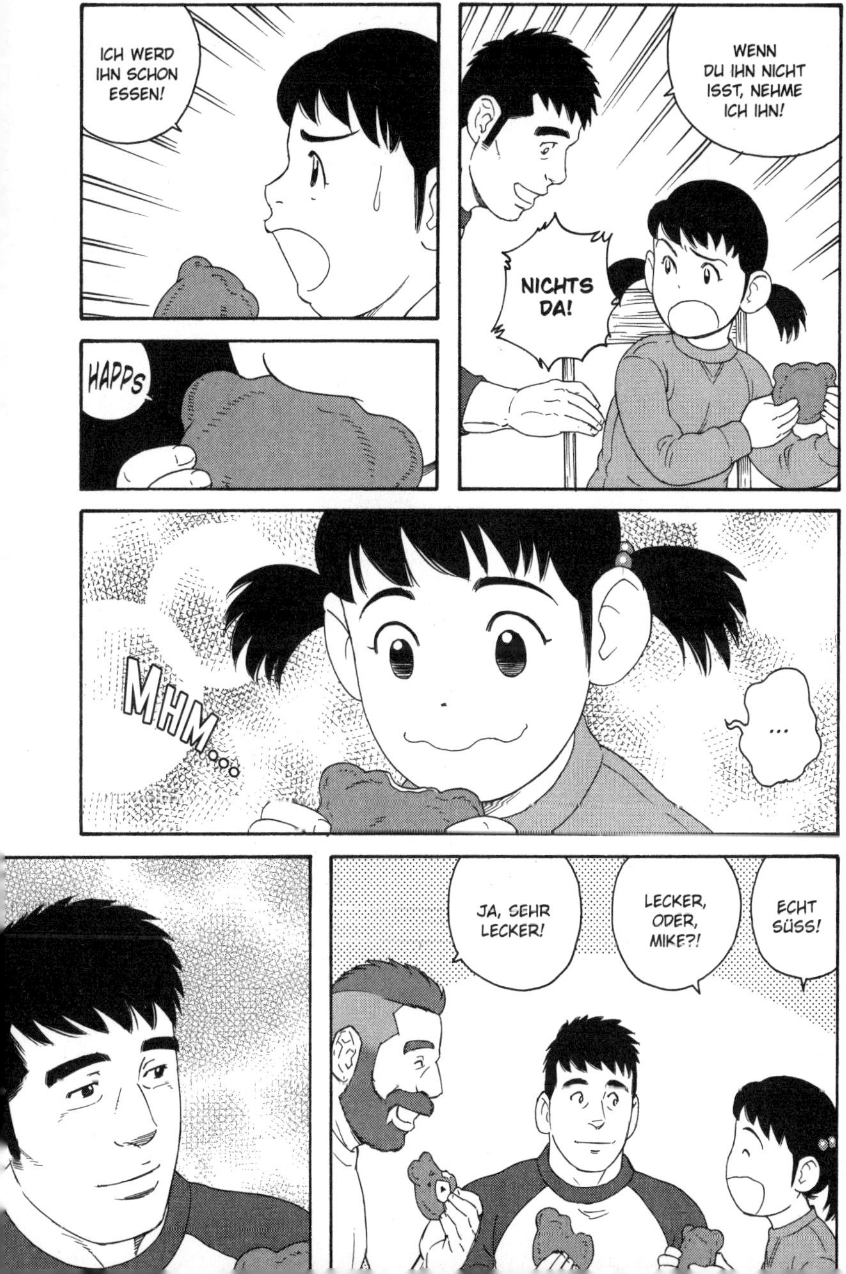
WENN DU IHN NICHT ISST, NEHME ICH IHN!
NICHTS DA!
ICH WERD IHN SCHON ESSEN!
HAPPS
MHM...
...
ECHT SÜSS!
LECKER, ODER, MIKE?!
JA, SEHR LECKER!

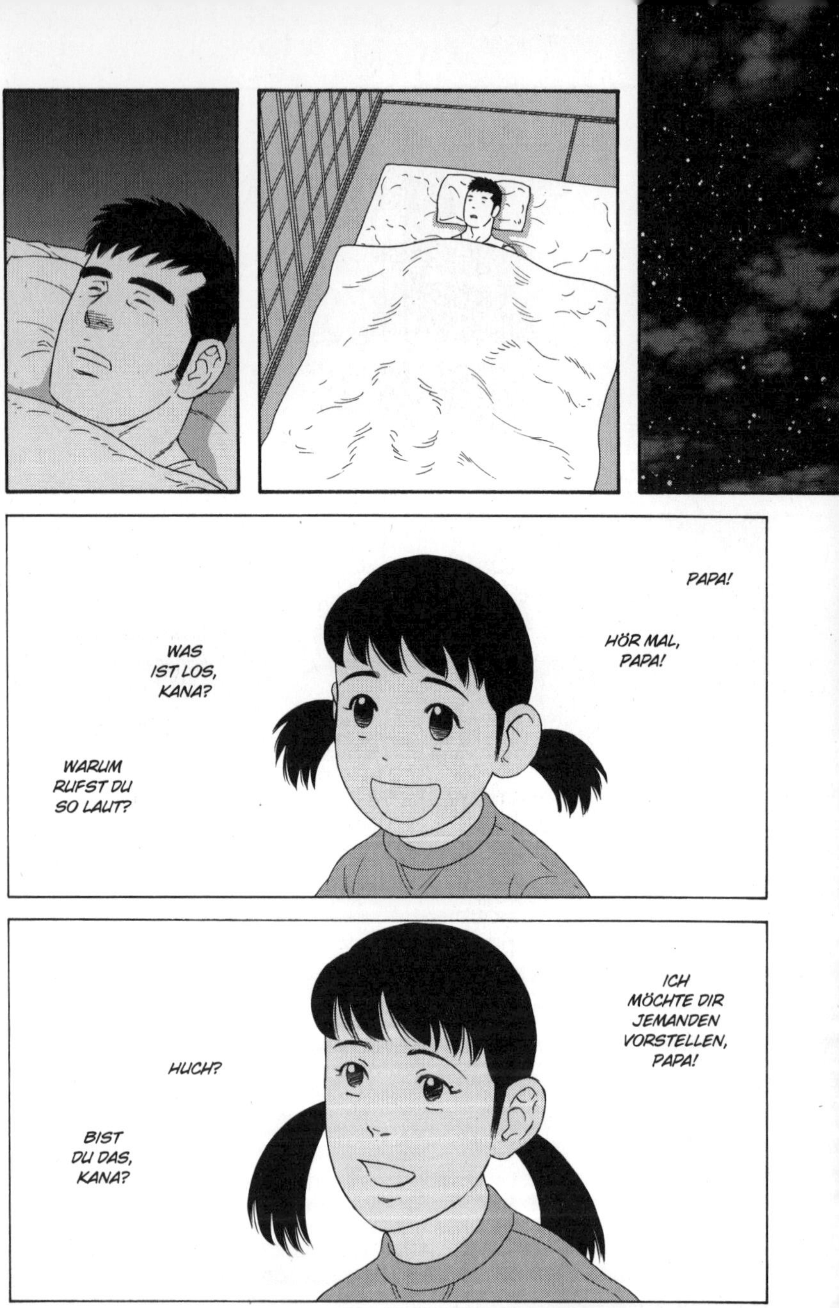
PAPA!
HÖR MAL, PAPA!
WAS IST LOS, KANA?
WARUM RUFST DU SO LAUT?
ICH MÖCHTE DIR JEMANDEN VORSTELLEN, PAPA!
HUCH?
BIST DU DAS, KANA?

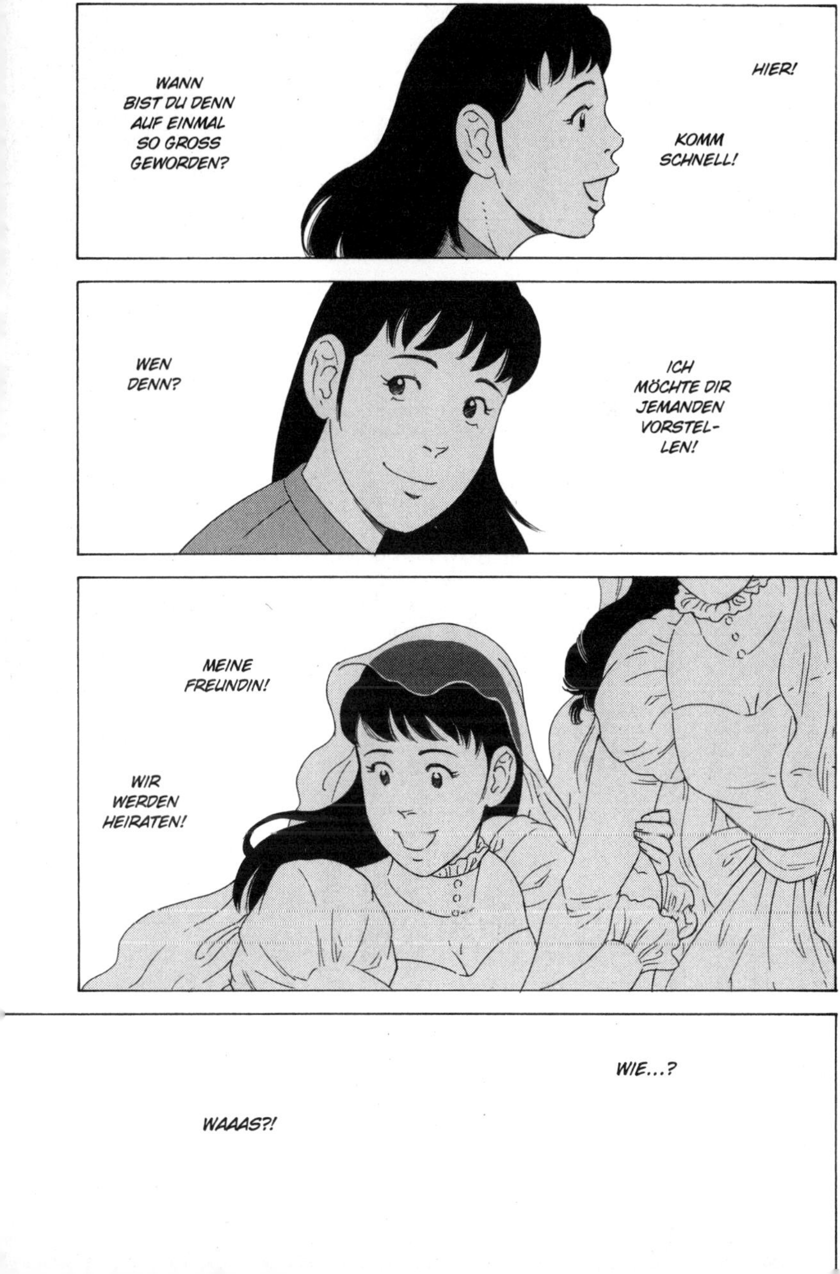
HIER!
KOMM SCHNELL!
WANN BIST DU DENN AUF EINMAL SO GROSS GEWORDEN?
ICH MÖCHTE DIR JEMANDEN VORSTEL-LEN!
WEN DENN?
MEINE FREUNDIN!
WIR WERDEN HEIRATEN!
WIE…?
WAAAS?!

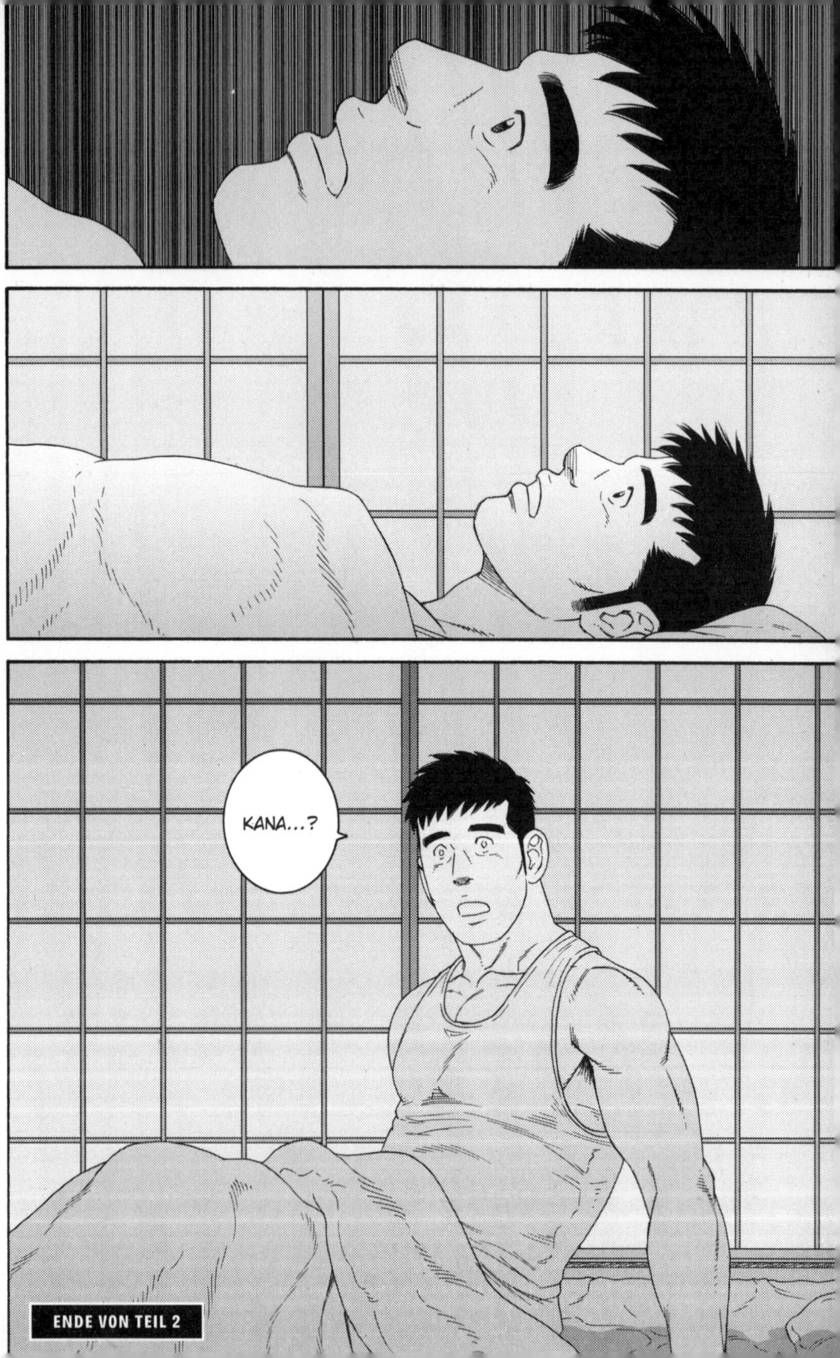
KANA...?
ENDE VON TEIL 2

Der Mann meines Bruders

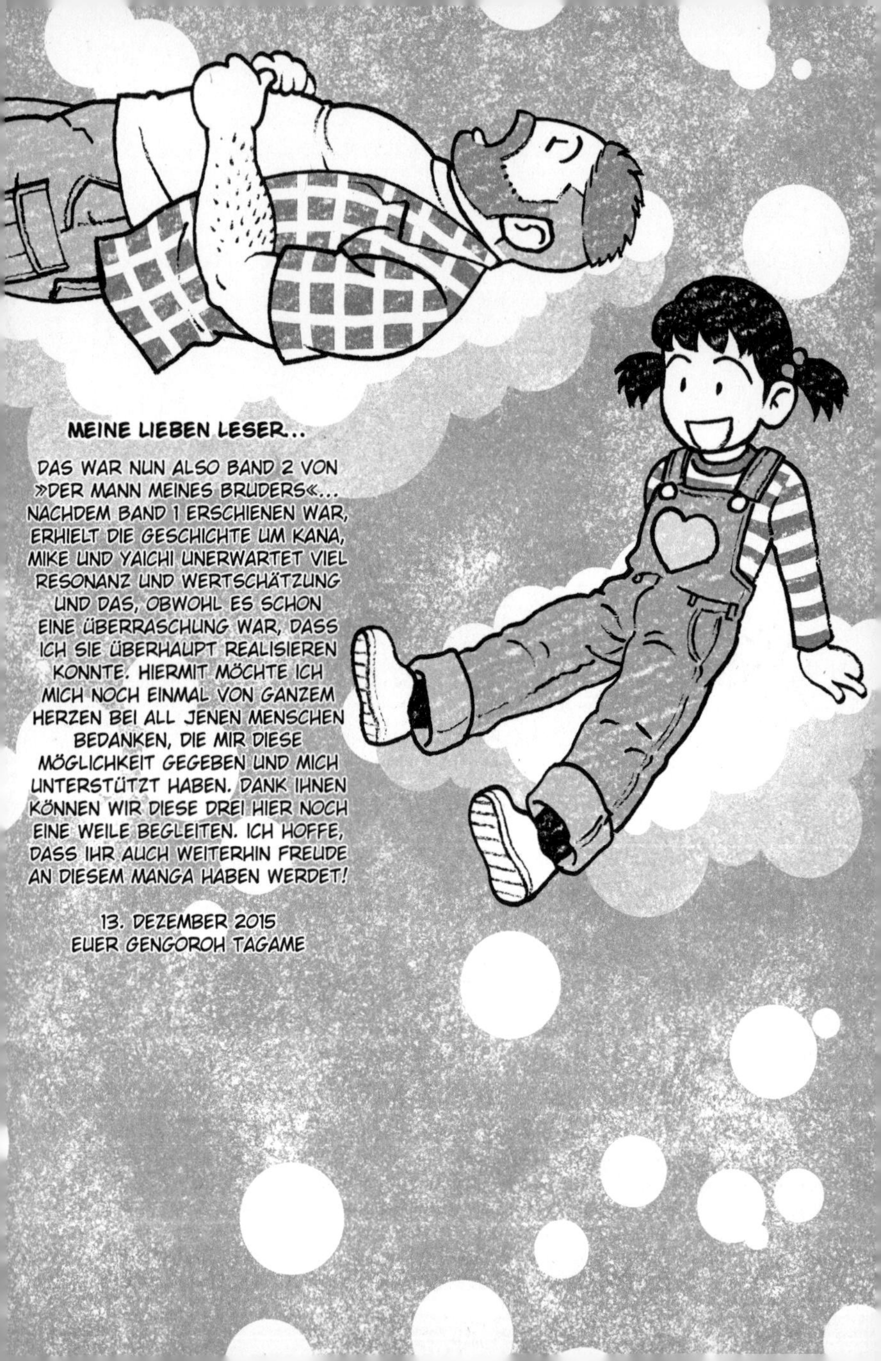

MEINE LIEBEN LESER…

DAS WAR NUN ALSO BAND 2 VON »DER MANN MEINES BRUDERS«… NACHDEM BAND 1 ERSCHIENEN WAR, ERHIELT DIE GESCHICHTE UM KANA, MIKE UND YAICHI UNERWARTET VIEL RESONANZ UND WERTSCHÄTZUNG UND DAS, OBWOHL ES SCHON EINE ÜBERRASCHUNG WAR, DASS ICH SIE ÜBERHAUPT REALISIEREN KONNTE. HIERMIT MÖCHTE ICH MICH NOCH EINMAL VON GANZEM HERZEN BEI ALL JENEN MENSCHEN BEDANKEN, DIE MIR DIESE MÖGLICHKEIT GEGEBEN UND MICH UNTERSTÜTZT HABEN. DANK IHNEN KÖNNEN WIR DIESE DREI HIER NOCH EINE WEILE BEGLEITEN. ICH HOFFE, DASS IHR AUCH WEITERHIN FREUDE AN DIESEM MANGA HABEN WERDET!

13. DEZEMBER 2015
EUER GENGOROH TAGAME

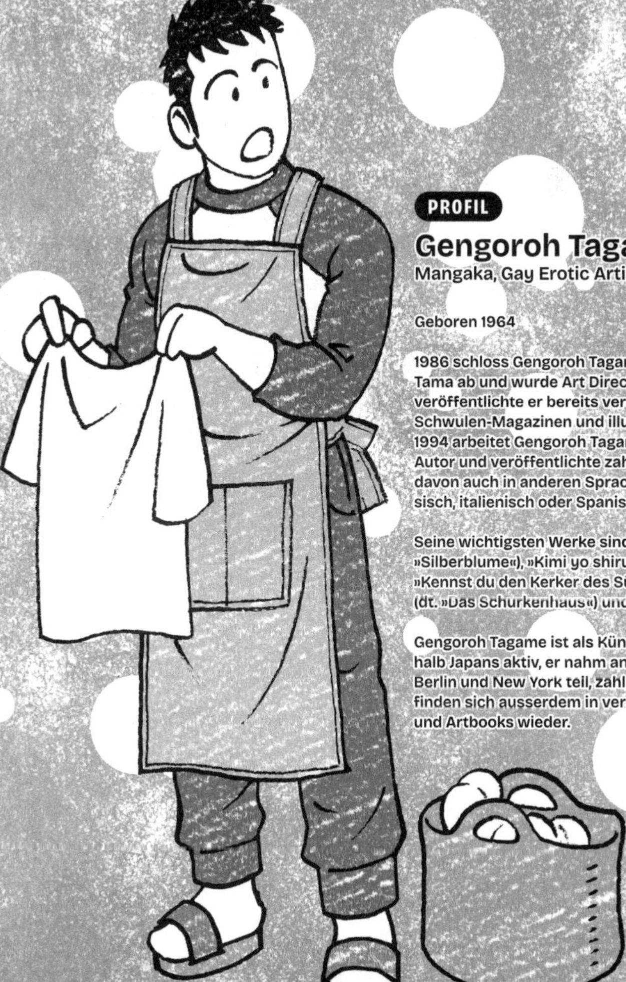

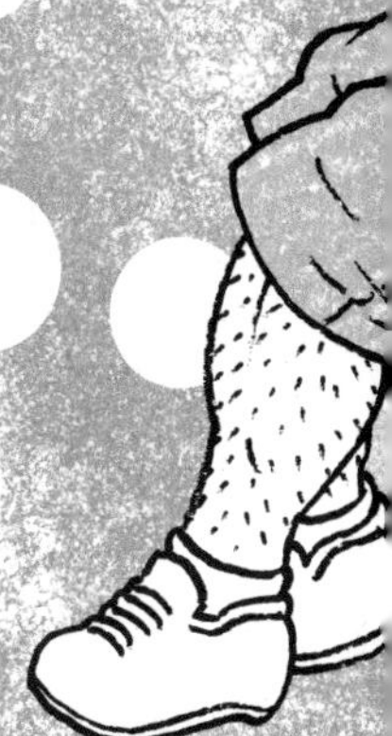

PROFIL

Gengoroh Tagame

Mangaka, Gay Erotic Artist

Geboren 1964

1986 schloss Gengoroh Tagame die Kunsthochschule Tama ab und wurde Art Director. Neben dieser Arbeit veröffentlichte er bereits verschiedene Manga in Schwulen-Magazinen und illustrierte Romane. Seit 1994 arbeitet Gengoroh Tagame hauptberuflich als Autor und veröffentlichte zahlreiche Yaoi-Manga, viele davon auch in anderen Sprachen wie Englisch, Französisch, italienisch oder Spanisch.

Seine wichtigsten Werke sind »Shirogane no hana« (dt. »Silberblume«), »Kimi yo shiru ya minami no goku« (dt. »Kennst du den Kerker des Südens?«), »Gedou no ie« (dt. »Das Schurkenhaus«) und »Virtus«.

Gengoroh Tagame ist als Künstler vorwiegend ausserhalb Japans aktiv, er nahm an Ausstellungen in Paris, Berlin und New York teil, zahlreiche seiner Werke finden sich ausserdem in verschiedenen Anthologien und Artbooks wieder.

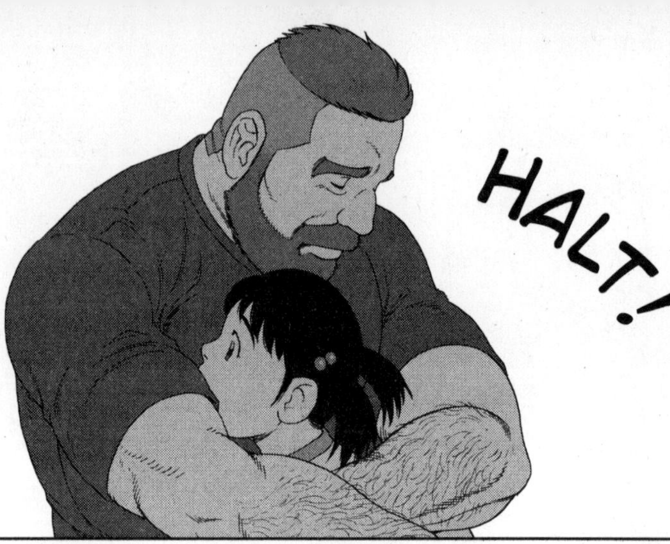

»Der Mann meines Bruders« ist eine japanische Serie, und in Japan wird von »hinten« nach »vorn« und von rechts nach links gelesen. Weil wir bei Carlsen Manga so originalgetreu wie möglich übernehmen, erscheint auch **»Der Mann meines Bruders«** auf Deutsch in der ursprünglichen Leserichtung. Man muss diesen Manga also »hinten« aufschlagen und Seite für Seite nach »vorn« weiterblättern. Auch die Bilder auf jeder Seite und die Sprechblasen innerhalb der Bilder werden von rechts oben nach links unten gelesen, so wie in der Grafik gezeigt. Das ist gar nicht so schwer.
Viel Spaß mit **»Der Mann meines Bruders«**!

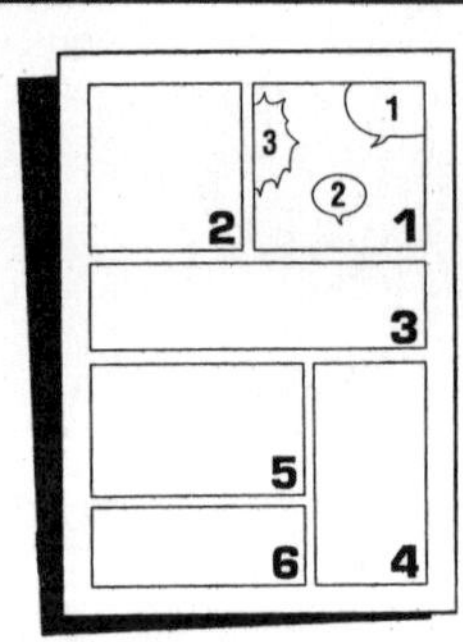

CARLSEN MANGA
Deutsche Ausgabe/German Edition

Aus dem Japanischen von Sakura Ilgert

First published by Futabasha Publishers Ltd. in 2015

The German language edition published by arrangement
with Futabasha Publishers Ltd., Tokyo through Tuttle-Mori Agency, Inc., Tokyo
Umschlagsbild: Gengoroh Tagame
Redaktion: Britta Hellwig
Textbearbeitung: Sabrina Rohde

ISBN: 978-3-551-80120-3

© Gengoroh Tagame 2014
First published by Futabasha Publishers Ltd. in 2015
All Rights Reserved.
The German language edition published by arrangement
with Futabasha Publishers Ltd., Tokyo through Tuttle-Mori Agency, Inc., Tokyo

Wir produzieren nachhaltig

- Klimaneutrales Produkt
- Papiere aus nachhaltigen und kontrollierten Quellen
- Hergestellt in Europa

FSC
www.fsc.org
MIX
Papier | Fördert gute Waldnutzung
FSC® C083411